福尔摩斯爱做的300个探案游戏

主编
边佳
编委
章程　常明　唐敏佳　赵静　殷皎
朱晓婷　赵霞　刘敏　鲍田军　章剑锋
边萍椒　常建忠　章亚玲　徐玉娟　边惠椒
常虹　缪艺　黄义林　袁玉丹　曹涛

金盾出版社

内容提要

本书为青少年读者“量身定做”了300个探案游戏：心理学家之死、变色苹果、清晰的指纹……这些古今中外的案件，将点燃青少年的智慧火花，掀起一场前所未有的头脑风暴！

图书在版编目(CIP)数据

福尔摩斯爱做的300个探案游戏/边佳主编．-- 北京 ：金盾出版社，2012.11

ISBN 978-7-5082-7833-9

Ⅰ．①福… Ⅱ．①边… Ⅲ．①智力游戏—青年读物②智力游戏—少年读物 Ⅳ．①G898.2

中国版本图书馆CIP数据核字(2012)第193075号

金盾出版社出版、总发行

北京太平路5号(地铁万寿路站往南)

邮政编码：100036 电话：68214039 83219215

传真：68276683 网址：www.jdcbs.cn

封面印刷：北京凌奇印刷有限责任公司

正文印刷：双峰印刷装订有限公司

装订：双峰印刷装订有限公司

各地新华书店经销

开本：880×1230 1/32 印张：14 字数：320千字

2012年11月第1版第1次印刷

印数：1～6 000册 定价：29.00元

目 录

目　录

目录

NO 1.　雪地足迹

私人侦探团五郎有日子没休假了。几天前，他来到K岛的旅馆度假。

K岛是有名的避寒别墅地，不巧，今年因受异常寒流的袭击，气温骤然下降，早晚异常寒冷，甚至到了零下。就在这寒冷的一天晌午过后，来了一个电话：

“团先生，不得了了！求您赶快到我别墅来一趟！”慌里慌张打来电话的是画家中原千枝子。她事前知道团侦探就住在当地的旅馆里。

“到底出了什么事？”

“有贼溜进我家了。这两天我外出旅行写生，刚才回到家一看，屋里被翻得乱七八糟的。”

“那，有什么东西被盗了吗？”

“不是什么大不了的东西，服饰品的宝石全是仿制品，照相机也是便宜货……可我是个单身呀，如果连内衣也都给盗走了，想起来心里真有些发寒啊。”

“好吧，我马上就去。”

对溜门撬锁这类事，照理是无需私人侦探亲自出马的，可团侦探与千枝子从大学时代起就一直是好友，她遭了难，团是不能拒绝的。所以，团侦探马上开车赶去。

中原千枝子的别墅坐落在环湖半周的杂木林中。这是一座砖瓦结构的古式别墅，从去年秋天起，她就一头扎进这儿的画室，画湖的四季风景。

团侦探到达时，她正焦急地等在门口。

“这儿，留有罪犯的脚印。”她边说边将团侦探领到东侧的院子里。时间已是太阳偏西了，院子被别墅的阴影遮住，地面非常潮湿，因此罪犯的脚印清晰可见。这是一个鞋底为锯齿花纹的高腰胶鞋的脚印。罪犯就是由此进来，打碎厨房的玻璃门溜进室内的。

“向警察报案了吗？”

“不，还没有。因为没有什么值钱的东西被盗，所以才——”

“照理还是应向警察先报告一声，如果是溜门撬锁的惯犯，警方档案中也许会有记录的。我同这儿的警察署长是老相识，由我来跟他说一声。”团侦探用画室里的电话向警方报了案，把以后的搜查就委托给当地警察，然后便回旅馆去了。

就在当天晚上，警察署长给旅馆打来电话，告诉团侦探已找到了两名嫌疑犯。

“怎么？找到两个？”团侦探感到惊讶。

据署长说，一个叫黑木和也，昨天夜里 11 点钟，巡逻警察曾见他在现场附近徘徊。另一个叫小村明彦，今天上午 11 点 30 分前后，同样是在现场附近，附近别墅的管理员发现此人行迹可疑。

“这两个人被人看见时，都穿着高腰胶鞋吗？”团侦探问署长。

“不，具体的我还没有核实，但搜查过他们的住宅，并没有发现胶鞋。大概是怕被当作证据而处理掉了。”

“那么，到底以什么证据将他们……”

“虽然尚未发现被盗的物品，但两人都是专门在别墅溜门撬锁的惯盗，所以只要扣他们一个晚上审查一番，是罪犯的那一个就会受不了招供的。”署长充满自信，非常乐观。

“那么，最后我还想提个问题。黑木和也从今晨天不亮到中午过后这段时间有不在现场的证明吗？”

“黑木从深夜1点到中午过后这段时间确实有不在现场的证明。他在朋友家里打了一通宵的麻将，早晨8点左右同朋友一块儿上的班。”

“果真如此……”

“可是，团先生，在这以前有人看见他在现场附近出现过，所以他的不在现场的证明是没有任何意义的。”

“可这两个人之中，哪个是真正的罪犯，就凭这些证据就足够了。昨天夜里是晴天，天气不是更冷吗，那么罪犯是……”团侦探果断说出了罪犯的名字，使电话另一端的署长大吃一惊。

那么，同学们，团侦探指出的罪犯是黑木和也还是小村明彦呢？

破案关键

在侦破此案时，大家要注意两个嫌疑犯在现场徘徊的时间，再联系作案的天气，就会很容易得出结论啦！

NO 2.　深深的脚印

下了整整一天的大雪，地上的雪积得厚厚的。到了傍晚的时候，大雪才停止。

大田警长刚刚吃过晚饭，就接到报警电话，报警的人是中村教授，他紧张地说："警长先生，我、我的学生贞子……被杀害了！"

警长问："你在哪里？"

中村教授说："就是贞子的房间里，学生公寓203房间……"

大田警长驾驶警车，往国立大学赶去。因为路上的积雪很厚，他只能小心翼翼地开车。过了20分钟，他来到学生公寓，敲了敲203房间的门，中村教授马上开了门。大田警长走进去，戴上手套，仔细检查现场。他发现贞子是被人掐死的，已经死亡了一个小时。

中村教授很瘦小，但是说话的声音很响亮。他告诉警长说："贞子是我的学生，今天下课以后，她到办公室来找我，说她有一篇毕业论文，想让我给修改一下。我和她约好，晚上7点钟到我家里来。她说，她宿舍里的同学今天晚上都出去了，她一个人在那里有些害怕，让我还是到她宿舍去，我答应了。吃过晚饭，我来到她的宿舍，敲门敲了很久，没有人来开门，我轻轻推了一下，发现门没有锁，进去以后，就看到贞子躺在地上，已经停止了呼吸，我马上报了警。"

大田警长走到门外，发现门口的雪地上，除了他的脚印外，还有两串脚印，一串是浅浅的女鞋脚印，那是贞子的；还有一串很深很深的脚印，那是教授的皮鞋留下的。大田警长看了看瘦小的教授，马上明白中村教授在说谎了。

你认为中村教授哪里露出了破绽呢？

破案关键

中村教授的身材和地上的脚印对比，你会发现什么呢？

NO 3.　没有护手的日本刀

一天早晨，侦探在自家附近的公园里散步时，发现空地中央处仰面躺着个年轻女子。人已经死了，其左胸上插着一把细长的没有护手的日本刀。大概被刺中后没走几步便气绝身亡了。

可是，令人感到奇怪的是，以尸体为中心半径 25 米范围内，只留有被害人高跟皮鞋的鞋印，却不见凶手的足迹。因刚刚下过雨，地面仍湿漉漉的，松软的地面上清晰地留着被害人的高跟鞋印。因空地外面是草坪和杂草，所以没留下脚印。

四处找不到护手，只找到一把弓。侦探既不能认为是被害人自己拿着一把明晃晃没有护手的日本刀刺进自己的胸膛自杀，也不能认为是凶手把刀拴在 25 米长的竹竿或木棒一端行刺的。拿那么长的棒子，被害人会及时发现逃脱的。

那么，凶手究竟是用什么手段行刺的呢？老谋深算的侦探看着刀和弓，思考了良久总算恍然大悟，识破了凶手巧妙的作案手段。

那么，你知道凶手的行刺手段是什么吗？

破案关键

你见过日本刀吗？想一想，为什么死者身上的日本刀没有护手？弓又能够做什么呢？

NO 4.　掩盖脚印的花招

一个雨过天晴的夜晚，在A公园的运动场中心躺着一具穿木屐的尸体，死者的颈部插着一把小刀；潮湿的运动场上，明显地留有被害者的木屐和一个小个子女人高跟鞋的脚印。可令人大惑不解的是：死者木屐的脚印是从东侧一个化学研究所的值班室里来到运动场中心的；而那个高跟鞋的脚印，是从公园南侧的大门进来的，可是在尸体处，高跟鞋的脚印就完全消失了。

和山田警长同来的年轻警官觉得非常奇怪：怎么会没有留下凶手逃跑的脚印呢？山田警长一言不发，带着助手仔细查看现场。

死者的身份很快调查清楚了，是化学研究所的技师山本幸男，那天夜里轮到他值班；穿高跟鞋的小个子女人叫黑川美和子，他俩正在热恋中。但据掌握的情况看，死者最近突然和别的女子结婚了，美和子很可能就起了杀心。

山本警长很快传讯了黑川美和子："昨天晚上，你是不是到化工研究所值班室找山本幸男？"

黑川美和子点点头，说："是的，我在8点左右就回来了，那时天还下着雨呢，难道你们怀疑我吗？"

山田警长眼睛紧紧盯住黑川美和子，说："是的，现场高跟鞋的脚印和你的完全一样。"

美和子一听，用嘲讽的口气说："就算是我，那我是怎么从运动场上没有留下脚印就逃走呢？正像你看见的那样，我也有两只脚，又不是幽灵会飞。”

山田警长嘿嘿一笑，说：“怎么，你对自己的诡计还很自信？你要是不坦白的话，那我就说给你听！”山田警长一边审视着黑川美和子，一边推理。很快，黑川美和子脸色变得苍白，再也不吱声了。

黑川美和子是用什么花招掩盖了她的脚印呢？

破案关键

高跟鞋印看似是从公园南侧的大门进入运动场的脚印，其实也可以是凶手离去脚印！

NO 5.　心理学家之死

心理学家青木是一所大学里很有发展潜力的学者，他为了研修学问发誓终身不结婚。很多去他家里做客的人都会发现，他的家里除了一位负责他生活起居的女佣人之外，就是书籍和手稿了。

这一年的5月20日是心理学系建立30周年的大好日子，大家都忙碌着为即将开始的庆祝活动做准备。学校领导、系领导等都已经讲话完毕，就是不见要代表老师们发言的青木。校长立即派人到青木家里去找他，却发现青木教授已死在了家中。

警察接到报案后，立即赶到现场。探长井上对女佣进行了传讯。

女佣哭泣着对井上说道：“大约两小时前，青木先生叫我给他一杯加冰威士忌，然后又叫我准备水给他洗澡。他还说洗澡后要睡一会儿，叫我在两小时后叫醒他，因为他还要去参加系里的庆祝活动。但是我敲了多次门，他都没有反应，所以我就打开他的睡房门，那时他已经口吐白沫倒卧在地上了。”

井上开始检查青木喝过的酒杯，发现青木所饮的酒杯内，除了有冰决外，还有安眠药。

从表面上看青木好像是自杀而死，但井上认为这是一宗谋杀案，凶手就是女佣。

井上为什么认为女佣是凶手呢？

破案关键

破案的关键在于青木喝的那杯威士忌！女佣所给的供词和现场的证据有一个明显冲突，你看出来了吗？

NO 6.　线　索

夜间 11 点左右，小岛正要准备入睡，忽然听见有人按门铃。

他打开门一看，只见一个瘦高个男人正冷冷地盯住他。这名男子正是他一直躲避的债权人中村，小岛心里倒吸一口冷气。中村一把推开小岛，气呼呼地走进了房间，抬眼朝室内环视一周，冷笑一声说：“嘿！好漂亮的公寓啊！这是用我的钱买的吧！”接着大声威胁说，“别再躲躲藏藏了，快把钱还给我，不然我要到法院控告你。”

“钱，明天如数还你。”小岛小心地说道。

“这话算数？”

“请相信我！中村先生，我们好久不见了，来干一杯吧。”小岛一边连连道歉，一边忙从冰箱里取出一瓶啤酒。他趁中村犹豫之际，抢起酒瓶朝中村的脑袋砸去，中村连哼也没哼一声，就应声倒在了地上。

小岛砸死了中村，慌忙把尸体背到停车场，用汽车把尸体运到郊区，扔在了公园里。他返回家后，立即开始大扫除，用毛巾擦掉留在桌子和椅子上的痕迹，连门上的把手也擦得干干净净，直到觉得房间里再也不会留下中村的痕迹了，才长长地吐了一口气。

第二天清早，小岛刚起床，就听到一阵乒乒乓乓的敲门声，他打开门一看，竟是山田警长和段五郎侦探。

山田警长严肃地问道："今天凌晨，我们在公园里发现了中材先生的尸体，中村来过你家吗？"

小岛忙说："昨晚谁也没有来过，我已经很多年没有见到中村先生了。"

这时，站在一旁的段五郎淡淡一笑，说："不要说谎了，被害者肯定来过这里，我们有确凿的证据。"

没等段五郎把话说完，小岛声嘶力竭地叫道："在哪？拿出证据来！"

"安静点！瞧，在那儿！"小岛顺着段五郎的地方一看，顿时吓得面如土色，他明白那里确实留下了中村来过的证据。

你能知道中村的指纹留在什么地方了吗？

破案关键

在进门前中村做了什么呢？

NO 7.　驯马师之死

在一个冰天雪地的冬季，著名私人侦探田本先生驱车前往乔治马场休假，受到马场女老板枝子的热情接待。

第二天清晨，一声尖叫把田本从梦中惊醒，他冲出房间，只见枝子急急地向这边跑来，结结巴巴地说："有人被杀死了。"

田本随枝子来到马棚，果然看见一个驯马师打扮的人倒在干草堆上，后腰上有一大片血迹，一根锐利的冰锥扎在他的腰上。

"死了大约有8个小时了。"田本自语道，"也就是说谋杀发生在半夜。"他转过身，看了一眼枝子，说："噢，对不起，你的袖子上沾的是血迹吗？"

枝子看了看袖子，上面有块已经干了的血印，"噢！"她脸色煞白，"一定是刚才在他身上蹭到的，他是新来的驯马师，据他说是为了躲债来我这里的，不要工钱。"

田本笑了笑说："不要再编故事了，枝子小姐，你就是杀他的人，还是去自首吧！"然后对枝子说了她的杀人伎俩。枝子当即同意自首。

田本怎么一下就看出枝子小姐是凶手的呢？

破案关键

在考虑这个案件时，大家要注意枝子说的话和当时的天气！

NO 8. 4公里差距

一位农民在乡间一个池塘中发现一具尸体，而在池塘旁的泥地上，警方发现了一些汽车的痕迹。种种迹象表明，尸体是被人从别处运来的。

根据车痕，警方很快查到，车子是属于离该地 10 公里的一家出租公司的。出租车公司的人翻查记录，证实是一个叫山野的男子租了这部车。警方马上找到他向他查询。

山野说："别开玩笑，我那天确实租了这部车子，而且四处逛了逛，但我没有杀人及运载尸体。"

警员问："你有什么证据？"

山野说："我的车子只走了 16 公里，但从这里到池塘，至少有 10 公里，来回一趟，汽车要走 20 公里，这不是最好的证据吗？"

警方再向出租车公司调查，的确，这部车按里数表的读数计算，只走了 16 公里。

山野明明是杀人凶手，他用了什么诡计，改变了里数表的数字呢？

经过分析，探长解决了这个问题。请问，凶手耍的是什么诡计呢？

破案关键

在侦破此案前，大家要先了解一下汽车的构造，以及汽车是怎么计算里程的。

NO 9.　能熔化的子弹

炎炎夏日里，一位警官在关岛度假。一天，他在离别墅不远的沙滩上发现一个躺着的身着红色游泳衣的金发女郎，走近一看，竟是一具女尸。她腹部中了两枪，鲜血染红了整个腹部。

警官仔细检查现场后，发现除了一具女尸以外，没有其他任何线索。在这种情况下，唯一的线索只有她体内的两发子弹了。

想到这里，他马上通知当地警察局把尸体送进医院解剖。不料，解剖的结果是体内没有子弹。

警官大伤脑筋，如不掌握子弹的线索，那就无法进行侦破。无奈之下，只得求教柯南探长。探长认真地听了警官的介绍后说："尸体背后有没有子弹穿过的伤口？"警官耸耸肩膀后说："没有！"

探长又问："有没有子弹被销毁的痕迹？"他想，枪伤怎么可能没有子弹呢？

警官又摇摇头。探长沉思片刻对警官说："子弹肯定在体内，不过已完全熔化了。"

请问，探长的依据是什么呢？

破案关键

不是所有子弹都由金属物品制成的，用其他材料制成的子弹，你知道的哪些吗？

NO 10.　带“松”字的凶手

一个没有月亮的夜晚，山田警长和一个年轻警官走近一座桥时，突然听到一个女人恐怖的喊叫声：“救命！救命！”山田警长忙朝桥上冲去，只见一个缠着黑头巾的男人比他们抢先一步迅速跨过栏杆，跳进河里潜逃走了。桥面上横着一个漂亮的姑娘，胸口上刺着一把匕首，已奄奄一息了。年轻警官忙叫唤：“喂，醒一醒，这是谁干的？”“米町街……曲日大院……松……”姑娘说到这里就咽气了。

他们赶到米町街上的曲日大院，发现这个大院住着两个带“松”字的男人，一个是看手相的松助，另一个是木匠松吉。

松助是个剃着和尚头的矮胖子，他穿着皱巴巴的睡衣，一边喝着黄酒，一边开玩笑说：“让我给你们算个卦，来猜猜凶手吧。嘿嘿嘿……”山田摇摇头，带着年轻警官来到木匠松吉的家里。只见松吉裹着被子正在睡觉，他的发型末梢有点斜，地上的水盆里泡着一堆衣服。

年轻警官一看，眼睛瞪圆了，大声喝道：“喂，松吉，是你杀了姑娘跳河逃走的吧！”

松古瞪着吃惊的眼睛，连连摇头。“你赖不掉，这盆衣服就是你犯罪的证据！”

松吉急忙辩护说：“别开玩笑，这衣服是我准备明天洗的。”

年轻警官用眼光盯着他说：“别装傻，这衣服是你跳进河里弄湿的！”

这时，在一旁观察的山田警长制止了警官，说：“真正的凶手是松助!”

山田警长的判断依据是什么?

破案关键

请你想一想,凶手为什么要包着黑头巾呢?

NO 11. 异常的声音

深夜1点多钟,警方接到电视播音员晴川的报案,说是他妻子被杀了。山田警察驱车火速赶赴现场。这是一幢新宅,门旁车库前停放着一辆红色越野车。

警长下车走近大门时,那儿突然有条狗汪汪地吼叫起来。那是一条狼狗,被一条长长的铁链拴着。“太郎,住声!”晴川走出门来,那条狗便乖乖地蹲在他的脚下,看来是训练有素了。

死者身穿睡衣,倒在厨房的地板上,是头部被打伤致死的。

晴川声泪俱下地向警长诉说:“我为一点小事和妻子吵了一架,憋着一肚子气跑了出去,在外面兜了两个小时风,回来一看,妻子被杀了,那时是11点,我出去后大概妻子没关门,肯定是强盗闯进我家,被妻子发现,于是杀人后逃走了。”

“有什么东西被盗了吗?”

“放在柜子里的现金和妻子的宝石不见了。”

“去兜风时带上你的狗了吗?”

“没有,只是我一个人去的。”

现场取证工作基本结束了。第二天一大早，警长就命令助手到邻居家了解情况。不一会儿，助手跑回来报告说："西边的邻居家里有一个准备升学考试的学生，昨晚复习功课，整夜没睡。据他讲，在罪犯作案的时间里没听到什么异常的动静。"

"也没有听到汽车的声音吗？"

"听到过，有过汽车的声音，是晚上 11 点左右听到汽车由车库开出的声音，这一点与晴川讲的完全一致。"

"不错，罪犯就是晴川。"

果然，经审讯，晴川供认由于同女歌星约会被发觉，和妻子吵了架，怒不可遏地抄起啤酒瓶照着妻子的头部砸去。本来是无意杀死妻子的，但竟真的失手杀了人。事后又害怕去自首，因而伪造了盗窃杀人的假象。之后他出去兜风，顺便把当作凶器的啤酒瓶扔进河里。

那么，山田警长究竟凭什么证据，识破了晴川的犯罪行为？

破案关键

准备升学考试的学生除了听到汽车声音外，并没有听见其他声音，这表示"强盗"来时，狼狗没有叫，而狼狗不叫说明了什么呢？

NO 12. 深海命案

在太平洋某处海底深 40 米的地方，有一个日本的水生动物研究所，其专门研究海豚、鲸鱼的生活习性。研究所里有主任高森和三个助手清江、岛根、江山。那里的水压相当于 5 个大气压。

一天，吃过午饭，三个助手穿上潜水衣，分头到海洋中去工作。下午1点50分左右，陆地上的武滕来到研究所拜访。一进门，他惊恐地看到高森满身血迹地躺在地上，已经死去。

警察到现场调查，发现高森是被人枪杀的，作案时间在1点左右，据分析，凶手就是这三个助手之一。可是三个助手都说自己在12点40分左右就离开了研究所。

清江说："我离开后大约游了15分钟，来到一艘沉船附近，观察一群海豚。"

岛根说："我向往常一样到离这里10分钟路程的海底火山那儿去了。回来时在1点左右，看见清江在沉船旁边。"

江山说："我离开研究所后就游上陆地，到地面时大约12点55分。当时增川小姐在陆地办公室里，我俩一直聊天。"增川小姐证明江山1点钟左右确实在办公室里。

听了三个助手的话，警察说："你们之中有一个说谎者，他隐瞒了枪杀高森的罪行。"

你能判断出谁是说谎者和是谁枪杀高森的吗？

破案关键

三个助手都说自己在12点40分左右离开，江山到达陆地用了多久？这个时间合理吗？

NO 13.　卧轨的女人

案件发生在蒸汽机车全盛时代的1945年。北海道线的R车站不停特别快车，某天晚上，特别快车在通过R车站不久后压死了一位倒在铁道上的女人，起初以为其是卧轨自杀，但事后调查证实是他杀。被害人被强迫吃了安眠药睡熟，然后又被搬到铁道线上让火车压死。

警方很快就找到了重大嫌疑犯，此人就是与被害人正在分居的丈夫。然而当刑警问及不在现场的证明时，他却做了如下回答："发生事故时，我就在那趟列车上。自己乘坐的列车压死自己的老婆是何等不幸的偶然呀。可不管怎么说我不是罪犯，倘若不相信去问列车员吧，他会证明我确实是坐在这趟车上的。"

为此，刑警找来那趟车的列车员与嫌疑犯当面对质。

"真的，这个人的确坐在车上。刚刚过了R车站，他就来到乘务室向我打听联运轮船的时间，发生事故是在那之后。"列车员答道。这样一来，嫌疑犯就有了充分的不在现场的证明，可以解除嫌疑。但列车员像突然想起了什么似的又说："说起这事，刑警先生，那天晚上在列车通过R车站之前不远处曾临时停过一次车。是因为有人跳车自杀而紧急刹车的，可我同司机下车一看，压死的不是人，只不过是一个塑料模特。"

"什么？塑料模特？"

"一定是有人要阻止列车，实在是品德败坏的恶作剧！"列车员气愤地说。

刑警一听，马上就识破了罪犯的巧妙伎俩。那么，坐在行驶的列车上的罪犯采用什么手段，借助这趟列车压死自己的妻子呢？

破案关键

列车压上女人之前，压上过塑料模特，这是不是太巧合了一点？

铁路线上的塑料模特绝不是简单的恶作剧，而是罪犯处心积虑的策划！它带来的临时停车，对罪犯作案起着至关重要的作用。

NO 14.　宋朝瓷瓶

一天，住在日本名古屋的一位少女神情忧郁地走进矢村侦探事务所，说有件非常棘手的事情请求他帮助。

原来少女父母双亡，留下一份颇丰的遗产，其中最有价值的是一只中国的宋朝瓷瓶。她的叔叔看中了这只瓷瓶，称愿花一千万日元买下来，但少女没有同意。后来叔叔说，要她把瓷瓶借给他一天，让他从各个角度把瓷瓶拍下来，以便自己随时可以观赏，少女只好把瓷瓶借给了他。

第二天，少女上叔叔家取瓷瓶时，叔叔却板下脸，说他昨天已经把一千万日元给她了，并说当时有女佣在场，可以作证。

矢村很同情少女的遭遇，就接受了少女的请求，他对少女说："现在你陪我去见你叔叔。"

到了她叔叔家，叔叔指着那只瓷瓶，对矢村说："这是我花了一千万日元从她手里买下来的。我真奇怪，我明明是从皮夹里拿钱给她的，她怎么说我没有给她呢？好在我的女佣在场，她可以作证。"

"是的，"站在一旁的女佣接口说，"我亲眼所见，每张日元的面值都是一万元。"

矢村沉思片刻，又问女佣："你确确实实看清了吗？"

"是的，我确实看得一清二楚。"

一听女佣斩钉截铁的回答，矢村冷冷地对少女的叔叔说："你根本没有给她钱。如你还坚持的话，那么咱们就上法庭，我可以出示证据。"

果然，叔叔一听要上法庭，就乖乖地把瓷瓶还给了少女。

矢村是怎么识破少女叔叔的谎言的？

破案关键

少女叔叔说他是从皮夹里拿钱给少女的，女佣又说每张日元的面值都是一万元，请你算一算，皮夹里该装有多少张钞票呢？

NO 15. 谁在点火

一天夜晚，武彦三郎接到姐姐打来的电话，说有要紧的事情让他马上到她家里去。

原来他姐姐碰到一件棘手的事情：她的朋友川崎文子今晚有事住在她家里，可是这位朋友睡觉前洗澡时，突然心脏病发作，死在浴缸里。武彦三郎的姐姐不敢通知警察局，怕警察怀疑是她杀了川崎文子而引起麻烦，因此求武彦三郎把川崎文子送回她单身住的别墅的浴室里，就像在那里死的一样。

武彦三郎和他的姐姐到达川崎文子家时是清晨 4 点半左右，四周还黑，房子又坐落在林中，是独门独户，所以武彦三郎将车藏到车库里后将尸体抬入房中，并未被任何人发觉。他们将死者的衣服脱下，换上平时穿的衣服，让她坐在书房的写字台前，伪装成是在桌前看书时心脏麻痹猝死的样子。

“她是前天白天死的，所以要关上房里的灯。”姐姐连细节都注意到了。

“这个煤油炉怎么办？将火点着吗？”三郎看到屋子里有一个小煤油炉后问姐姐道。

“是啊，她是个怕冷的人，这里好像又没暖气，所以还是将火点着好。”武彦三郎又将火点着了。

两个人将屋子里的灯关掉，让窗帘就那么开着，然后悄悄离开房子。事情干得干净利落，连指纹也没有留下，也就没有留下尸体是从别处搬来的任何证据。

当天下午3点左右，川崎文子的尸体被别墅管理员巡视时发现了，很快报告了警察局。法医检查后说：“死因是心脏病，自然死亡。”

正在现场调查原因的高原警官忙问：“是什么时候死亡的？”

法医说：“更详细的情况需要解剖尸体才能断定，不过大约死了不到两天的时间。”

宫原警官看了半天煤油炉红红的火苗，突然注意到了什么。

“要是这样的话，即便是心脏麻痹导致的自然死亡，也并非死在这个房间，一定是在别的地方死的。想必是妨碍了什么人而将尸体搬到这儿，伪装成是在这个房间里死的。否则只有相信尸体可以点火了。”宫原警官马上就看穿了事件的真相。

是什么让宫原警官发现了真相呢？

破案关键

你可以从“尸体点火”这四个字上去思考，很快就能发现答案了！

NO 16.　被杀的兄弟

一天清晨，保险公司总裁熊本一郎像往常一样在别墅的花园里散步，突然被一位蒙面刺客开枪打死。

闻讯赶来的毛利小五郎探长在死者的保险箱里，发现熊本一郎的死与两个兄弟及一个兄有关，于是毛利小五郎来到熊本一郎的兄金田村刚的家里，着手调查。

金田村刚这时刚起来，正在花园里锻炼。探长对他说："金田村刚先生，刚才你的兄弟被人杀死了。"

金田村刚一听，惊恐地叫了起来："不可能！我昨天晚上还和熊本一郎在一起，才一个晚上就死了，太不可思议了！"

毛利小五郎探长点点头，说："熊本一郎确实死了，我们希望你能够提供一些线索。"

金田村刚沉思片刻说："熊本一郎与他的两个兄弟关系非常紧张。哥哥因家财和他闹得很僵，听说要上诉到法院判决，弟弟好像和他的太太关系暧昧，他十分恼火，早就扬言要报复他的弟弟，依我看，这两个兄弟都有杀人的动机。"

毛利小五郎探长认真地听他叙述，随后把他从头到脚打量一番说："金田村刚先生，怎么不谈谈你自己的情况呢？你不是一直妒忌熊本一郎有钱有权吗？"

金田村刚一听，脸涨得通红，生气地说："请你不要胡言，我不否认，但你也不能认定我是凶手呀！"

"别想得太天真了,最值得怀疑的不是别人,恰恰是你!"

金田村刚极力掩饰,但仍掩盖不住自己内心的惊慌。果然,在他家里搜出了凶器。

毛利小五郎探长是怎样识破金田村刚的伪装的呢?

破案关键

请你仔细读一读毛利小五郎探长与金田村刚的对话,正是金田村刚的回答让他暴露了自己。

NO 17. 小偷的智慧

一天,号称日本最完美的钻石"天皇之星"在东京市博物馆展出,这是日本最美、最名贵的钻石了。

为保证钻石的安全,博物馆在本来就戒备森严的展览厅里又新增了红外线监控系统,只要有人在非开放时间进入展厅,红外线就会立刻感觉到他的移动,警卫甚至可以在电视屏幕上清晰地看到进入者的图像。博物馆馆长放心地说:"钻石进了博物馆,比进了保险箱还安全。"

深夜,经过一天劳累后的警卫们都打起了瞌睡。一个小偷悄悄地溜了进来,那个小偷先不急于走进展厅,而是从口袋里摸出一面小镜子,小心翼翼地沿着墙角来到第一个发射仪面前。他再次观察了发射仪的方向,然后用最快的速度把小镜子竖在发射仪面前,一个红点开始在镜子中央闪烁。

他知道现在这个发射仪发射出来的红外线会被全部反射回去，这等于让红外线装置变成了瞎子。用同样的方法，小偷很快搞定了所有的发射仪，他立刻来到大厅中央一个人高的宝石展柜前。

“天皇之星”在暗淡的光线里发出夺目的光彩，小偷拿出笔记本电脑，开始破译展柜的密码。5分钟后，密码成功破译，展柜悄然无声地打开了。

就在小偷把“天皇之星”拿到手上的时候，忽然四周警铃大作，博物馆的大灯一下子全部打开，照得大厅亮如白昼，四名全副武装的警卫冲了进来。

“放下钻石，放下钻石！”警卫大叫。

“该死！原来钻石下面还有压力感应系统！”小偷开始为自己的鲁莽而后悔。他把钻石揣进口袋，高高举起双手。

“把身上所有的东西扔过来。”警卫高声喊道。

小偷把身上装工具的包、电脑、手表甚至钥匙都扔了过去。

“把钻石放回去！”警卫对他的合作表示满意，继续高声喊道。

小偷犹豫了一下，忽然一猫腰钻进展柜，举起用来托钻石的花岗岩底座，把钻石放在下面，大声叫道：“不要逼我，否则我砸碎钻石！”

警卫顿时面如土色，他们没想到事情会发展成这个样子。经过短暂讨论，一个警卫按下了遥控开关，展柜迅速关上。现在，轮到小偷傻眼了。

“既然你不愿意出来，那就在防弹玻璃里过一夜吧。”警卫笑道，“晚安，先生，明天会有人来收拾你的。”

第二天，当博物馆警卫带着警察走进大厅的时候，他们惊讶地发现小偷竟然划开玻璃，带着钻石逃走了！

聪明的读者，小偷所有的工具都被收缴，他是怎么跑出去的呢？

破案关键

大家知道世界上最坚硬的物品是什么吗？

NO 18. 恶魔滑稽师

大实业家松下吾郎的家里来了一个电话："是松下先生吗？"

"是我，你是哪一位？"

"我是恶魔滑稽师。"

松下厌烦地说："又是恶作剧电话，如果没事我就挂电话了。"

"别挂，我不是恶作剧。跟你实话实说了吧，我是看上了你珍藏的那个所罗门王冠。"

松下的脸刷地变得苍白。这个"所罗门王冠"是件稀世珍宝，王冠上镶嵌有二十几颗五光十色的珠宝，有钻石、红宝石、绿宝石、蓝宝石，其中尤以王冠正面镶嵌的一颗大钻石为最。"所罗门王冠"现收藏在松下书房的保险柜里，保险柜是特制的，极其坚固。

"今天我就去取，你报告警察也无妨，恐怕他们也帮不上你的忙。不过你将王冠锁在保险柜里很不安全，连没了你都不知道。总之，你要多留神，再见。"

电话挂上了，大惊失色的松下慌忙报了警。约十几分钟后，警部率 10 名警察赶到。

"我已在贵府里外布置了人员，你放心。"警察说。

松下紧张的心稍稍放松了一点儿。

“所罗门王冠放在哪个保险柜里了?”警察指着书房角落的保险柜问。

“平时总是寄放在银行租用的保险柜里,因为明晚有个朋友想来看看,这才从银行取回来。对了,趁你们在这里,还是确认一下好。”

松下清楚地记着恶魔滑稽师说过的话,所以他要打开保险柜看一下“所罗门王冠”是否还在。松下从保险柜里取出的王冠五光十色,光彩夺目。

“啊,太漂亮了!”警察不由得叫出声来。

事情就发生在这一瞬间,突然,房间里的灯灭了。四周变得一片漆黑,接着就听见窗外传来一声枪响。警察向窗外大喊了一声:“到底出了什么事?”屋内的人都不约而同地拥向窗边。

在窗外监视的警察慌张地报告:“院子的角落里突然蹿出一个可疑的身影,朝天开了一枪就跑掉了。”

很快来电了,屋里又亮起来。屋子还是一样,除了一张颇为豪华的桌子和几个大沙发,就是同样的几个人。就在这同时,松下悲伤地惊叫起来:“所罗门王冠不见了!”刚刚还在桌子上的王冠突然不翼而飞。

“真见鬼了!房间都锁着门,所有通道都有人把守,他是怎么进来的呢……”警察对在场的5个人都仔细进行了搜身,没有发现王冠,事情陷入了僵局。这么多警察,只能眼睁睁看着王冠被偷走。

破案关键

恶魔滑稽师一定是在停电的时候才进屋偷钻石的吗?

NO 19.　砸碎钻石

大盗松本次郎得知有位南非商人携带了一颗名贵的钻石来到东京，于是，就在这位商人吃晚饭的时间里，偷偷地溜进了商人住的房间。

在房间里，松本次郎找了半天也没有找到那颗钻石，只在商人的皮包里找到几颗小钻石，此时商人推门而入，松本只愣了几秒钟，就立即抽出匕首架在了商人的脖子上，然后关上了门。

“你是谁？想干什么？”商人问道。

“我是贼，非常喜欢你的钻石。”松本回答。

商人一点不畏惧，说：“你杀了我，我也不会把那颗钻石交给你。”

松本狡黠地笑了一下，说：“那我们赌一把吧！你猜，我能把这几颗小钻石敲碎吗？”说着松本拿出一把小铁锤扬了扬，那是他盗窃时常用的工具。

“哈哈哈，天下还有这么笨的人，钻石是世界上最坚硬的物质，你的小铁锤能砸碎钻石吗？好，如果你能砸碎，我就把那颗钻石送给你；如果砸不碎，你就乖乖地给我出去。”商人一副得意的神色。

“好。一言为定，睁大你的眼睛看着。”松本说完用力砸了下去——钻石竟然碎了。

商人一下子傻眼了，只好把钻石交给了松本。

破案关键

钻石是世界上最坚硬的物质，铁当然比钻石软，但软的东西一定砸不碎硬的东西吗？皮球同样比玻璃软，不照样能把玻璃砸碎吗？

NO 20.　公园自杀案

一天，警察局接到一个案子：在一个公园里发现了一具尸体。查明后，死者是一家公司的总经理，名字叫大岛完池。新村警察叫来了死者的朋友——田井。

经过法医的检查，大岛完池是因枪击身亡的，子弹从前额中央射入，从弹孔流出的血迹在他的右侧脸庞流成了一条血线，已经干硬。鲜血染红了死者衬衣的领子和绿色的领带。

田井和新村警官回到会客室。

“我跟你简单说一下发现他的情况吧。”新村开始向田井介绍案发经过，“今天早晨7点左右，一个晨练的人在公园里面向大海的长椅上发现了死者。警察赶到现场后在长椅下找到了射杀死者的那支手枪，上面只有死者的指纹。经法医检验，死亡时间大致是午夜到今晨3点之间。”

“他为什么会到那个公园去？之前做了什么？”田井似乎还没有从惊愕中回过神来，他仍然沉浸在朋友死亡的悲痛之中。

“经过我们的调查，昨天晚上他在公园酒店参加一个宴会。大约在1点左右，海面上刮起了大风。大岛对朋友说要方便一下，就离开了，之后就没再出现过。大约2点左右，他们以为大岛回家了，也就散了，因为这已经不是他第一次中途离开了。”

“你们的结论呢?”

“自杀。”新村肯定地说。

看到田井疑惑的眼神,新村补充道:“您是知道的,大岛的女儿前不久因车祸去世,这对他打击很大,而且他的工作也面临着很大的问题,这些很有可能导致他自杀。”

“可是大岛完池并不是自杀!”田井突然提高了嗓音,“首先,大岛完池是个顽强的人,他的女儿去世了,但他还有个小儿子,他不会抛下他的;第二,现场的情形也不能说明他是自杀,警察先生,因为你们忽视了一个至关重要的细节。”

田井所说的“细节”是什么?

破案关键

此案中大岛完池的头部从弹孔流出的血是呈什么样子?而当时的天气又是怎样的?结合起来分析会容易些。

NO 21. 黑乎乎的银簪

洗衣店老板的独生女儿阿信妩媚动人,风流韵事不绝于耳。一天,她失踪了。第二天,在汤岛圣堂后面的树林里发现了她的尸体。在裸露的左侧乳房上方,一根银簪深深地刺进身体。名探银次从尸体上拔下银簪,用白纸拭去上面的血迹。银簪尖部十分锋利,闪闪发光,可作防身的短剑,柄端却像熏过似的黑乎乎的。

“这是阿信的东西吗?”银次问洗衣店老板。

"是的。是油店年轻的老板幸吉送给阿信的。"银次叫助手把幸吉找了来。

幸吉是一位举止庄重的人。一靠近他就有一股硫磺的气味，再仔细一看，大概是患了皮肤病，两手手指黄黄的，干巴巴的。

"真是糟心的病啊，涂了硫磺药了吧，见效吗？"银次同情地说。

"好多了，只是味太大。"幸吉像是不想让人看似的，把手藏在身后。

"可是，你不是要同阿信结婚了吗？"

"是有这个打算，可阿信说推一推……"

"这么说你是憎恨阿信变了心而杀死她的？"

"这是什么话，凶手绝不是我！我不是说死人的坏话，可阿信还有别的男人。"

"我有你杀人的证据，你快老实交代吧！"

你知道银次的证据是什么吗？

破案关键

请你想一想，银簪的柄端为什么黑乎乎的？这和幸吉那双患病的手有什么联系呢？

NO 22. 水乡杀人案

日本的潮来以水乡而闻名于世界，是众多旅游爱好者向往之地。

一天晚上，在这著名的水乡城镇发生了一起命案。办案神速的警察在第二天就找到了有重大作案嫌疑的一名男子酒井。

警察开门见山地问酒井："昨天晚上 10 点多钟你在什么地方?"

"在东西河上钓鱼。"酒井很镇静地回答道。

"那条河跟它的名字一样,水流由东向西,那么你是在河的哪边钓鱼?"警察又问道。

"在南岸。昨天晚上月亮很圆,河面上映照出洁白的月亮,很漂亮。"酒井答道。

"你在说谎,我想杀人犯就是你。"警察哈哈一笑,然后非常肯定地说道。

警察根据什么认定酒井就是杀人犯呢?

破案关键

日本在北半球,月亮升起和落下的方位是怎样的?嫌疑人的位置,能够看到河水中的月亮的倒影吗?

NO 23. 犬 证

江户警长来走访调查时,正碰上一个相貌凶恶的家伙从一家庭院后门溜了出来。

"喂,你等一下。"

那个形迹可疑的人听到叫声,愣了一下便站住了。

"你是盗贼?"

"岂有此理,我是这家的主人。"

那家伙回答时，一只长毛狗从门里跑了出来，并跟在那家伙的脚后嬉闹。

“这只‘美丽’是我家的看门狗，所以，你该相信我不是可疑的人吧。”

说着，那家伙抚摸着小狗的头，小狗向警长表示出敌意，汪汪地叫了起来。

“美丽，不要叫！”

那家伙命令后，小狗变乖了，随后跑到附近的电灯杆子下面，抬起后脚小便起来。

江户警长虽然觉得那家伙的回答找不出什么疑问，但当他刚离开几步，他的第六感官意识到什么似的，突然，江户警长大声喝道：“喂，你就是盗贼。”说着，马上过去不容分说地将其逮捕。

那么，什么证据使江户警长识破了这家伙的真面目？

破案关键

“美丽”是母狗的名字，而这只狗是一只母狗吗？

NO 24.　椰子杀人案

这是一对新婚夫妇去冲绳蜜月旅行中发生的事情。

傍晚，他们沿着沙滩散步时，突然发现一个身穿泳裤的青年倒在一棵大椰子树下面。两人一时被惊呆了，看上去那青年是太阳穴被打破而致死的，他的头上有血流出来，并且已经凝固变干。尸体旁边有一颗大椰子,椰子上还沾有血迹,椰树下的沙地上留着大椰蟹爬过的痕迹。

“这可能是椰蟹爬过沙地的痕迹。”新娘子说。她是大学海洋生物专业的毕业生。

“椰蟹？那样的话,就是这位青年在树下睡觉时,有一只椰蟹爬来,爬上椰树,用自己的大剪刀剪断椰柄,椰子正好落在睡觉的青年人的头上。”新郎抬头看着椰树说。

那棵树上还挂着几颗椰子,又硬又重的椰子从高处落下打在头上的话,一下子就完了。

“你能知道他是什么时间死的吗?”

“外科是我的专业。”于是,丈夫用手触摸尸体检查,“大概已死亡四五个小时了。”

“那么就是说,是今天下午 2 点至 3 点期间了。”

“差不多。”

“如果是这样,这就不是意外事故,而是杀人案件！罪犯用椰子打击被害人的头部将他杀害后,伪装了树下的椰蟹足迹,嫁祸给椰蟹。”新娘果断地说。

那么,你知道新娘为什么这样判断吗?

破案关键

大家对椰蟹了解吗？如果大家了解了椰蟹的生活习性,那就会很容易知道答案了！

NO 25.　飞来的小偷

一天，日本的一位富翁在东京城外别墅里举行宴会，别墅里绿树成荫，百鸟齐鸣。客人们一边谈天说地，一边品尝美味佳肴，一个个显得十分高兴。

这时，一位女宾在去洗手间洗手时，把钻石戒指放在外间靠窗的桌子上，等到出来时，钻石戒指却不见了。门是关着的，洗手间在三楼，也没人来过。别墅中的仆人都忠实可靠，何况，失窃之前也没有一个仆人上过楼。再说窗子外面也没有梯子，难道小偷是从天上飞下来的？

大富翁为此事很生气，认为这事又一次丢了他的面子。因为在他的别墅里，已经第三次发生这样的事了，他非要查个水落石出不可，他拿起电话就准备报警。

这时，从宾客中走出一位名叫山田吉木的中年人，他是位动物学家。他听那位女宾讲了事情的经过，又听富翁讲了以前发生的两起失窃案件的经过，胸有成竹地说："先生，你别报警，这件事让我来试试吧！"

山田吉木先生在别墅四周转了转，找到了失窃的戒指。

聪明的读者，你知道小偷是谁吗？

破案关键

大家仔细想一想，偷东西的一定是"人"吗？要注意，破案的是位动物学家哦！

NO 26.　毒蜂谋杀案

星期天的下午，警方接到报案，一位日本商人死在院子里一棵大树下的椅子上，地上丢着两个空啤酒罐和一些日本报纸。

警察立即赶到现场。报案的是这里的管家，他指着尸体对警察说："主人是在凉爽的树阴下一边喝着啤酒，一边看报纸，不巧被毒蜂蜇了。你瞧，他胸部还有被毒蜂蜇过的痕迹哩。这种毒蜂的产蜜量要高出普通蜜蜂数倍，但它的毒性很大，一旦被这种蜜蜂蜇了，再强壮的汉子也会死掉，所以它被称为杀人蜂。"

"就算是被毒蜂蜇了，从他没来得及逃进屋里的状况看，大概是喝了啤酒醉醺醺地昏睡过去了。这附近有毒蜂窝吗？"当警察对周围一带调查了一番之后，发现邻居的一家空房的院子里有一棵大洋槐树，树上有个很大的毒蜂窝，挂在树叶遮掩的树枝上。

当时已经是夕阳西下的时候，毒蜂都钻进了蜂窝里。警察轻手轻脚地走到跟前一看，发现在另一个树枝上挂着一架日本制的微型录音机。

"这种地方，谁会把录音机丢在这儿？"警察取下录音机，把磁带倒回后一放，是盘音乐带。音乐开头是轻松柔和的华尔兹乐曲，可就是这部乐曲中突然插了一段节奏紧张、刺激性强的现代音乐。警察听了一会儿，突然想到什么，马上断定说："这个日本商人不是在院子午睡时偶然被毒蜂蜇死的，这是巧妙地利用毒蜂作案的他杀案。"

说完，他又把录音机依旧放回原处，并隐藏在院子里的树丛中耐心地监视着。夜里 9 点多钟，闪出一个身影，接近洋槐树，要取下录音机。

"喂！不许动，你因杀人嫌疑被逮捕了。"警察迅速跳出来追上欲逃跑的罪犯并将其抓获。这个罪犯是在被害人手下工作的当地人，因贪污贷款行为将败露而作案杀人。

可是，尽管如此，这位警官为什么只听了一会儿音乐，就能果断地识破罪犯的诡计呢？

破案关键

微型录音机中放出的音乐带与毒蜂有什么关系呢？

NO 27.　当心蝮蛇

事情发生在日本。一个晴朗的日子，一对喜欢徒步旅行的夫妇到京都郊外去采集春天的野菜。当他们走到一个小池塘边上的杂木林里时，突然发现地上倒着一个中年妇女的尸体，于是惊慌地报告了警察。

看上去这个中年妇女也是来采山野菜的，采到的山野菜都装在塑料袋里。经过初步鉴定，死亡时间为前两三天了，但在尸体上却找不到明显的外伤。

为慎重起见，警察把尸体交给大学医院解剖，医生们通过解剖发现，死者的血液里含有大量的卵磷脂酶。

“卵磷脂酶是什么，先生？”年轻的刑警听到陌生的专业用语，问解剖的医生。

“是蛇毒，这毒液进入身体的血液后，血清中的磷脂便分解成卵磷脂，大量杀死红血球和细胞以致夺去生命。死者左腿小腿上被发现有两处被蛇咬的痕迹，一般蝮蛇习惯于咬长筒袜上方的部位。”医生详细地讲解着。刑警想起现场的状况，会意地点着头。

可是，当他返回署里报告署长时，署长却发出疑问：“什么？蝮蛇？胡说！即使死因是蛇毒所致，也不是在这里被毒蛇咬死的，这是巧妙作案的杀人事件。”

年轻的刑警吃惊地问：“那又是什么原因呢？”

署长说：“罪犯将蛇毒注射到被害人的体内，再将尸体扔到杂木林里，伪装成被蛇咬的现场。而像被蛇咬的小小的伤痕，一定是用针注射的痕迹。尽管如此，也是个愚蠢的罪犯。”署长果断地下了结论。

请问，署长是根据什么下结论的呢？

破案关键

大家都知道蛇有冬眠的习惯吧？而日本春天的气候又是怎样的呢？

NO 28.　天窗上的蜘蛛网

古董商铃木的仓库里放有10只装有珍贵古董的箱子。昨天一早他查看仓库时，发现箱子少了一只，于是立即报警。他对警长说，仓库的钥匙只有他一人有，而且整天贴身挂在脖子上，不可能有人动过。

警长查看现场，发现这是个封闭式的小屋，只是在屋顶上开了个小天窗，窗上安装着拇指粗的铁栅栏。虽然铁栅栏已掉了两根，但上面有 3 只大蜘蛛织满了网，说明不会有人从这里钻进去。

警长找到刑事专家井上帮助分析案情。井上问："除了铃木本人，还有谁知道仓库里有古董箱子？"

警长说："有个叫龟田的，是铃木的外甥，因为嗜赌，早已被铃木赶出去了。蛛网没破，他也钻不进呀！"

井上说："如果确实没有第三人知道仓库藏有古董箱，那么，这箱古董就是龟田偷的。"侦破的结果证实了井上的推断。

那么，龟田是怎样进入仓库的？

破案关键

有人进入，蜘蛛网必破，可是请你去调查研究一下，3 只大蜘蛛再次结网需要多长时间？

NO 29.　两个牡蛎

谷村武治是大学的生物教授，他与妻子离婚好几年了，唯一的女儿也判给了妻子，所以，他一直是一个人生活。

这天，学校里发现谷村已经有两天未来上班了，同事吉川来到谷村家，想看看谷村到底发生了什么事情。

到了谷村家，吉川不禁被眼前的情景吓了一跳：谷村仰脸躺倒在客厅的地板上，身上有两处刀伤，地上一大堆血迹已经干涸了。

吉川立刻打电话报了警。警长矢村带人来到现场之后，没有找到什么有价值的线索，但是谷村手里紧紧攥着的两只油炸牡蛎却引起了矢村的注意。一个临死的人，为什么要紧紧抓住牡蛎？他是想暗示什么呢？

经过调查，矢村找到了两个嫌疑人，一个是死者的前妻久梅子；另一个是死者的堂弟，总在歌舞剧中扮演女主角的小林山夫。

矢村认为两个人都有杀死谷村的动机：死者的前妻久梅子非常爱自己女儿，但谷村在前段时间向法院提出收回抚养权，久梅子很可能由爱生恨杀死了谷村；而小林山夫向来极爱赌钱，前阵子他输了很多，来向谷村借钱遭到拒绝，他很有可能对谷村心怀不满，为了报复杀死谷村。

这两个人究竟谁是凶手呢？矢村盯着那两个牡蛎思考着，不久他就断定凶手是小林山夫。

矢村警长判断的依据是什么？

破案关键

请你去查一查牡蛎奇特的生殖方式你就会明白矢村警长判断的依据是什么了。

NO 30.　大红龙虾

日本横滨有一家专门经营龙虾的餐馆，老板是一个非常善良、慷慨的人。

一天，人们突然发现老板在厨房里被人杀死，而且他的衣服兜里的现金也全被人掏走。十分悲伤的老板娘马上就打电话报了案。

没多久，警长矢村带人来到了餐馆。

老板娘一边哭一边对矢村说道："警长啊，我丈夫可是一个慷慨热心的人啊！每当有流浪汉来我们餐馆时，我丈夫总是给他们东西吃。我丈夫现在惨遭不幸，我认为一定是那个穿黄上衣的人干的，我当时看见他和我丈夫在厨房说话，接着就发生了这事。"

老板娘说完话，便领着矢村来到人群当中，指着一个身着一件又脏又破的黄上衣的人说道："就是他，你们可别让他跑了。"

矢村警长上下打量一番这个人，估计此人是一个流浪汉，于是问道："老板娘刚才说的话，你都听见了？"

穿黄上衣的人马上辩解道："警长先生，我刚才的确是在这儿，可我没有杀人。刚才一个戴围裙的人说要给我东西吃，我看见他把一条大红龙虾放在锅里，还告诉我 20 分钟后来吃呢！所以我就站在这等着。"

矢村听罢，笑了笑说道："不用狡辩了，你就是凶手！"

矢村警长是如何发现这个人就是凶手的？

破案关键

你见过龙虾吗？煮之前它是什么颜色的？煮熟后呢？

NO 31. 作伪证的牵牛

早上，大阪城西的化工厂笼罩在熊熊的火焰中，到处都散发出灼人的热浪。经过消防队员一上午的奋战，大火才被扑灭，可堆放了很多易燃品的化工厂也几乎化为灰烬。

后来，警方在火灾现场发现了明显的纵火痕迹，原来这是一起人为纵火案！经过多方调查，了解到农场科研人员熊本和化工厂老板曾有过过节，两人为了一件事情差点打起来。而今天凌晨，一个拾垃圾的老太太说好像看见熊本经过这里。

一定要找到熊本！为了保险起见，警长请来了侦探赤井助阵。

“你是熊本吗?”警长敲开熊本的家门后问道。

“是的，你们有什么事吗?”开门的是一个斯斯文文的中年人，他戴一副眼镜，穿着米色条纹的衬衫，一点都不像丧心病狂的纵火犯。

“我们来调查一起纵火案。请问今天凌晨大约 4 点的时候，你在哪里?”

熊本不慌不忙地回答：“我在家里啊！我一个人住，不过我可以证明自己不在现场。”熊本把警长让进屋里，拿出一沓照片说道：“我今天凌晨早起，正好拍摄到我种的牵牛花开花的情景。牵牛花总是在凌晨 4 点左右开花，一个小时以后开花结束，这是我拍下的照片。”

警长仔细察看了照片，确实是今天凌晨拍摄的。他又核对了拍照用的相机，确定没有自动拍照的可能。

探长疑惑地问赤井：“他所说的关于牵牛花开花的时间，确实是这样的吗?”

赤井郎点点头:“没错,牵牛花是一种开花时间性很强的植物,每天开花确实是熊本所说的时间。从绽放到开花结束,大约需要45分钟。”

“这么说,这件案件和熊本没有关系了。”探长放下了手中的照片,“4点45分拍照才结束,而这时候火灾已经发生了,熊本不在场证明是成立的。”

赤井微笑着摇了摇头:“不,恰恰相反,我觉得熊本是纵火犯。”

“可是,他有不在场证据啊!”探长看着那些照片,有点摸不着头脑了。

聪明的同学们,你知道熊本是怎么制造出不在场证据的吗?

破案关键

牵牛花的开花时间是不是可以改变呢?

NO 32. 两颗痣

有一天,警察局接到报案,宏星商厦遭到抢劫!

宏星商厦是美国一家著名的百货公司,位于纽约城的西侧,距离警察局不到一公里。警长迈克在5分钟后就赶到了现场。只见现场到处都是被砸碎的玻璃和散乱的物品,商厦值班经理克林顿满脸悲伤地坐在楼梯上,注视着乱成一团的商厦。对于商店来说,没有比珠宝柜遭到打劫更严重的损失了。

迈克走到克林顿面前，拿出纸笔，打开录音机，准备开始记录案情。他告诉克林顿，要想尽快破案，追回损失，就要全力配合警方的工作。

克林顿似乎还没从混乱的状态中清醒过来，他喃喃地说道："5 个人……他们有 5 个人，枪……都带着枪。他们二话不说砸开珠宝柜台，抢走了所有钻石首饰，这都是价值几百万美元的首饰啊！"

"5 个人？"迈克边记录边询问，"你看清楚他们长什么样子了吗？"

克林顿痛苦地摇摇头，回答道："一个有胡子，眼睛旁边有两颗痣，其他人就看不清楚了……"

"光线那么暗，你怎么能看清楚那人眼睛旁的痣呢？"迈克有点奇怪。

"是这样的……"克林顿结结巴巴地说，"他们闯进来的时候，我吓得躲到一排货柜里。大胡子拿着强光筒照进来的时候，光线正好从货柜缝隙射进来，我刚好看到了他的脸。"

迈克听到这里，忍不住打断了他的话："克林顿先生，如果这真是一起抢劫案，那我要立刻逮捕你，因为你就是同伙。"

克林顿听后吓坏了，傻傻地站在那里……

同学们，你们知道克林顿在哪里露出了破绽，让聪明的迈克警长识破的呢？

破案关键

在灯光昏暗的情况下，眼角的痣是很难看到的。同学们再仔细地想一想，在强光的照射下，人眼看东西是会更清楚，还是什么都看不见呢？

NO 33.　被揭穿的假话

善于利用推理来侦破形形色色的案件的波洛，平日对事物观察入微，对种种自然现象都了解得一清二楚。凭着这日积月累的真本事，他揭穿了许多罪犯的谎言。

一次在法庭上，有位原告方面的证人出庭作证说："那间房子的光线是极其暗淡的。我进入房间时，一眼就看见地上躺着一具尸体。尸体旁边流着许多殷红的鲜血，令人惨不忍睹，毛骨悚然。"

波洛佯笑地问："先生，你能肯定你看得一清二楚吗？"

那人面对波洛，拍着胸脯回答道："完全肯定！而且我还清楚地看见死者上身穿的是一件红色衬衣！"

波洛冷声一笑，转身对旁听室上的群众说："我现在郑重告诉诸位女士诸位先生，这个证人作的是伪证，证词完全不可信！"

你能猜出证人的证词假在何处吗？

破案关键

请你了解一下关于光的知识，想一想，在暗淡的光线下，能够清楚地看到红色的鲜血和衬衣吗？

NO 34.　青铜像之案

埃夫文的妻子被人杀死了。埃夫文对检察官说："昨晚我很晚回家，刚巧撞上一个人从我妻子房里跑出来，跌跌撞撞蹿下楼梯。借着门口那盏昏暗的长明灯，我认出他是吉姆·西斯蒙。”

被告西斯蒙愤怒地嚷道：“他在撒谎！”

埃夫文继续说道：“西斯蒙大约跑出一百米远，扔掉了一件什么东西，那东西在乱石坡上碰撞了几下后滚落进深沟，在黑暗中撞出一串火花。”

“这是胡编！诬告！”西斯蒙气得满脸通红。

检察官举起一座森林女神妮芙的青铜像：“对不起，西斯蒙先生，我们在深沟里找到了这件东西，要是再晚一个小时，那场大雨也许就把这些线索冲掉了。铜像底部沾的血迹和头发是埃夫文太太的。我们在铜像上取到一个清晰的指纹——这是您的指纹。”

西斯蒙反驳道：“我当时根本就没去他家。昨晚 7 点埃夫文打电话给我，说他 8 点钟想到我家来谈点事。我一直等到半夜，也不见他来，就睡觉了。至于指纹，那可能是我前几天在他家拿铜像玩时留下的。”

检察官感到案情很复杂，找到大侦探麦克哈马，把案情说了一遍，最后说：“埃夫文和西斯蒙是同事，以前两人的关系很好，最近不知为什么关系开始恶化。”

麦克哈马听完检查官的介绍后，说：“凶手不是西斯蒙，是有人诬陷他。真正的凶手是……”

你知道真正的凶手是谁吗？

破案关键

在思考此案件时，大家要注意西斯蒙和埃夫文两个人的关系，还有青铜器在和石头接触时会产生什么反应?

NO 35. 心中有鬼

巨人公司保险柜里的20万现金昨晚被盗了。总经理詹姆斯傻眼了,赶紧保护好现场,叫秘书戴安娜报案,然后坐在客厅里,眼巴巴地盼着侦探公司早点派人来。正在他急得团团转的时候,一个年轻女子出现在他的面前。他没好气地说:"今天不办公了,有什么事改日再说吧!"

女子微微一笑,掏出自己的证件说:"您搞错了,经理先生,我是侦探戴伊。"

"什么,你是侦探?"詹姆斯简直气得要跳了起来,"我们这里失盗了,并不是要开什么服装展示会。"

戴伊毫不在意地打开公事包,取出纸笔做好要记录的样子说:"经理先生,我不在乎你的态度,我们开始工作吧。"詹姆斯说:"很简单,昨天放进去的钱,今天早晨不见了,你说上哪儿去了呢?"

戴伊听了,先去现场检查了一番,然后又回到客厅里,把经理部的几个人找来,很客气地请他们说一说昨天下班后,都做了些什么。

七八个人很快就说完了,就剩下詹姆斯和戴安娜了。詹姆斯好像有点儿不太好意思,低声说:"昨天我带戴安娜去看电影了,没叫大家,下回一定补上。"戴安娜也马上承认是一起去看电影了。

"在哪家影院? 什么片子? 什么时间?"戴伊问道。

"开明影院,是大片《指环王》,时间是7点45分。"詹姆斯马上回答。

戴伊不再多问了，整理好东西说："今天就进行到这里，明天我们再继续。"说完，朝所有人点点头便出门去了。

第二天，戴伊又在同一时间来了，她好像忘记昨天都做了些什么，仍然叫大家说一说出事那天都干什么去了。当大家都说完了以后，最后是詹姆斯说，只见他没好气地说："我带戴安娜看电影去了……"

"是《指环王》，在开明影院，7 点 45 分那场吗？"戴伊问。

詹姆斯点点头说："你的记忆力不错呀！"

"过奖了，遗憾的是那天开明影院的放映机出了故障，那场电影取消了，你不过是从报纸上知道那么一场电影罢了。"詹姆斯正要辩解，戴伊制止了他，接着往下说："我看过案发现场，无论是保险柜还是门窗都没有被撬过的痕迹，那么盗贼肯定在内部。谁是盗贼你肯定知道！"

那么谁是盗贼呢？

破案关键

不做亏心事，不怕鬼敲门。既然没有偷钱，那么就不会说谎。既然说谎了，一定是想掩盖一些事实的真相。

NO 36. 列车劫案

一天清晨，国外某城市博物馆长办公室里的电话铃声不停地响着。刚打开门的杰克馆长快步走到桌前，他拿起电话一听，是博物馆的文物管理员琼斯打来的。他在电话里慌乱地说:“杰克馆长,不好了,出事啦!今天凌晨,我们遇到了车匪,您让我和罗蒙押运回来的四件馆藏古董被劫走了!”

杰克馆长听罢,“啊”地大叫了一声,便跌坐在椅子上。

要知道,这四件古董可是异常珍贵的历史文物呀,如果落到文物贩子的手里可就糟了!

杰克馆长问琼斯:“你们现在在哪儿?”

琼斯说:“我在火车站站台边的值班岗亭,罗蒙还在车厢里。”

“你们俩先别离开那儿,我马上和斯文森探长过去。”

20 分钟后,杰克馆长和斯文森探长来到现场。琼斯将他俩带到了车厢里。

罗蒙一脸沮丧,狼狈不堪地蜷缩在车厢一角。斯文森探长仔细查看了一遍车厢后,开始听琼斯和罗蒙讲述凌晨被劫的经过。

琼斯说:“列车还有大约两个小时就要到站时,我忽然听见有人轻轻地敲隔壁车厢的门,过了一会儿又来敲我们这个车厢的门,我便起身去开门。”

“难道你没有问清楚敲门的人是谁,就把门打开了吗?”斯文森探长问。

“当时,我和罗蒙都刚刚醒来,还有点迷迷糊糊。我以为是列车员,根本就没有想到是劫匪。”琼斯继续回忆道,“我一打开车厢门,就冲进来三个蒙面人,他们用枪逼住我们,接着把我们捆在一起,随后把那只装古董的箱子拎起来,关上车厢门就跑了。”

“我们拼命用脚踢车厢门,直到火车放慢速度后准备进站时才被人发现。”罗蒙在一旁插话。

“怎么？劫匪逃走后，你们就没有叫喊吗？”斯文森追问道。

“我们当然叫喊求救了，可是，当时火车运行的声音太大了，没有人听见。”琼斯和罗蒙争先恐后地抢着说道。

“这个案子我已经破了。”斯文森对杰克馆长说，“你去把乘警叫来，就是他们俩和三个蒙面人串通一气，制造了这起列车抢劫案。”

琼斯和罗蒙大叫冤枉。可是，等斯文森说出一番话后，他俩便哑口无言了。

请问，斯文森探长发现了他俩的哪一点破绽，立刻推定他们是共同作案的？

破案关键

在一个嘈杂的环境中，你能够听到敲门声吗？

NO 37. 总裁之死

某公司的总裁被人枪杀在自己下榻的皇冠五星级饭店的一等客房里。警长闻讯赶来，看到客房布置得极其豪华，地上铺着厚厚的土耳其驼毛地毯，四周的墙上挂着经典的画作。总裁是在接电话时被人从背后开枪打死的，听筒垂在他的身边。

美貌的女秘书露丝显得手足无措，她说：“当时是我在外面的公用电话亭与总裁通电话的，我听她话筒里传来枪声，便赶快问出了什么事，但只能听到总裁垂死的声音和凶手逃走时慌乱的脚步声。我意识到不妙，便赶快挂电话给警方，请求紧急救援。”

“心如蛇蝎的小姐呀，你的谎话编得可不太圆呀！”警长冷笑着说，“老实交代你是怎么杀死总裁的吧。”

警长是从哪里看出来的呢？

破案关键

当你走进铺着地毯的房间，脚步声是不是会小很多？

NO 38. 合适的汽车轮胎

罗宾是一位生物科学家，他研究的一个项目取得了重大成果，轰动了全国。各地著名的大学都纷纷发出邀请，让他去讲课。罗宾一直很关心科学普及，所以，他放弃了自己的休息时间，常常在周末到学校去讲课。

一个星期天，罗宾自己驾着小汽车，到邻近的某市讲课，他的课受到了热烈欢迎，课讲完了，学生们还不肯离开，又提出了很多问题，他都一一耐心地做解答。下课以后，学校的老师又和他交谈，留他吃晚饭。就这样，一直到晚上 10 点多钟，罗宾才离开这座城市。

夜深了，罗宾驾着车往家里赶。汽车行驶在公路上，收音机里播放着动听的音乐，罗宾的心情很好，跟着音乐轻轻哼着。忽然，他看见前方的路中间停着一辆越野车，连忙减慢车速，小心地从旁边绕过去。只听到“啪”一声响，车子猛地一歪，罗宾赶紧踩刹车，下车一看，汽车的一只前轮胎被一枚很粗的铁钉刺破了。正在这时，从越野车里跳出来一个人，那人用黑布蒙着头，用手枪逼着罗宾，抢走了他的钱，然后开车逃走了。

罗宾步行了半个多小时，才看到前面的灯光，那是一家小杂货店。他首先打电话报了警，然后对小店老板说："麻烦您给附近的修车站打电话，来换一个轮胎……"

老板马上热情地打了报修电话，又给他端上了热茶。10 分钟以后，修车站的工人拿了轮胎来了，警察也同时赶到。罗宾却对警察说："不用调查了，小店老板就是抢我钱的人！"

小店老板好心帮忙，罗宾却说他是坏人，你知道这是为什么吗？

破案关键

罗宾教授只说了要换轮胎，有没有说换哪个型号的轮胎呢？

NO 39. 叶下古币

布莱克探长接到他的朋友——收藏家凯恩的电话，说有一枚稀有古金币要拿到市场拍卖，为了安全，请探长陪他一起去。

探长下午如约赶到，想不到呈现在眼前的竟是凯恩的尸体。他被钝器击中，死了不到半小时。

探长翻转凯恩的尸体，在他的衣翻领上发现有一枚绿色三叶形的徽章，徽章后面有一样东西闪闪发亮，探长仔细一看，正是那枚古金币，藏在徽章的夹层中。他将金币放回原处，又把尸体脸朝下翻回原状，若有所思地凝视着死者身上外翻出来的衣兜。

当他察看死者的厨房时，凯恩的侄子汤姆走了进来，见状惊问是怎么回事。探长一边从碗橱里取出一个茶叶罐，打开盖子让汤姆拿着，自己则边从罐中取茶叶，一边说："今天早上，你叔叔打电话叫我下午来陪他到市场拍卖一枚古金币，很显然，凶手抢到了我的前面。看来凶手是搜遍了尸体，但一无所获，因为你叔叔没有把金币放在衣兜里。"

探长停顿片刻，将一壶水放在炉子上说："你替我把它拿出来吧，它就藏在叶子下面。"汤姆立即放下手中的茶叶罐，离开厨房。过了一会儿，他们从叔叔身上找到了金币。

"为什么要谋杀你叔叔？"探长厉声责问汤姆。

请问，探长为什么认定汤姆是凶手呢？

破案关键

听到探长说"你替我把它拿出来吧，它就藏在叶子下面"时，你想到的叶子下面是哪个叶子呢？而汤姆想到的又是哪个呢？

NO 40.　室内温度

在一个寒风凛冽的冬夜，侦探史留斯接到艾丽斯·伯顿的电话，说是她的丈夫被人杀死了，让他立即赶来。

史留斯放下电话，拿起钢笔，在一个小本上记下了伯顿夫人的地址。然后穿好衣服，走出公寓大楼，钻进了自己的那辆"奔驰"。40 分钟后，他赶到了伯顿夫人家里。

伯顿夫人正焦急地等他。史留斯的车一到，她就开门迎了出来。

“怎么才来，急死我了！”伯顿夫人搓着手，满脸不悦之色。

屋子里非常暖和，史留斯跺掉鞋子上的雪，摘下围巾、帽子和手套，脱去了厚呢子外套，然后揉了揉冻得有些发酸的鼻子，打量起站在自已面前的这位女人。

伯顿夫人面色红润，身上穿着淡蓝色的条纹睡衣，脚上趿拉着一双厚脱鞋，金发散乱地披在肩上。

“我丈夫被人杀死了，尸体在楼上。”

“怎么回事儿?”

“我和他看完电视，快到12点的时候才去睡觉。不知什么时候，我忽然惊醒了，发现我丈夫已经被人杀害，太可怕了。”

“您当时没注意是什么时间吗?”

“没有。”

“可我记住了，您打电话的时间是3点半钟，而现在是4点一刻。”史留斯顿了一下问道：“后来呢？后来您又干了些什么?”

“我打完电话，才发现那扇窗户被人撬开了，凶手准是从那儿进来的。”伯顿夫人说完，用手指了指那扇仍然敞开着的窗户。

史留斯朝那扇窗户望去，只见凛冽的寒风直往屋子里灌，一会儿屋子里感到了凉意。史留斯顿有所悟，忙走过去，关上了窗户。然后，他猛地转过身来，冷笑着对伯顿夫人说：

“夫人，我想在警察到来之前，还是请您谈谈事情的真相吧！这方面您是最有权威的。”

伯顿夫人还想抵赖，但看见史留斯那不容置疑的神情，额头上滚落下大粒大粒的汗珠，不得不供出了她杀害亲夫并伪造现场的真相。

史留斯根据什么判断出伯顿夫人没有说出事情真相呢?

破案关键

大家想一下当时的天气和屋里的温度就会知道事实的真相!

NO 41. 说谎者

莱克探长正在吃饭,突然,电话铃响了。莱克探长接完电话说:“唐人街的点心店被抢了,我要赶到现场去。”

探长一边收拾东西,一边接着说:“有人正好看见哈波特从店里跑出来。”

“哈波特不是关在监狱吗?”探长太太说。

“是的,不过,他被判了5年徒刑,刚被放了出来,目击人只是看了他一眼,也有可能看错了,我得问问哈波特本人去。”

警车在城西角的公路上停了下来,探长看见院子里停放着一辆黄色的轿车,一个高个子青年站在大门口,怀里抱着一个一岁半左右的赤脚小男孩。

探长大声命令哈波特:“把孩子放下,举起手来!”

哈波特把光脚丫子的小男孩放在黄色轿车的挡泥板上,然后举起手问道:“探长先生,这是为什么?”

“唐人街的点心店被抢了,3小时前,有人看见你从那家点心店里跑出来。”

哈波特听了哈哈大笑:“1小时前我根本不可能在唐人街,我一整天都——”

哈波特刚说到这儿，探长突然大叫一声："危险！"一个箭步冲到小男孩跟前。

原来小男孩不知什么时候爬到汽车引擎罩上去玩，不小心滚到引擎罩边缘，眼看就要掉下来了。探长冲过去抱住了小男孩。

"啊，谢谢你，探长先生，"哈波特说，"这是我的外侄。"

探长接着问："你要如实告诉我今天你在哪里。"

"我今天一早就开车到远离本市几百里的海滨去了，要说1小时前，我还在路上拼命赶路呢，您这会儿来，我才到家里5分钟。"

探长看了看手表："这么说，你12小时开车跑了将近1 000公里路程。不过，6点前后，你遇到过谁没有？"

"我4点左右加过油，买了个汉堡包，然后我就直接回家了，点心店的抢劫案和我一点关系都没有。"

"你说的都是实话吗？"

"句句属实，坏事我早就不干了。"

但探长马上指出他是在说谎。

请问，你知道这是为什么？

破案关键

哈波特说他在12个小时中共开了1 000公里的路程，如果真的是这样，那么汽车本身会发生什么变化呢？再注意案件中小男孩儿的举动，你想到了什么？

NO 42.　冰冷的椅子

一天，达尔西接到林斯顿太太打来的电话，说她把 1 000 美元放在桌子上后来又不见了，请他赶快来一趟。

达尔西立刻赶到林斯顿太太家，时间是下午 5 点钟。他问林斯顿太太最后一次见到钱是什么时候？林斯顿太太说是 4 点钟。她说她把钱放在桌子上就去洗澡了，4 点半左右回来就不见钱的影子了。

达尔西又问："当时有别的人在家吗？"

"有我的女佣露丝，她帮我料理一些家务。"

达尔西点点头，来到露丝的屋子。露丝热情地招呼他。达尔西坐在屋内的一把椅子上，他感到椅子很凉。他问："请问小姐，林斯顿太太丢钱的时候你在干什么？"

露丝回答说："我 4 点到林斯顿太太家后就回到屋里，一直坐在你身下的那把椅子上做针线活，从没离开半步，可是我好像听见有人把门'砰'地关上了。"

达尔西笑了一下，说："小姐，我想我能在这屋子里找到 1 000 美元。你并没有一直坐在这里，你是在我敲你的房门时，才坐到椅子上的。"露丝看着达尔西的脸，慢慢地低下了头。

达尔西是怎么知道的呢？

破案关键

在达尔西坐在椅子上时，他有什么感觉呢？这种感觉和露丝说的

话又有什么关系呢？你想出答案了吗？

NO 43.　冰湖命案

气温零下 5℃的一天，警长在湖边散步。

这时，突然有一个浑身湿漉漉的人，气喘吁吁地在树林中出现。他对警长说："我的朋友掉进湖里，凝结的冰突然破裂了，我吓了一跳，跟着跳了进去，可是已不见人影。请你快叫人来帮忙。"

于是警长马上和旅馆联系，请保安人员和村民来帮忙。大家一起朝出事地点走去。

他们走了一公里半路，看到了冰上的裂洞。

警长把视线转移到报案者身上，说："我虽然不知道是何理由，但是，你就是害你朋友的凶手，你以为我看不出你的破绽吗？"

破绽究竟在哪儿呢？

破案关键

破案的关键在于当时的天气！当时的气温是零下 5℃，凶手在欲盖弥彰的时候却忽略了这一点！

NO 44.　半罐可乐

霍尔斯警官的好友约翰是位棒球教练。

这天，约翰急匆匆地跑来警察厅，哭丧着脸报案，并讲述了事情的经过。

“今天我回家比较晚，到家时已经快10点了。进门后我发现女儿玛丽趴在桌上，开始我以为她睡着了，叫了好几声不见回答，走近一看才知道她已经……死……了。”

霍尔斯警官立即赶赴现场，在桌上发现了喝了半听的可口可乐。经化验证明里面混有氰化物。桌子上零散地放着几张信纸，其中一张信纸上放着那半听混有氰化物的可口可乐。那张信纸上的钢笔字迹十分清晰。

“这个听装的可口可乐原来放在哪？”霍尔斯问道。

“在厨房的冰箱里。”约翰回答，“我女儿最爱喝冰镇的可口可乐，所以我家冰箱里总是备有大量的可口可乐，谁料有人借此投毒害死了玛丽……”

霍尔斯打开冰箱看了看，又回到玛丽的闺房。他拿起桌上的一张信纸看了看，问助手：“这些信纸都鉴定过了吗？”

“是的，经鉴定，上面的字迹和指纹全是玛丽的，信纸上写的都是有关失恋的诗句。”

“约翰，你女儿恋爱了吗？”霍尔斯问。

“是的。”约翰答道，“由于我不同意她小小年纪就涉足爱河，所以她与男朋友在几天前分手了。”

霍尔斯又抽出了那张压在可口可乐下的信纸端详了一会，又问：“那听可口可乐一直都是压在这张信纸上的吗？”

“是的，没有人动过它。”约翰答道。

霍尔斯思考了片刻，判断说：“这听可口可乐不是玛丽从冰箱取的，而是罪犯拿来让她喝下致死的！”

请问，霍尔斯警官为何这样判断？

破案关键

请你试着从冰箱里拿出一罐饮料，压在一张纸上，看看有什么变化！

NO 45. 沸腾的水壶

在一个雪花飘飘的寒冷的中午，法国的克拉蒙城“红玫瑰”夜总会的老板波克朗来到他年轻的情人玛特兰的住所。一进屋，波克朗不禁大吃一惊：只见玛特兰手脚被捆着绑在床上。

“到底出了什么事？”波克朗急急地问，并边说边为自己的情人解开绳索。

“昨晚10点左右，一个蒙面歹徒闯进了我的房间，把我捆绑之后，将你存放在我这儿的用假名字存的银行存折抢走了……”她一边哭一边说着，满脸悲伤的神色。

波克朗心里禁不住暗暗咒骂道：“这该死的蒙面强盗。”他环视着情人房间的四周，一切如旧，取暖的炉子上一把水壶仍在冒着袅袅蒸气。

波克朗拨通了警察局的电话，5分钟后，警长斐齐业带着两名助手赶到了现场。

“房里的东西，您未动过吗？波克朗先生。”警长首先问了一句。

“当然，保护现场，这我懂。”波克朗回答。

“那好，我告诉您，您的情人对您撒了谎，是她自己捆上手脚而谎称蒙面歹徒作案。”

警长裴齐亚在现场发现了什么证据才下了这个判断？

破案关键

波克朗情妇所说的案发时间与现场的一个细节相矛盾，你发现了吗？

NO 46.　不甚高明的花招

冬夜，波洛接到考古学家卡恩博士的紧急电话，说他借来搞研究的黄金面具被盗，并已派秘书驾车接波洛来破案。

车到博士的研究室已是深夜十一点了，研究室空无一人，秘书上楼去请博士，波洛在客厅里刚点上烟斗，只听得楼上“啊”的一声，接着是秘书的脚步声和喊声：“博士死了！”

波洛连忙跑上楼，这是一间研究室兼卧室，博士倒在办公桌旁的地板上，波洛摸了摸死者的手和脸，还有温度，他无意中接触到死者的衣服，竟然也热。波洛问：“这所房子还住有什么人吗？”

“没有。不过也许有人来过。”秘书答道。

波洛来到床前，注意到床上有一床没有叠好的电热毯，摸摸也很烫。博士的皮包里有一张出席学术会议的请柬和发言稿。这说明，卡恩博士决不会自杀。

波洛一切都明白了，他指着秘书厉声道："凶手就是你！盗窃黄金面具的也是你！为了表明博士死时你不在现场，你玩了个不甚高明的花招！"

你能猜出秘书玩了什么花招吗？

破案关键

博士的脸和手是热的，怎么会连衣服也是热的？看到床上的电热毯，你能联想到什么？

NO 47. 硬邦邦的巧克力

这是一个气温超过 34℃的炎热夏天，一列火车刚刚到站。女侦探麦琪站在月台，听到背后有人叫她："麦琪小姐，你要去旅行吗？"

叫她的人是和她正在侦查的一件案子有关的梅丽莎。

"不，我是来接人的。"麦琪回答。

"真巧，我也是来接人的。"梅丽莎说。

说着，她从手提包里掏出一块巧克力，掰了一半递给麦琪："还没吃午饭吧？来吃点巧克力。"

麦琪接过来放到嘴里。巧克力硬邦邦的，这时，麦琪突然想到什么，厉声对梅丽莎说："你为什么要撒谎，你分明是刚刚从火车上出来，为什么要骗我说你也是来接人的？"

梅丽莎被她这么一问，脸色也变红了。但她仍想赖，反问说："你怎么知道我刚下火车？你看见的？"

“不，我没看见，但我知道你在撒谎。”麦琪自信地说。

为什么麦琪断定梅丽莎在撒谎？

破案关键

你爱吃巧克力吗？请你注意，麦琪是吃到了硬邦邦的巧克力之后，才知道梅丽莎在撒谎，可见破绽处在巧克力上！

NO 48. 作家杀人案

斯汀娜的爸爸是探长，在她小的时候常常给她讲探案故事。受爸爸的影响，上大学的时候斯汀娜就学着写探案小说，没想到她的小说很快被抢购一空，于是，她一部接着一部写下去，很快成为畅销书作家。

有一天，斯汀娜很晚才回家，四周静悄悄的，忽然，她觉得身后有个黑影！可能小说写多了，斯汀娜脑海中闪过千百种可能，于是掏出防身用的水果刀，看也没看回身向黑影刺去，黑影“扑通”倒下了，她仔细一看，竟然是大楼管理员，被刺中心脏，已经死了。眼看闯了大祸，她看看周围没有人，用她惯于编造情节的脑子想出了一个逃脱的妙计。她回到家里，拉下了电闸，偷偷地溜走了。

第二天，斯汀娜接到福森特探长的电话，要她马上回家。她回到家时探长已经等在那儿了。探长问她：“昨天你在家吗？”

斯汀娜是编故事的老手了，她说：“探长先生，我家里的电路坏了，电脑不能用，所以这三天里，我一直住在母亲家呢。”

福森特探长点点头说："你的父亲以前是我的上司，我是看着你长大的，你是不会干违法事的，哦，我忙到现在，渴坏啦！"

斯汀娜一听，轻松地打开冰箱，倒了一杯冰汽水给探长。

福森特探长喝了一口，拿出手铐说："很对不起，尽管你父亲是我的上司，不过你犯了罪的话，还是要逮捕你。"

福森特探长怎么会判断出斯汀娜杀了人呢？

破案关键

福森特的判断依据就是那杯汽水。如果停电三天，冰箱里的汽水温度是怎样的？停电一个晚上呢？

NO 49. 屋中的尖叫声

唐纳的邻居向警署报告：10 分钟前，唐纳的住所里有人尖叫。警察温斯顿和刑事专家哈利驱车前往。他们是冒雨去的，雨已经下了 3 个多小时。

温斯顿和哈利在唐纳住所门前遇到了唐纳，他说有可能是邻居听错了，并说："10 分钟前，我开车刚到家，一进门发现邻居的一只灰猫在门里睡觉，一脚把它踢了出去，它尖叫了一声。"

哈利向着门外雨中的货车走过去，蹲下身子，双手摸了摸干燥的沙土地，问唐纳："你一个人住在这里吗？"

唐纳有些紧张地回答："还有我老婆。"

哈利说："我希望你的妻子平安无事。如果有过叫声，一定不是猫叫。”

哈利根据什么做出这样的结论？

破案关键

请你注意当时的天气，然后结合哈利的观察，你就会发现一处明显的矛盾！

NO 50. 毕加索失窃案

萨勒正在寓所用餐，只见帕森尼小姐尖叫着“救命”闯了进来，上气不接下气地叫道：“太可怕了……小偷偷走了我的毕加索名画……吓死我了……”她头发湿辘漉的，毛巾浴衣下双踝还淌着水珠。萨勒来到她的浴室，听她详细叙述着：刚才她在浴室里淋热水浴，门窗都是紧紧关着的，当她洗完澡穿上浴衣时，门突然被猛力撞开，她从镜子里看见一张肥大、通红、粗糙的脸，咧开大嘴对她阴笑。她以为强盗要杀自己，可那家伙却反身“砰”地关上门走了。她从浴室回到客厅，发现一幅毕加索的名画不见了。

萨勒是位经验丰富的警探，他听罢帕森尼小姐的叙述，认定她报的是假案，便一言未发地走了。

你能猜出帕森尼小姐是何处露的马脚吗？

破案关键

你洗热水澡的时候，在浴室里的镜子中可以和帕森尼小姐一样见到清楚的影像吗？这就是帕森尼的马脚所在！

NO 51. 贼喊捉贼

一个社会名流云集的舞会上，在场的每个人都沉浸在欢乐的气氛中。突然，某国大使的夫人大声喊叫："不好了，不好了，我的项链丢了！"

这时现场乱成一片，纷纷议论起来。

这位夫人大喊："是谁盗了我的珍珠钻石项链……"

在场的保安人员即刻封锁了现场，然后报告给著名的阿K探长。

阿K探长来到现场后，经允许搜遍了所有在场的客人和各个角落，但仍然没有线索。这下所有人都被难住了。

于是阿K探长对某国大使的夫人进行了询问，并到她购买项链的珠宝店进行了调查。珠宝店经理听了探长的来意，热情地接待了他，并把夫人所买项链的录像资料放给阿K探长观看。

那条项链的确很名贵，做工也相当的精密，几十颗珍珠天衣无缝地环成一个圈状，下面有一颗很大的钻石吊坠。

阿K探长看完后，笑笑说："谢谢你的协助。果然不出我所料，我已经知道这条名贵项链是谁偷的了。"说完，便告辞了。

亲爱的同学们，你能推论出谁是偷项链的人吗？

破案关键

项链在大使夫人的脖子上，谁会那么神不知鬼不觉地夺走她的项链呢？

NO 52. 左侧的弹壳

杰克探长来到某地旅行，他住在一家酒店的二楼。

这天，突然从走廊传来女人的呼救声。他寻声走去，只见在 315 房前站着一位年轻的妇女在哭喊，从开着的门可以看到房间里一个男人倒在安乐椅上，已经死亡。杰克探长对尸体做了简单的检查，确认此人刚死，子弹射穿了心脏。

当地警察局也派人来了。那个妇女一边哭一边说："几分钟前有人敲门，我刚一开门，门外一个戴着面具的人二话不说，就朝我丈夫开了一枪，然后扔下枪跑了。"

房间里的地毯上有一支消音手枪，枪左侧不远处落着一个弹壳，在死者身后的墙上有一个弹洞。杰克探长告诉警署人员："把这位太太带回去讯问。"

请大家想一想，探长为什么对死者的妻子产生怀疑？

破案关键

歹徒是在门外朝她的丈夫开枪的，弹壳会落在歹徒的什么方向呢？

NO 53. 公园里的枪声

福伦警长驾驶着警车正在一个公园附近巡逻。这一天的天气真好,又是星期天,一大早,孩子们就牵着大人的手蹦蹦跳跳地跑进公园,然后放开大人的手欢呼着往儿童乐园奔去。头发银白的老人们,相互搀扶着,一边唠叨着什么,一边慢吞吞地走到树林边,尽情呼吸新鲜的空气。

银行家金斯基刚刚退休,他不用再像以前那样,早上一睁开眼睛,就忙碌到天黑。现在,他每天起床后的第一件事就是到公园里来散步,反正公园离家不远,只要5分钟的路程。

公园门口,两辆轿车撞在一起,福伦警长把警车停住,准备跑过去处理,这时,公园里传出一声枪响,又传来人们的惊叫声:“不好啦!有人被杀啦!”福伦斯警长一听,转身往公园里奔去。他来到现场,只见金斯基头部中了两枪,倒在地上死了。福伦警长询问旁边的游人,很多人都说他们也是听到枪响以后才赶来的,没有看到谁开的枪。

这时,有个人拉住福伦警长,轻声说:“我叫约尼尔,是公园里的清扫工,我有重要的线索向您报告。”

约尼尔说:“我刚才在河的对面扫地,远远看见这里有个陌生人,在和金斯基说话。他的声音很轻,金斯基的声音很响,我转身的时候,就听到枪声。”

福伦警长问:“你听到他们说些什么?”

约尼尔说:“距离那么远,我怎么听得见呢?”

福伦警长听了以后对约尼尔说:“我怀疑你是凶手!”

福伦警长凭什么怀疑约尼尔就是凶手呢?

破案关键

在分析此案件时,大家要把重点放在约尼尔说的话上,看看有没有自相矛盾之处。

NO 54. 背部中弹

一场混乱的枪战之后,某医生的诊所里冲进一个陌生人。他对医生说:“我穿过大街时,突然听到枪声,见到一个人在前面跑,两个警察在后面追,我也加入了追捕。就在你诊所后面的那条死胡同里遭到那个家伙的伏击,两名警察被打死,我也受伤了。”

医生从他背部取出一粒弹头并把自己的一件干净的衬衫借给他换上,然后又把他的右臂用绷带吊在胸前。

这时,警长和地方议员跑了进来,议员喊:“就是他!”

警长拔枪对准了陌生人,陌生人忙说:“我是帮你们追捕逃犯而受的伤。”

议员说:“你背部中弹,说明你是在逃跑!”

在一旁目睹一切的大胡子探长对警长说:“受伤的人不是真凶!”

那么,谁是真凶呢?

破案关键

议员见到伤者时,就指出他是“背部中弹”,请你想一想,这是不是非常不合情理呢？

NO 55.　电话机在哪里

吃过年饭，司科特警长准备休息一会儿。昨天晚上，他处理一个盗窃案忙了一个通宵，再加上今天一个上午，现在好容易才歇下来。不一会儿，他靠在沙发上打起呼噜。可是，电话好像存心和他作对，“叮零零”响了起来。

打电话的人焦急地说：“是警察局吗？我是生物研究所的基米，我的同事戈里刚才在家里给我打来电话，说他的女朋友离开了他，不想活了，对我说了一句‘永别了’，就挂断了电话。”

司科特警长问道：“那你怎么不去劝他啊？”

基米说：“我没去过他家，不知道地址，所以只好向警察求助了！”

司科警长让基米马上赶到警察局，同时打开电脑，查到了戈里的地址，然后和基米一起，赶到了戈里的家。

他们敲了几下门，里面没有反应，司科特警长用力砸开门，冲进去一看，戈里吊在客厅的梁上，已经断了气。基米号啕大哭起来：“我的好朋友呀，你为什么要想不开呀，都怪我来晚了一步啊！”

司科特警长戴上手套，开始检查现场。过了一会儿，他想打电话给法医，让他来检查尸体，可是四下里看不到电话机。他就拿出一张纸，在上面写了法医的电话号码，交给基米：“基米先生，麻烦您帮我打一个电话，让法医马上赶来，要快！”

基米接过纸条，立刻奔到二楼，走进卧室里去打电话。等到他打完电话下了楼，看到司科特警长拿着手铐笑着说："基米先生，你这是自投罗网啊!"

司科特警长为什么忽然发现基米就是凶手呢?

破案关键

因为基米的一个举动，所以司科特警长发现了他就是凶手，仔细分析一下!

NO 56.　格雷的破绽

格雷手脚麻利地将布兰顿的尸体悬挂在死者租用的小楼的顶楼上。当他想锁门离开时，才发觉锁门要用钥匙，急切中找不到，现在无法锁门了。两小时之后，他驾着车与哈莱金一道回到这幢房子。"布兰顿近来因离婚心情很不好。"格雷对哈莱金说，"本来我早该来看看他的，可是没人知道他把自己藏到哪儿去了。今天上午他突然打电话给我，说他不想活了，我这才问明了他的住址，我想您跟我一起来也许能开导开导他。他在电话里说他住在德拉维尔街 126 号一幢白色楼房里，我们大概已经到了。"

哈莱金先走下车子，见大门虚掩着，便推门而入，扭亮电灯。5 分钟之后，两人在顶楼上发现了布兰顿。正当他俩面对悬在梁上的尸体瞠目结舌时，楼下传来"吱"一声开门的声响。哈莱金跟着格雷赶到楼下的后门，只见一个漂亮的小姑娘站在门口。

"我妈妈叫我把这瓶牛奶送给布兰顿先生。"她甜甜地说。

哈莱金接过牛奶，待女孩离去后，立即给警察局打了个电话。警察赶到之后，哈莱金立刻命令他们将谋杀嫌疑犯格雷拘捕候审。

格雷从哪里露出了破绽？

破案关键

格雷的破绽在给送牛奶的小姑娘开门的瞬间就暴露了，你想到是什么了吗？

NO 57. 古堡凶杀案

立昂先生是位百万富翁，最近他买下了一座古堡，将它改造成古色古香的酒店，吸引了不少游客。但酒店经常发生神秘的自杀事件。神探亨特和助手乔装以后，住进了酒店，决心查明真相。

立昂热情地接待了他们，将他们安排在第五层的 508 房间。当三人来到第五层时，亨特看见房间旁边有一扇大铁门，便问立昂那是什么地方。立昂说：“想参观吗？请帮我拉一下。”两人一起用力拉开了沉重的铁门。铁门内是一个漆黑的无底洞。立昂笑着介绍说：“这洞是 500 年前用来处死犯人的，最近有些客人也跳进这洞自杀了。”三人退了出来，关上铁门。进了 508 房间，亨特悄声嘱咐助手要注意立昂。

晚上，他俩和衣躺在床上。半夜时分，门外突然传来一声惨叫，亨特一个箭步冲出房间，只见那扇铁门大开。一会儿工夫，不少游客聚拢过来，大家议论纷纷。这时，立昂从自己的卧室走了出来，他难过地说：“306 房间的客人想不开，跳下去自杀了。”

亨特的助手打断他说:“住口！这是谋杀,你就是凶手！这门一个人根本拉不开,他怎么会打开铁门跳下去自杀呢?”

“那你凭什么怀疑是我杀了他呢?”狡猾的立昂反问道。

神探亨特掏出证件亮明身份,并对大家说了一番话,立昂像泄了气的皮球一样瘫在地上。你知道神探亨特说了些什么吗?

破案关键

大家想一想,无底洞是什么样子呢?而立昂又怎么能看清无底洞下的东西呢?

NO 58. 失窃的名画

爱德华太太很有钱,她一生最大的爱好是收藏名画。在她的收藏品中,最珍贵的有6幅,都出自艺术大师的手笔。

爱德华没有子女,她在遗嘱中指定自己死后由侄子霍德斯继承所有遗产,于是,在遗嘱中,她特别注明这6幅油画只限于家族收藏,不得出售或者转赠。霍德斯对艺术一窍不通,他当然不会花大价钱来保管、收藏珍品油画了。他把绝大部分的藏品委托给拍卖行拍卖掉,而遗嘱中规定不许出售的6幅名画则让他大伤脑筋,捐给博物馆呢,舍不得;自己收藏呢,又没有兴趣。

一天,布莱克来到别墅找霍德斯先生。他按了很久的门铃都没有人出来开门,他仔细看了看,房门是虚掩着的,不由有些担心,便推门走了进去。

别墅里到处静悄悄的，只有脚踩在地板上发出低沉的“吱呀”声。忽然，布莱克听到二楼传来敲击地板的声音，他立刻跑上二楼，推开一扇沉重的木门，看到霍德斯先生被捆绑得严严实实，正在地板上不断挣扎。

“怎么了？出什么事了？”布莱克连忙帮霍德斯松绑。

“那些浑蛋！那帮歹徒！”霍德斯愤怒得脸都涨红了，他怒气冲冲地说道，“大约一个小时以前，一群歹徒袭击了这里！当时我正面对一幅名画欣赏，忽然一把冲锋枪顶到我脑袋上。接着，两个歹徒取下6幅名画，然后他们逼我把我面前的那幅也给他们。最后，我被枪托狠狠敲了一下，醒来的时候就已被绑得死死的了！天呀，6幅稀世之宝啊！”

布莱克看了看霍德斯的脑袋，果然有被钝器敲伤的痕迹。他遗憾地说：“这些狡猾的歹徒！那么，你有没有看到他们长什么样子？”

“我看到了。”霍德斯说道，“我从面前油画的玻璃框上看到，一个小胡子，两个……”

“霍德斯先生，”布莱克打断了他的话，“看来无论是艺术还是撒谎，你都是门外汉。你这样做的目的是为了骗取保险金吧！”

你知道霍德斯哪里露出破绽了吗？

破案关键

大家看过油画吗？如果看过，那你们仔细观察过油画的画框吗？是玻璃框的吗？如果不确定，去看看再回答，你就会知道答案的。

NO 59. 作家之死

一天，警察局接到一个报警电话，霍金先生的管家达森说，他的主人在焚烧了所有的稿纸之后，开枪自杀了。探长立即带着警察来到山间别墅。在现场，他们发现壁炉里有许多烧尽的纸灰，霍金本人捏着枪，太阳穴中了一弹，桌子上有遗书，上面写着："我已面临绝境，只能选择开枪自杀……"下面有他的签名和日期。

化验显示，枪上只有霍金的指纹，子弹和枪里的一样，遗书是死者在惯用的稿纸上写的，完全是他的笔迹，壁炉里残存着纸灰，字迹已经无法辨认，质地和作家所用的稿纸一样。

当这一切都得到认可以后，警官们一致认为自杀的结论是可以成立的。但是探长却犹豫了，他有不同的看法：这位作家为什么要自杀呢？于是他又进一步开展调查。

在霍金的出版商里克那里，探长听到了跟自己相同的结论。里克惊讶地说："不可能，绝对不可能！他跟我订了合同，打算写 3 本惊险系列作品，他的作品很畅销，怎么会自杀？"

听说有人分析霍金精神失常，这位出版商立即反驳："霍金思路敏捷，正当中年，他的事业如中天，说他发了神经病，简直是无稽之谈！"

探长取出作家遗书的复印件，向这位出版商讨教。出版商仔细看了几遍，立刻恍然大悟地向探长指出遗书的来历。

于是，探长立即断定，杀害作家的凶手正是管家达森。

请问，探长是如何判断的呢？

破案关键

遗书的来历是一个谜？难到“遗书”和他要完成的书有关？

NO 60.　纵火者的谎言

英国的基正大街和其他地方一样，有宽敞的柏油马路，各种各样的商店和住房。唯一不同的是，基正街001号到700号房屋全是精致的木质房屋。住在322号的吉姆生先生很满意自己的住所。

这天夜里，吉姆生先生被爱犬的狂吠惊醒。他睁眼一看，只见火苗正从屋子的每个角落蹿出来，滚滚浓烟熏得人睁不开眼。吉姆生吓得光着脚丫抱起爱犬，夺门而逃。火灾虽然被扑灭了，但在这场可怕的大火中，有20幢房屋被完全烧毁，30多幢遭到严重破坏。警察调查发现，大火是从吉姆生先生的邻居、321号德雅丽女士家里开始的，由于现场已经完全毁坏，起火的原因无法查明。好不容易逃了出来的德雅丽女士听到丈夫和孩子没能从火海中生还的消息后，悲痛得晕了过去。

过了一会儿，德雅丽女士精神状态好了一点，警察开始询问她起火的原因。

德雅丽说：“我们昨晚参加一个朋友的派对，一直到深夜才回家。回来以后，我丈夫和孩子都说很饿，我就去给他们煎牛排。正在牛排快煎好的时候，我忽然听到孩子大哭起来，连忙放下牛排跑到客厅里，原来孩子手掌被玻璃划破了。我丈夫这时也跑了过来，他把孩子带到浴室清洗包扎，而我返回厨房。没想到，我出去的时候忘记关闭煤气灶，火焰顺着油，已经在锅里烧了起来！”

“只是在锅里烧？那很容易扑灭啊。”警察说道。

德雅丽痛苦地捂住脸说道：“这时我犯了个不可饶恕的错误！我当时完全慌了，随便提起一个桶就朝油锅浇过去，谁知道，桶里面也是油！整个厨房一下子就着火了，我甚至都来不及通知丈夫和孩子……”

警察停下记录，和吉姆生对视了一下，缓缓说道：“德雅丽女士，你因为涉嫌纵火被捕！”

你知道德雅丽的叙述中哪里有破绽吗？

破案关键

虽然有“火上浇油”的成语，但是在燃烧的火焰里一下子浇上一桶油，会使火烧得更旺吗？

NO 61. 说出真相的旧挂钟

一天早上七点半，警长在办公室刚坐下，一个人气喘吁吁地跑来报案。他说：“警官，我是个单身汉，一个月以前，我因公出差，今日才回来。到家里一看，发现门被盗贼给撬了。”

警长赶到那报案者的住所查看了作案现场，只见门锁被撬坏，两箱衣物被扔在地上，墙上的一只旧挂钟还在走着。警长认真审视了现场环境，断定报案者在说谎。

他是怎样做出如此判断的呢？

破案关键

你见过旧挂钟吗？它不用电池，但需要上发条，而上一次发条，挂钟大概能走多久呢？

NO 62. 监守自盗的店员

宝石店售货员布莱克每天都是走得最晚，到得最早。这天早上他一上班就发现了向着大街的橱窗被人划了一个大洞，接着发现靠洞口那枚价值 20 万英镑的大钻石戒指不见了。他马上向警局报案。警局派出警探到现场调查，发觉现场并没有留下任何的指纹，唯一的线索是被玻璃一类东西划开的破口非常整齐。

警方调出了录像带，发现布莱克是最晚离开的，整个晚上也只有一个醉汉路过这个地方，并在店门口待了一会儿。可是再深入调查之后，证明醉汉与这件事无关。

后来再做调查，证实售货员布莱克是那颗钻石的偷窃者。

请你想一想，布莱克的作案方式是怎样的？

破案关键

世界上最坚硬的东西是什么？如果用它来划开玻璃，是不是轻而易举的事情呢？

NO 63. 说谎的秘书

企业家斯塔霍被秘书误杀了！警官温特斯一走进斯塔霍的办公室，斯塔霍的秘书巴特就迎上前说："除了桌子上的电话，我什么也没碰过。事发后我立即就给你打了电话。"

斯塔霍的尸体倒在办公桌后面的地毯上，右手旁边有一支法国造手枪。

"你快说这是怎么回事！"警官急切地追问。

"斯塔霍叫我到这儿来一下，"巴特说，"我来到之后他立即破口大骂他的妻子和我。"

"我告诉他一定是他弄错了。但他在火头上已经变得无法自制。突然，他歇斯底里地大叫：'我非杀了你不可！'说着，他拉开办公桌最上面的抽屉，拿出一支手枪对着我就开了枪，幸好没击中。在万分危急之中我不得已只好自卫，错手杀了他。这完全是正当防卫。"

警官将一支铅笔伸进手枪的枪管中，将它从尸体边挑起，然后拉开桌子最上面的抽屉，小心翼翼地将枪放回原处，然后对巴特说："我想，你应该说实话！"

警官的判断依据是什么？

破案关键

请你想一想警官的这个动作"拉开桌子最上面的抽屉"，你会发现一个非常不合情理的地方！

NO 64.　酒窖里的机械表

波衣德先生一向都是乘星期五上午9点53分的快车离开他工作的城市，在正好两个小时后到达他郊外的住宅。可是有一个星期五，他突然改变了他的习惯，在没有通知任何人的情况下，他坐上了那天夜里的火车回到家里，已近午夜零点，他听见他的秘书阿必特正在地下室的酒窖里面喊“救命”。波衣德砸开门，将秘书放了出来。

“波衣德先生，您总算回来了!”阿必特说道，“一群强盗抢了您的钱。我听见他们说要赶今天午夜零点的火车回纽约市去，现在还剩几分钟，怕来不及了!”

波衣德一听钱被盗走，焦急万分，便请海尔丁探长来调查此事。

阿必特对海尔丁又说道：“然后他们又逼我服下了一粒药片——大概安眠药之类的东西。我醒来时，正赶上波衣德先生下班回来。”

海尔丁检查了酒窖。这是个并不很大的地窖，四周无窗，门可以在外面锁上，里面只有一盏40瓦的灯泡，发出不太明亮的光，但足以照明用了。

海尔丁在酒窖里找到了一块老式机械表，他问阿必特：“发生抢劫时你戴着这块手表吗?”

“呃，是——是的。”秘书回答。

“那么，请你跟我们好好说说，你把钱藏在哪儿了。你和那些强盗是一伙的。”

阿必特一听，顿时瘫倒在地。

你知道探长是如何识破秘书的诡计的?

破案关键

老式的机械手表可以明确表示上午还是下午吗?当然不行。那么,阿必特所说的"我听见他们说要赶今天午夜零点的火车回纽约市去,现在还剩几分钟,怕来不及了!"这句话中就有明显的不合情理之处。

NO 65. 画家之死

阿尔贝·比基拉在伦敦参加残疾人奥林匹克运动会时,遵照本国皇帝的旨意,去拜访住在古城堡里的著名画家K,请他为皇帝画幅肖像画。

在使馆人员的陪同下,阿尔贝来到画家K先生家。K的秘书出来迎接。"画家就在4楼。"秘书说着,就按了一下在专用电梯旁边的有线电话。电话里传出K的声音:"有什么事吗?"

"阿尔贝先生来了。要不要带他们到画室?"

"不,我这就下来,你先招待他们用茶。"

被截去双肢的K先生坐上手摇车进了电梯,过了一会儿,电梯就直接下到一楼。

"哎呀!先生!"电梯的自动门一开,秘书就发出了惊讶的叫声。狭窄的电梯里,画家K先生坐在手摇车上浑身痉挛。原来,一根锐利的短剑直刺在K先生的脖颈上,剑柄上还拴着一根粗粗的橡皮筋。秘书将车从电梯里推出来，摸了摸 K 先生的脉搏，说："看来他不行了！这真是怪事，4 楼画室里，除了先生自己外，一个人都没有。"

"这屋里另外还有楼梯吗？"

"有个紧急时用的螺旋楼梯，平时是不用的。"

"那我们分别从电梯和那个楼梯到上面去看看！"阿尔贝乘上刚才 K 先生遇难的那部电梯，而秘书和使馆人员则上了螺旋楼梯。阿尔贝很快到了 4 楼画室，没见到任何人。不多一会儿，秘书和使馆人员也上来了。

"杀人犯也许是藏在电梯上下的竖坑里，我去那里看看。请您向警察局报案。"秘书摘下螺旋楼梯的天花板，进入了顶楼。使馆人员报告了警察，随即也跟在秘书后面钻进了顶楼。可是，他一个人马上就下来了，浑身沾满了灰尘，而秘书却不知去向了。

"杀人犯会逃到哪里去呢？"阿尔贝很奇怪。画家的窗子都装有铁条，凶手不可能跳下去逃跑的。K 先生肯定在乘电梯下降到一楼时被杀。电梯在中途没有停过，杀人犯又不可能逃脱三个人的眼睛而溜走。

阿尔贝忽然想起刚才所乘的电梯天花板上有个通风孔，心里一动：杀人犯会不会是他？

你认为会是谁呢？

破案关键

杀人犯不可能逃脱三个人的眼睛而溜走，那么最有可能的就是杀人犯就是这栋房子里的人！从短剑、通风孔、长而粗的橡皮筋让你联想到什么？能部署这么多事情的人能有谁呢？

NO 66.　骗取保费的老板

这天晚上，探长接到报警电话，报案的是某皮鞋店的老板，说刚才店里发生了抢劫案，两个匪徒闯进店里，把所有的钱都一抢而空，请探长快来调查破案。

探长来到皮鞋店，看到门口竖着一块大招牌，“本店即将停业，皮鞋一律半价”。老板见探长来了，赶忙报告了案情：“刚才我正要关门，突然门口挤进来两个男人，其中一个把门关上，另一个把我推到墙角，命令我脸朝墙壁，然后用刀架在我脖子上，逼我说出保险箱和存折的密码。我没有办法，只好说了，他就一拳把我打昏。等我醒来，他们已经逃走了。”

探长问：“匪徒的穿着有什么特征呢？”

老板一边想一边说：“门口的那个我没看清，推我的家伙嘛……对了，穿黑色的皮夹克，是背后打褶的那种，还穿了一双黑皮鞋。探长先生，我几十年来的积蓄，一下子全完啦！”

探长问：“你没有买财产保险吗？”

老板有些轻松地说：“幸亏我买了保险，可以挽回一点损失，还要麻烦您开一份证明，证明我的皮鞋店被抢劫，保险公司才肯赔偿损失。”

探长很干脆地说：“我不但不能证明你被抢劫了，而且你还要承担骗取保险费的罪名！”

探长是怎样发现老板是在撒谎骗取保费呢？

破案关键

老板说，他看见推他的人穿着“背后打摺的”皮夹克，正是这句话，让探长发现他在撒谎！

NO 67.　奔驰的保险金

西德电影演员克里夫人向保险公司索赔一辆新“奔驰”的保险金。斯蒂尔受保险公司的委托，来到克里夫人家里调查了解事件的全部经过。

斯蒂尔点燃一支香烟，对克里夫人说：“请您再讲述一遍事件发生的经过，我也好向委托人作出交代。”

夫人叹了口气说道：“事情再简单不过了。我在日本拍戏，车子托运到了日本。那天导演宣布休息一天，我就独自开着奔驰去东京西郊玩了半天。在回来的路上，我以正常车速靠右行驶着，突然一辆客货两用车从我的左边超了过去，并挡住了我的车道。我很生气，想超过它，可是刚一踩油门就听见一声轰响——车子被撞了。我失去了知觉，等醒过来睁眼一看，已躺在了医院的病床上。”

听完克里夫人的讲述，斯蒂尔把脸一沉，厉声说道：“遗憾得很，你这个骗子，跟我到法庭去领保险金吧！”

斯蒂尔是怎样识破克里夫人的骗局的呢？

破案关键

我们国家规定车辆靠右行使，从左侧超车，可是你了解日本的交通规则吗？去查一查，然后就会很容易发现克里夫人所说的漏洞在哪里。

NO 68.　银行抢劫案

一天，有五个歹徒手持六响左轮手枪，从银行抢走 200 万美元后向城西逃窜，银行的保安部长雷顿闻讯，跨上摩托车向目标追去。

雷顿走时忘了带手枪，保安部的凯利马上召来几名保安开车前去支援。一阵枪声将他们引到了荒无人烟的山沟，等赶到时只见五名歹徒倒在地上已经死了，雷顿的左臂也受了伤。凯利忙从地上拾起被抢的银箱，搀扶着雷顿，胜利而归。当晚，银行为雷顿举行庆功会，一些地方官员和刑警队长麦斯也被邀请来了。宴会上，银行董事长举杯感谢雷顿，并请他向大家介绍勇斗歹徒的经过。

雷顿面带微笑，走到台前："我追上时，他们正准备分赃，一个望风的歹徒发现了我。朝我连开两枪，打中我的左臂，我冲上去夺过了手枪，一枪将他打死。另外四个歹徒一看全向我扑来，我躲在岩石后连开四枪，将他们打倒在地，这时，援救的人马到了……"

话音未落，麦斯神态严肃地走到雷顿面前说："你演的戏该收场了，你和那帮歹徒其实是一伙的！"嘉宾们听了，大惊失色。

经过审查，雷顿果真是歹徒的同党。他独自去追，其实是去分赃，后见援助的保安人员赶来，因怕露出马脚，便打死了同党，又故意打伤了自己。

请问，麦斯队长是怎样识破骗局的?

破案关键

请你根据雷顿的描述数一数，从六响左轮手枪里共打出了几发子弹？

NO 69. 谁要了魔术师的命

有这样一位魔术师，他的名气非常大，每天都会在剧院里表演。他有一个绝活——吞鸡蛋。他能够把整个鸡蛋放进嘴里，然后吞进喉咙，再让它滑进肚子里。接着他一运气，鸡蛋就会回到喉咙，最后再把一枚完整的鸡蛋吐出来。这位了不起的魔术师叫做安迪。

一天晚上，安迪又在表演他的绝活。台下的观众屏住了呼吸，认真地看着表演。可是意外发生了，当鸡蛋吞到喉咙的时候，他的表情变得僵住了，眼睛睁得大大的，身体倒在了台上。

人们赶紧叫来了医生，警察也及时赶到现场。

医生告诉大家，这位魔术师死了！

大家议论纷纷，认为安迪是被鸡蛋噎死的。但警察说："安迪嘴唇发紫，是被毒死的。"

法医从安迪的嘴里取出那枚鸡蛋，鸡蛋里居然藏有一根针。还有一小截针尖露在蛋壳外，经过检测发现，针尖竟然有毒。

警长丹尼尔看着完好的鸡蛋，十分困惑。他想，难道是鸡吞进了一根有毒的针吗？这不可能啊。可是从外观看，看不出鸡蛋被人做了手脚。

丹尼尔找来鸡蛋和针做试验。鸡蛋一个一个被打烂了，可针怎么也插不进去。蛋壳太脆了，针一扎就破碎了。丹尼尔开始认真地推理，他想，只有道具师才会接触到这枚鸡蛋。突然，丹尼尔恍然大悟。

丹尼尔找到道具师，说凶手就是他。道具师的脸一下变得惨白，他承认了他就是杀害魔术师安迪的凶手。

你知道毒针是怎么进入鸡蛋的吗？

破案关键

因为蛋壳太硬所以警长做了很多次实验都没能把针放到蛋壳里，除非蛋壳是软的才能将针放入蛋壳。大家想想，什么情况下蛋壳可以变软呢？

NO 70. 停电时的投毒案

三名男子梅斯、贝拉、利吉在一家西餐店里喝啤酒，突然间，店堂内一片漆黑，原来是停电了。不一会儿，侍者送来了蜡烛，于是，他们接着又喝了起来。几分钟后，利吉痛苦地挣扎起来，很快地就伏在了桌上，停止了呼吸。警方经过调查，发现利吉喝的啤酒中，有烈性毒药。听了警方的报告，探长苏莱曼问："停电是偶然的吗？"

"不，3 天前就贴出布告通知了。"

"那么，凶手一定是看到布告后做好杀人准备的。这狡猾的家伙利用停电的瞬间，迅速投毒到利吉的啤酒杯中！"探长自言自语地分析道，接着又问了一句：

“当时在现场的顾客多不多?”

“不多,只有他们三个人。”

“那么,向酒杯里投毒的凶手不是梅斯,就是贝拉。”

警方对梅斯和贝拉随身携带的物品进行了仔细检查。梅斯携带的物品有香烟、火柴、手表、胶囊感冒丸、乘车月票和 800 元美金;贝拉携带的物品有手表、手帕、口香糖、记事本、老式钢笔和 600 元美金。在两人所带的这些物品中,没有可盛放毒液的容器。侍者证实,梅斯和贝拉谁都没有离开座位一步。所以,他们没有机会丢弃任何容器。

探长苏莱曼将他们两人携带的物品看过之后,立即指出了投毒者是谁。请你分析一下,精明的探长所断定的凶手是梅斯还是贝拉?凶手又是用什么东西盛放毒液的?

破案关键

毒液既然是烈性的,所以不用很多,只需一点点,请你仔细看看两人的东西,有什么是可以存放少量液体的呢?

NO 71.　暴毙的杰姆

这年的仲夏夜,M 电器公司举行烧烤旅行,借此联络员工之间的感情。整晚烧烤,各人疲态毕露,只有杰姆仍在努力地继续烧烤,似未有疲态。此时,同事山姆兴高采烈地携着一只肥兔来,对杰姆说:“给你一份厚礼,是我在山上捉到的,味道肯定不错的呀!”

杰姆是个不折不扣的美食专家,特别对肉类,最为喜爱。一看到眼前这只活蹦乱跳的肥大的白兔，自然兴奋得立即杀了，然后用尖树枝穿着，烧熟吃了。其他同事见到，认为他太残忍，都不敢吃，只有杰姆，大口大口地嚼起来。

吃毕，返家休息。途中，杰姆竟然在旅游大巴上暴毙了。警方验尸报告证实，死者是中毒而死的。

警长怀疑是山姆所为，可是山姆辩解说："如果兔子有毒，那么我给他的时候怎么还会活蹦乱跳的呢？不应该早就毒发身亡了吗？"

警长一时词穷。

你知道谁是凶手吗？杰姆怎么会中毒毙命呢？

破案关键

活蹦乱跳的兔子就不可能有毒吗？请你从这个切入点思考一下！

NO 72. 杀人的特工

在一间高级餐厅里，有一位小姐在吃西餐。她喝了男侍者拿来的汤之后，觉得太咸，便责备了侍者几句。侍者忙端来白水表示歉意，她一口气喝完，不久侍者又拿来一杯。小姐在用完西餐后准备离开时，突然死去。

警察到场调查，证实死者是死于中毒，但化验过死者餐桌上的一切食物、饮料和器皿，都没有毒。

警方后来进一步调查，发现死者原来是某国的一名特工，因为被另一国的特工发现，必须要置她于死地，因此遭到毒杀。

那么，杀人的特工是谁？他是用什么方法下的毒呢？

破案关键

破案的关键在于侍者端来的两杯水中！注意，是两杯，而不是一杯。

NO 73. 巧妙的毒杀

H 夫人和当医生的丈夫分居后独身一个人生活。但自 3 天前起，她发高烧一直不退，附近的私人开业医生又不出诊，无奈只好请分居的丈夫前来看病。

“不必担心，是患了流感。先打上一针，今晚睡觉前吃了这药就会马上退烧，再过两三天就会好的。”

丈夫给她打了一针，又给她留下一个用胶囊装的感冒药就回去了。

当天夜里，她临睡前吃了丈夫留给她的感冒药。可是，几分钟后突然感到难受，不一会儿就死了，实际上胶囊里装的是氰酸钾。

第二天傍晚 H 夫人的尸体被发现，警察在解剖尸体时发现，其胃中残留有尚未消化的掺有氰酸钾的巧克力。因此，被害人的弟弟以杀人嫌疑被逮捕。这是因为他在一周前曾送给他姐姐一盒威士忌酒心巧克力糖。其中，有一块巧克力掺有氰酸钾。这姐弟俩正为继承亡父的遗产而闹得不可开交，可见其有杀人动机。

可是，其弟坚持自己是无辜的，并求助侦探重新进行调查。

接受调查这起案件的侦探，在得知与死者分居的丈夫是内科医生，并且为了同年轻的情妇结婚而急于想同妻子离婚这些情况后，调查了其在案发当夜的举动，发现他曾出入自己任职的医院，借用医院的胃吸管设备。侦探思索了一下，一针见血地揭穿了医生巧妙的毒杀手段。

那么，该医生使用了什么手段，将被害人吃下去的掺毒的胶囊替换成威士忌酒心巧克力的呢？

破案关键

医生所借用的胃吸管能够起到什么作用呢？

NO 74.　酒精中毒的影星

在美国，家庭宴会盛行。今晚，在史密斯家中举行的晚宴此时已进入高潮。

在宾客当中，最受青睐的是青年影星麦克尔。他被女人们围在中间，神采飞扬，尽管平日有些酒量，但由于连连干杯，所以也有了几分醉意。

主人史密斯厌恶地望着麦克尔，用叉子叉上一个沾了调味汁的大虾走上前去。

“麦克尔，今晚你的领带真漂亮啊。又是哪个相好的送的礼物吧。”

他一边讥讽着，一边若无其事地晃动着手中的叉子，黑红的调味汁溅了麦克尔一领带，雪白的丝绸料子上顿时污迹斑斑。

“哎呀，真对不起，对不起。”

“不，没什么，这种领带一条两条的算不了什么！”麦克尔毫不介意，取出手帕欲将上面的污迹擦掉。

这时，史密斯夫人走了过来。

“要是用手帕擦会留下痕迹的呀，洗脸间里有洗洁剂，我去给你洗洗。”

“不用了，夫人，没关系，我自己去洗，夫人还是应酬其他客人去吧。”

因有史密斯在场，麦克尔假装客气一番，然后迅速朝洗脸间走去。

洗洁剂就在洗脸间的架子上放着，他将液体倒在领带上擦拭污迹，擦掉后立即回到宴会席上，边喝着威士忌，边与人谈笑风生。

突然，他身子晃了一晃便倒下了，威士忌的杯子也从手中滑到地上摔碎了。

宴会厅里举座哗然。急救车立即赶来，将麦克尔送往医院，但为时已晚。死因诊断为酒精中毒死亡。

然而，只有一个人暗地里幸灾乐祸，他就是史密斯，就是他得知自己的妻子与麦克尔有私情，才以此进行报复的。

那么，他究竟用什么手段杀了麦克尔呢？

破案关键

麦克尔是从洗手间出来以后突然倒毙的，他在洗手间里接触过些什么会令醉酒的他突然死亡？

NO 75. 被毒害的富孀

百万富翁B先生临终之时，立下遗嘱，把全部财产留给后妻B夫人。和这位富翁遗孀共同生活的还有她的养女麦吉。

麦吉是一位典型的时髦女郎，社交极广，很能挥霍，养母管束很严，使她经常手头拮据，所以她总是盼望养母早点死去，自己可以“合法继承巨额财产”。可是，B夫人的身体非常健康，终于有一天，急不可待的麦吉在汤里放了砒霜，B夫人中毒后幸亏保健医生发现的及时，总算保住了一条性命。

B夫人康复后，马上警告麦吉道:“我知道你想要我的命。这次为了维护B家族的声誉，我不起诉。为了保证我的人身安全，现在我应该把你从这个家里驱逐出去。遗憾的是，按照你父亲生前的遗言，我不能这样做。所以，我为了能安度晚年，从今天起采取防范措施，你再也别想投毒害我了!”

B夫人彻底改造了二楼的卧室，在窗户上安装了铁栏杆，门上的锁也再新换过。连一日三餐都不让仆人做，而是她亲自从超级市场买来罐头，在卧室新增设的厨房里做饭，所有的餐具也不许任何人触动，连饮水都只喝瓶装矿泉水。除此之外，B夫人还每星期都请保健医生来检查身体，但就连这位医生，夫人也只准许他测量一下脉搏和体温，打针、吃药都一概自理。

尽管防范得如此严密，B夫人仍然在劫难逃，不到半年光景便死于非命。经解剖发现，是由于一种无色无味的微量毒素长期侵入体内，致使积蓄在其体内的毒素剂量已经达到了致死的程度。推理作家奎因陪同他担任警长的父亲参加了这一案件的调查，父亲忙着在现场搜寻毒药，奎因却在检查死者使用过的医疗器械，沉思了一会儿，他就指出了投毒杀人的罪犯。

那么，究竟是谁，采用什么方法，把这位防范备至的 B 夫人毒死的呢？

破案关键

B 夫人的防范措施非常严密，什么事情都亲力亲为，唯一假手他人的事情是什么？正是这个漏洞让 B 夫人中毒致死。

NO 76. 中毒死去的伙伴们

夜色漆黑，大雨倾盆，13 岁的刘易斯和 5 个同学在山上迷了路，正在他们无计可施时，刘易斯看到前面的山林中好像有幢小屋。他来不及多想，立刻带着伙伴们向那屋子走去。

屋子里只有一把椅子、一张简易床和一个制作粗糙的木头桌子，看来是看林人用来临时过夜的简易房。让人兴奋的是，屋子里竟然有一座壁炉！壁炉旁还有砍好的木柴，堆放得整整齐齐。刘易斯和伙伴们连忙生起火，关上门窗，让伙伴们围拢来烤火。

壁炉里红色的火焰渐渐暖和了伙伴们冰凉的手脚，让他们觉得舒服多了。可是身体最弱的玛丽发烧了，她不停地哆嗦，嘴里嘟嘟囔囔：“水，我想喝水。”

刘易斯二话不说，提起水瓶就往外冲去。他独自在密林中冒雨走了近一小时，还没有找到水，最终因体力透支倒在了山路上。

刘易斯醒过来的时候已在家中，首先看到的是母亲慈祥的脸。刘易斯用嘶哑的声音询问他的伙伴们怎么样了，母亲摇摇头，告诉刘易斯他们全都因为中毒死去了。刘易斯简直不敢相信这是真的，伙伴们为什么会中毒呢？

你知道伙伴们是怎么中毒的吗？

破案关键

壁炉中燃烧的木柴会产生什么气体？刘易斯和伙伴们生火时关紧了门窗，从而导致了悲剧的发生。

NO 77. 棉花团作案

一天上午，一幢大厦的管理员跌跌撞撞地跑进警察局报案。原来，他到著名作家琼斯家门口收拾垃圾的时候，闻到房里散发一股难闻的煤气味。他连忙敲门，可是无论他把门敲得再响，里面还一点声音也没有。

警探撬开房门后，只见琼斯倒在卧室地板上，房间里散发出浓浓的煤气味。经过法医仔细鉴定，确认琼斯是煤气中毒身亡的，死亡时间大约是凌晨 1 点到 3 点之间。琼斯身上没有伤痕，门窗也没有被撬过的痕迹。看来，这似乎是一场意外，煤气杀手又夺走了一条生命。

警察拿出记录本问管理员："谁来找过琼斯吗？"

管理员回忆着说："一个男人——经常来的，好像是她的经纪人，在登记簿上登记的名字是劳伦斯。"

"哦？"警察连忙记录下这个人，既然他是唯一接触过死者的人，那么必然有重大嫌疑。

"这个劳伦斯先生应该不是凶手。"管理员接着说道。

"为什么呢？"警察问道。

管理员拿出登记簿翻给警察看："你看，他是晚上 8 点来的，10 点的时候离开，琼斯小姐亲自送他下来，然后上楼去了。打那以后，就没人来过。"

这么说还真的不是他。警察也觉得管理员的分析是正确的，死者死亡的时间是凌晨，这个时候劳伦斯早就离开了。随后的调查也表明，劳伦斯从琼斯家离开后，就去参加一个朋友的通宵派对，很多人可以证明他整晚没有离开过。

"看，这是什么？"一个警察从沙发后面拖出来一样东西，大家围拢过去，发现是一只灰色的波斯猫。这只胖乎乎的宠物也由于煤气中毒和它的主人一起死去了。可是奇怪的是，它的尾巴尖上绑着一个棉花团。

"煤气管这里有破洞！"又一个警察说，只见塑胶煤气管靠近地面的地方，有一个破裂的口子，似乎是被故意剪开的。

"奇怪了，这个琼斯小姐还真让人搞不懂。"一个警察说道，"好好一只猫，干什么绑个棉花团在尾巴上？而且，如果煤气管有裂口应该早就发现了啊。"

警察们看着奇怪的裂口和那只倒霉的胖猫，认真地琢磨究竟是怎么回事。忽然，有个警察叫起来："我明白了，罪犯真聪明！快逮捕劳伦斯，他就是凶手！”

警察为什么说劳伦斯是凶手呢？

破案关键

尾巴上系有棉花团的猫和破裂的煤气管有什么联系呢？

NO 78. 毁灭证据

尤利拉了拉风衣的衣领，悄悄地潜入了一个住宅中，翻箱倒柜地搜寻，因为他知道勒索他的商业罪犯将文件放在这里。

不过，搜遍了每一个角落他都无法找到这些文件。于是，尤利决定毁灭这些证据文件，不让它们落入警方之手。

他先把所有的门窗都小心关好，然后把冲凉房的煤气开着。之后，悄悄离开了屋子，又轻轻关上大门。

5 分钟后，尤利来到街头的电话亭，打了个电话给住在该屋隔壁的邻居，大致说他家附近发生了严重的大火，请尽快逃命之类的提示。尤利放下了电话，阴险地一笑，因为他知道目的就会达到。

尤利究竟用什么手段毁灭他遍寻不获的证据呢？

破案关键

在屋内充满煤气的时候，一个不经意的小动作就有可能制造火花，引发爆炸，这个小动作在尤利计划中的执行者是邻居。

NO 79. 电话作案

一天下午，在英国首都伦敦的一条街上，有座房子忽然爆炸起火。警察和消防队员赶到现场，及时扑灭了大火。

经勘察，这场火灾是煤气爆炸引起的，在现场发现一具老人的尸体，他是在卧室中被发现的。经过解剖，他的健康状况良好，但在煤气爆炸前服用过安眠药。

在他卧室中，有煤气管漏气的现象。但警方调查人员百思不解的是，煤气为什么会爆炸？引起煤气爆炸的火头是从哪里来的？

在爆炸之前，这个地区停电了。不可能因漏电而起火。警方怀疑被害人的外甥有作案可能。理由是被害人有大量的宝石和股票，都存在银行里，他立下遗嘱，全归外甥继承。老人的外甥也许是想早日继承这笔遗产，而老人却很健康，所以才下了毒手。

而在这房子爆炸前后，他都不在现场，他是在离现场 10 公里远的一家饭店里。服务员还证明，他在饭店里还打过电话，也就是说，老人的外甥不可能是作案者。那么，谁是作案者呢？

警方不得不将几位专家请来破案，其中有电话发明者贝尔。负责破案的警察局长向各位专家介绍完案情，贝尔先生站起来说：“肯定是他的外甥利用电话作案的！”

破案关键

大家要注意：电灯的线路和电话的线路是不同的，尽管停电电灯

不可使用，但电话仍可以使用。

NO 80.　煤气惩凶

德比到处流浪，他靠每天在街头替人画像勉强糊口。他经常在外面风餐露宿，就算很劳累的时候，他也不想回他的那个简易顶棚的家，对他来说，家是一个让人担惊受怕的地方，尤其是楼下的桑切斯在家的时候。

那是个不足 15 平方米的小屋子，里面又脏又挤，每当风雨来临时，薄薄的墙板很可能随时都会被卷走。楼下的流氓桑切斯却非常恼火德比的这个简陋的落脚点。在他看来，屋子以上的空间都应是他私人拥有的。

从德比搬进去的那天起，他就开始处处刁难德比，甚至威胁说要把德比杀掉，硬逼着德比搬走。为此，德比吓得整夜没有合眼。

天气预报说晚上将会有大雪，德比今天不回家恐怕是不行了。德比无奈地走上了回家的路。刚刚上楼，穷凶极恶的流氓桑切斯就把德比堵在楼道里，恶狠狠地说道："穷画家，我不是警告过你别再回来吗？当心我今天就杀掉你！"德比惊恐地绕过他，爬到楼顶，躲进小顶棚里熬了一夜。

第二天，一阵警铃把德比惊醒。德比连忙起身，只见桑切斯的屋子已经被警察围住，里面散发出一股刺鼻的气味。又过了一会儿，桑切斯被抬了出来，法医过去测量了心跳血压，摇了摇头，在他身上盖上一幅白被单。

警察得知德比和桑切斯结怨的情况后搬开德比的床，只见床下的楼板竟然被割掉了一大块。原来，桑切斯趁德比不在的时候，割下了位于德比床下的天花板。昨天，他趁德比熟睡的机会，对准天花板上的洞，打开了煤气罐。

众所周知，煤气应当会从洞里源源不断地进入德比的屋子，最终把德比毒死。可奇怪的是，德比安然无恙，而躲在浴室里的桑切斯却因为煤气中毒而死亡。德比觉得有点不可思议，可是事实又摆在眼前。聪明的读者，你知道是什么原因吗？

破案关键

煤气会“听话”地一直向上扩散吗？

NO 81. 奇怪的爆炸事件

瑞典首都斯德哥尔摩是炸药发明家诺贝尔的出生地。一天，在其市内发生了一起奇怪的爆炸事件。一个单身的音乐家刚从外面回到家里，在二楼房间里练习小号时，突然室内发生爆炸，音乐家当即死亡。

警察勘查现场时发现窗户玻璃碎片里还掺杂着一些薄薄的玻璃碎片，可能是乐谱架旁边的桌上装着火药的一个玻璃杯发生了爆炸。奇怪的是室内并没有火源，也找不到定时引爆装置的碎片，如果不是定时炸弹，为什么定时引爆得那么准确呢？真不可思议，根据邻居的证言，爆炸前死者是在用小号练习吹高音曲调。

于是，警察马上就识破了罪犯的手段，真不愧是炸药大王诺贝尔故乡的警察呀！

那么，请问你知道是如何引爆的吗？

破案关键

请你注意，死者是在练习小号时突然遭遇爆炸的！所有的爆炸是不是一定非得点火呢？高音量的震动是否也有可能引发爆炸？

NO 82.　起火的吉普车

西拉蒙是一名间谍，这一天，他得到一个消息：今天半夜1点钟左右，S国的情报官将要驾驶一辆吉普车，带着一份绝密文件经过5号盘山公路。西拉蒙马上决定在公路上堵截住情报官，抢走绝密文件。

夜深了，公路上几乎没有车辆来往。西拉蒙坐在一辆卡车里，关闭了车灯，隐蔽在路边。他看了看夜光手表，已经半夜1点钟了。这时候，远处传来汽车马达声，接着，灯光越来越近，他看清楚了，就是那辆吉普车。他立刻打开车灯，发动马达，打算去拦截。谁知道，吉普车“突突突”地叫了几声后自己停了下来，情报官跳下车，骂了一句：“见鬼了，忘了加油！”

这真是天赐良机啊！西拉蒙一踩油门，卡车冲了过去，又“吱”的一声，在吉普车旁边刹住了。西拉蒙跳下车，拔枪对准情报官。那情报官拿了公文包，撒腿就逃，可是他怎么逃得过子弹呢？西拉蒙“砰砰”两枪，把情报官打死了。他打开公文包，拿走了绝密文件，然后把尸体和公文包放进吉普车，又拿出事先准备好的汽油把车子浇透，最后点燃。看着车子燃起的熊熊大火，西拉蒙得意地笑了。

第二天早上，电视新闻里报道："5号公路一辆吉普车起火，车和驾驶员被烧焦。"西拉蒙听后放心地笑了。可是他听到电视里又在说："警方根据初步调查，认为是谋杀。"西拉蒙吓出了一身冷汗，他不明白警方从哪里发现破绽了呢？

破案关键

情报官驾驶的吉普车在半夜1点的时候"突突突"叫了几声，自己停了下来，说明了什么？而燃起大火又需要什么作为燃料？

NO 83. 空中惊魂

一天晚上11点，一架波音767大型客机正由波士顿飞住西雅图途中，这时大多数乘客都睡着了，只有少数乘客还醒着。而这班飞机的一个空姐却注意到，坐在20排B座身穿黑色西服的秃顶中年男人显得非常焦虑，他不停地左右张望，又好像在犹豫什么。

空姐悄悄叫来机上的乘警商量，他们越看越觉得可疑：飞机上的温度维持在舒适的25℃，可这位乘客还捂着厚厚的毛衣和外套，难道他在隐藏着什么东西？出于安全的考虑，乘警走到他面前说道："先生，需要帮忙吗？"

这个男人吃了一惊，结结巴巴地回答道："不，算了，不，不要。"

他的表现更加重了乘警的怀疑，他加重了语气："可以请您到机舱后面来一下吗？我们有事情需要您配合。”

那个男人一下子脸色变得惨白，他缓缓站起身，忽然从腰间掏出一把手枪，叫道：“举起手来，转过身去，不要靠近我，滚开，都滚开！”

就在乘警按照持枪者要求转过身去的时候，坐在 21 排 B 座的一名小伙子趁持枪者不备，猛然勒住了他的脖子，一只手钳住手枪，乘警迅速将手枪压了过来。

就在乘警向 21 排那位见义勇为的好青年道谢的时候，那个男子冷冷地张口说话：“别高兴得太早，这注定是一班飞向地狱的班机。我早就在飞机机翼上绑上气压炸弹，只要飞机从 10 000 米高空下降到海拔 2 000 米以下，炸弹就会把飞机炸成碎片！”

乘警连忙跑到舷窗边一看，机翼下方果然有两枚黑色的炸弹！怎么办，在 10 000 米高空，根本无法拆除炸弹，而飞机又不可能永远不降落，汽油是会耗尽的！难道只能束手待毙吗？乘警忙将这个消息告诉机长，机长思索了一会儿，果断地掉转了航向。

一个小进后，飞机呼啸着降落在机场，全体人员安然无恙。那个男子目瞪口呆，他实在想不通，灵敏的气压炸弹怎么会没有爆炸。

你能告诉他原因吗？

破案关键

如果飞机下降到 2 000 以下，气压炸弹就会爆炸。不爆炸的原因是飞机降落在高于 2 000 米以上的地方。你知道这个地方是哪里吗？

NO 84.　牙病患者

伊曼纽尔医生是一位著名的牙医。一天，他正准备为病人唐纳德的右下齿取出齿模时，忽然诊所的后门被悄悄地打开了，出现了一只戴着手套、握着手枪的手。手枪射出了两发子弹，唐纳德当场丧命。

“我们已经找到了一名嫌疑犯。”警官吉恩一小时后这样对朗波侦探讲，“电梯管理员在枪击发生前不久，带了一位紧张的男人上了15楼——伊曼纽尔医生便是在这层楼五间诊所中的一间执业。根据描述，这个男人很像是加百列。”

“加百列现在是在假释期间，”警官继续说，“我在他的公寓里逮到了他。我想审问他在假释期间所犯的任何一件小过错。”

不久，加百列被带了进来，他生气地问道：“这是怎么回事？”

“你最近见过伊曼纽尔医生吗？”警官问。

“没有啊，怎么了？”

“唐纳德不到两个小时前在伊曼纽尔医生的诊所里被人用枪打死了。”

“我整个下午都在睡觉啊！”

“一名电梯管理员说他在枪击发生前不久，带了一个人上15楼，而这个人的模样很像你。”

“怎么可能是我呢？”加百列吼道，“长得像我的人很多。自从进了监狱，我就不曾接近过任何一家牙医诊所。我敢打赌，这位伊曼纽尔不曾见过我，你们又能证明什么？”

“够了！”朗波侦探忽然打断他的话说，“我已经有足够的证据送你去蹲监狱了！”

朗波侦探凭什么说这句话呢？

破案关键

大家注意看，伊曼纽尔医生是治疗什么疾病的医生吗？

NO 85. 遗憾的错误

稽查长阿尔夫·勃兰特与副警官米夏埃尔·克吕格尔开车来到一座公寓前，他们要找一个名叫安格莉卡·迈希特的人。开门的正是安格莉卡。她将两人让进屋说：“二位先生有何贵干？”

“太太，您认识一个叫哈里希的人吗？”

“哈里希？我从未听说过。”

“我们刚从拘留所来，他说认识您。”

安格莉卡很镇定地抽了口烟，说道：“我真恨不能将你们从窗子里扔出去！”

阿尔夫用手指着她说：“哈里希从银行抢走了19万马克。警察反应很快，24小时之后，就将他抓获了。我们和他长谈后.他已说出将钱给了谁了。”

“我不认识哈里希，对银行抢劫案也不感兴趣！”

“荒唐！那为什么哈里希说，他将钱给了你呢？”米夏埃尔插嘴说。

太太跳了起来：“我要控告你们！”

“完全相反，太太。哈里希究竟是什么时候把钱给了你，你又将钱藏在什么地方了？”

安格莉卡气得大叫道：“我要说多少遍，我根本就不认识什么路德维希·哈里希！”

“你真不认识？”

“对，不认识！”

阿尔夫生气地从口袋里抽出一张纸，说道：“就这样吧，你被逮捕了。很遗憾，太太. 你刚才犯了个错误。”

请问，安格莉卡犯了什么错误？

破案关键

请你仔细读一读安格莉卡的话，尤其是“我要说多少遍，我根本就不认识什么路德维希·哈里希！”这句。

NO 86. 枪 击

马琳在她豪华的别墅里惨遭杀害，名探哈莱金闻讯后马上赶到现场，并迅速检查了红色地毯上的尸体。尸检完毕后，哈莱金对警长说道：“她是被手枪柄敲击头部而死的，她至少被敲了四五下。”警长莫纳汉点了点头，表示同意哈莱金的判断，然后他在尸体旁捡起了一支手枪，并小心翼翼地吹去上面的灰尘以便提取指纹。

“我已经给她的丈夫佩奇打了电话，”警长说，“我只说他必须马上赶回家。我讨厌向别人报告噩耗。等一会儿你来告诉他好吗？”

“好吧。”哈莱金答应着。救护车刚刚开走，惊慌失措的丈夫就心急火燎地闯进门来了。“发生什么事？马琳在哪里？”“我不得不遗憾地告诉您，她在两个小时之前被人杀害了。”哈莱金说，“是您的厨子在卧室中发现尸体并报警的。”

“我在这枪上找不到指纹。”警长用手帕裹着枪走进来对哈莱金说，“看来不得不送技术室处理了。”

佩奇紧盯着裹在手帕中的枪，脸上的肌肉抽搐着，显得异常激愤。突然，他激动地抓住警长的手说：“如果能找到那个敲死马琳的凶手，我愿出五万美金重酬。”

“省下你的钱吧。”哈莱金冷冰冰地插言道，“凶手我已经找到了！”

你知道凶手是谁吗？

破案关键

试想，如果你看到一把手枪，你会觉得死者是如何死的呢？

NO 87.　谁是贩毒者

警方在一次行动中抓获了两名贩毒集团的重要成员，一个叫道格，一个叫帕特尼。消息传到贩毒集团那里，毒贩们立刻改变了偷运的路线，缉毒工作只好重新寻找线索。

警方通过特殊渠道获悉，有个毒贩子装扮成旅者转运毒品。于是警方派出了强大的侦察队伍，经过周密的侦查，最后把范围缩小到三个人身上，把他们带回警局之后，警长杰克对他们进行了审问。

第一个是个脾气暴躁的人，他一被带进来就大声吼道："我抗议，你们凭什么把我带来，我要上告！"警长平静地解释说："你别生气，我们是在例行公事。我只问你几个简单的问题，你到这儿找谁？"

"非得找人才可以来吗？我是来玩的！"

"你带了什么东西？"

"你们怎么这么麻烦，我出来当然要带一些生活必需品啦！"

"那么你知道道格、帕特尼吗？"

"谁知道他是个什么鬼东西！"

警长听了这些话，对他说："好了，你可以走了！"

第二个人进来了，他是个沉默寡言的人，问一句答一句。警长只好安慰他："请不要顾虑太多，我们只是例行公事，有什么就说什么吧。"

"请让我离开这里，我从不和警察打交道。"

"那么，道格、帕特尼你知道吗？"

"不知道，让他赶快放我出去！"

"好的，马上就放你出去。"

第三个人很随和，也非常配合，他一再申明自己是个好公民。他不光认真回答了杰克的所有问题，并且非常理解地说："这种事我遇到的多了，出了重要案子，你们当然不能轻易相信任何人。"

警长随口问："你去过很多地方吧？"

"是的，我喜欢旅游。"

"那你喜欢这里吗？"

"当然喜欢啦！这里的人很热情。"

"那么，道格、帕特尼你知道吗？"

"我根本不认识他们,两个人从来没有听说过。"

"好了,先生,别演了,你就是毒贩子。"

警察是根据什么断定他是毒贩子的呢?

破案关键

在国外,一个人的名字会很长,而"道格、帕特尼"可以是一个人的名字,也可以是两个人的名字。

NO 88. 露馅的假警察

阿克塞是个盗窃犯,10 年前,他在偷窃一家珠宝店的时候惊动了防盗警报器,警察迅速赶到,把他抓了起来,法院判他坐了 10 年大牢。就在他刑满出狱以后的第二天,他又来到那家珠宝店门口,心里恨恨地说:"哼! 上一次我差点儿得手了,就是因为那可恶的警报器,这一回,我一定要想办法,让警报器失灵,偷走最值钱的珠宝,报 10 年坐牢之仇!"

怎样才能让警报器失灵呢? 阿克塞想出了一个妙计。这一天,他经过化装,装扮成一个警官,来到珠宝店里。他对经理说:"警察局最近接到情报,有一伙匪徒流窜到了本市,准备抢劫珠宝店。为了加强防备,我今天来检查一下防盗警报器。"

珠宝店经理一听,紧张地问:"匪徒? 他们有多少人?"

阿克塞摸出香烟,用打火机点了,吸了一口,又轻轻地吐出几个烟圈,然后才傲慢地说:"匪徒人数嘛,我也不清楚。"

珠宝店经理搔了搔梳着的头发，显出焦急的神色说：“那……万一匪徒来了，我可怎么办呢？”

阿克塞把烟灰一弹，大大咧咧地说：“你就放心吧，警方已经做好充分准备，只要防盗警报器一响，那两个坏蛋就别想溜掉！警报器装在哪里？快领我去！”

珠宝店经理一听，马上指着地下室说：“警报器开关就在里面，你下去检查吧！”等到阿克塞一进去，经理“砰”的一声，把门反锁上，然后打电话报警：“是警察局吗？我抓到一个假警官！”

珠宝店经理为什么会发现阿克塞是冒充的呢？

破案关键

仔细读阿克塞所说的话，你自会得出结论！

NO 89. 老约翰之死

老约翰被发现死在别墅厨房的地上，后脑勺受到重击。探长小木找到老约翰的三个儿子，问道：“你们的父亲被手枪打死了，死亡时间大致是下午 3—5 点，请告诉我事发时你们都在做什么，或者你们有没有怀疑的人？”

老大说：“我一下午都在楼上房间里睡觉，什么都没有听到啊！怀疑谁嘛，我认为是老二，他最近和父亲一直不和，还扬言要杀死父亲！”

老二说：“我下午在回来的路上，交通很糟糕，我被堵在车流里面，我想是入室抢劫吧！我和父亲的不和嘛，是有些争吵，但我只是说说而已，哪里会真的动手呢？而且我有那么大的力气吗？”

老三说：“我下午出去跑步了，就在这附近的街道，跑了大致一个多小时，回来后就直接去浴室洗澡了。我想是大哥吧，父亲把公司交给二哥打理，大哥好像一直都不怎么开心。”

探长听完三人的陈述，立刻逮捕了老二。

你知道探长的依据是什么吗？

破案关键

老约翰明明是后脑勺受到重击致死，可是探长却说是被手枪打死，目的何在？谁又因此露出了马脚呢？

NO 90. 冒牌英雄

在前苏联的列宁格勒流传着这样一个感人的故事。纳粹德国集结了上百万军队，对前苏联发起闪电进攻，被誉为“欧洲之窗”的列宁格勒被纳粹 70 万大军包围。希特勒在列宁格勒城下集结了 1 000 多辆坦克和 6 000 多门火炮，并且切断了列宁格勒和其他城市的联系，企图迅速占领这座历史悠久的名城。

英勇的列宁格勒军民开始了长达 900 天的列宁格勒保卫战。在誓死守卫列宁格勒的部队中，有一位名叫星巴克的法国人，他从小在前苏联长大，对前苏联深厚的感情让他留在战火中和前苏联人民共同守卫列宁格勒。

一次，德军一个连进攻苏军守卫下的医院，当时医院里的预备队都被调去支援其他阵地，仅剩下几名士兵、医护人员和伤员。星巴克让士兵和医生迅速带伤员撤离，他自己则独自承担起掩护的重任。

德军一个连发起两次攻击，甚至动用了火炮才攻陷了医院。他们无论如何想不到，掩护医护人员成功撤离、抵抗了一个多小时的，竟然只是一个法国人！而在医院被攻陷后，大多数列宁格勒人都认为星巴克牺牲了。

战争胜利后，为了缅怀这位英雄，列宁格勒居民为他建立了一座雕塑，还以他的名义设立了基金，专门帮助退伍的老兵。

在基金成立的庆祝会上，一位退役的将军饱含深情地向人们讲述了星巴克的英雄事迹。就在大家都在怀念英雄时，一个老头站起来说道："其实，我就是星巴克，我没有死！"

会场的气氛一下子沸腾了！原来英雄没有死！主持人马上邀请星巴克上台，为大家讲述自己的传奇经历。他告诉大家，德军攻占医院的时候他受了重伤，神志不清，当他再次醒过来的时候发现自己身在医院里。随后，他作为战俘被押送到集中营，在集中营里一直待到战争结束。

接着，星巴克回忆起自己小时候在列宁格勒的幸福时光。列宁格勒是一个美丽而安静的都市，他就出生在这里。他的父亲 1911 年就来这里做生意，开了一家叫做"列宁格勒"的木材店，做木材加工生意。到他出生的时候，商店已经开得很大很大……

忽然，人群中有个年轻人站起来打断了他的话："你不是星巴克，你是个骗子！"

在场的人全都惊呆了：这是个 20 岁不到的小伙子，他怎么可能知道星巴克究竟长什么样呢？难道他有未卜先知的本领？小伙子把自己的理由一讲，大家终于恍然大悟。

聪明的同学们，你知道是什么让小伙子看出这是个冒牌星巴克的吗？

破案关键

回答这个问题之前，大家要先了解一下相关历史哦！去查一下，在 1911 年的时候，列宁格勒是不是叫这个名字呢？

NO 91. 伪造的证件

女作家艾丽上月逝世，出版商对她所著的《莫斯科回忆》一书停付版权费。艾丽在她书中谈到自己的丈夫死于 1910 年，却有一位自称是艾丽的丈夫的人，带着俄国护照、出生证明和结婚证书，来索取这本书的版权费。

应出版商的要求，私人侦探詹金斯与这位自称艾丽的丈夫的人进行了如下交谈：

“您的夫人在她的书中谈到你死于肺炎，您没让她知道你又活过来了，真是令人难以理解。”

“我们婚后 6 个月，我得了麻疹，不是肺炎，医院把我同别人搞混了，结果传出了我死亡的消息，而我不想更正这个误传。”

“您的英语不错，我想您这几十年一定走过不少地方，事业上也获得了很大的成功。”

“您说得不错，在纺织品贸易方面我相当成功。在我死亡消息传出的第二年,我把自己的商行转卖给列宁格勒的一个大商行,保留股份。从此,我就到世界各地旅游。”

谈话过后,詹金新告诉出版商:“要报告警署检查他的证件,我认为证件是伪造的。”

詹金斯为什么做出这样的结论?

破案关键

列宁格勒以前叫另一个名字,请你具体查一查变更的年份,然后结合“丈夫”所说的话就能找到破绽所在了。

NO 92. 三幅壁画

某失业青年整天想着发横财。一天,他找到一位古董商兴奋地说:“您听说过在法国发现了洞穴人在山洞里画的壁画吗?可是我在西班牙的一个农庄发现了更堪称无与伦比的史前古人壁画。”说着,他递给古董商三张照片:“这几幅壁画,是我钻入差不多有 4 000 英尺深的暗洞才拍摄到的。”

古董商看了一眼,第一幅是犀牛图,第二幅的画面是猎人在追赶恐龙,第三幅是奔驰的猛犸象图。

可是古董商立即指出失业青年在说谎。

你知道这是为什么吗?

破案关键

恐龙被猎人追赶的照片暴露了青年在撒谎,只要你查阅一下关于恐龙的知识就能够知道其中的缘由了。

NO 93. 林肯的演讲稿

温斯特检察官正用放大镜仔细看着一片残缺不全的破纸，喃喃低语道："……在葛底斯堡公共广场，乐队奏着乐曲，人声鼎沸，大家唱着国歌涌向……"旁边又被撕去，但下面的签名很清楚："林肯"。

站在一边的犯罪实验室主任弗莱博士说："这大概值几百万美元。"

"林肯总统的一封不完整的信，就值那么多？"检察官惊讶地问道。

弗莱博上点点头，示意道："你瞧那一面。"

检察官轻轻地吹了声口哨，把纸片翻过来，一看，只见背面是举世闻名的葛底斯堡演讲的部分草稿！

弗莱博士说："我是偶然在我姐姐放在阁楼上的一本《圣经》里找到它的，我要对它作些检验，还要花上几天工夫。"

后来检察官告诉海尔丁博士说，弗莱博士通过化学分析证明，那片纸是林肯时代的珍品。"我敢打赌，你肯定猜不出这一小片纸值多少钱！"

"一文不值。"海尔丁慢悠悠地说。

海尔丁为什么这么说？

破案关键

纸上提到了美国的国歌，美国国歌是什么？什么时候确定的？弄明白了这些，你就知道破绽何在了。

NO 94.　卖　画

某人正向一位富商推销一幅据称是某著名大画家的遗作的名画，他对富商说："我父亲和大画家是交往多年的好友。十年前，大画家和我的父亲在旅行途中遇到暴风雪，大画家不小心摔坏了髋关节，大雪掩埋了他的画具和用品，一连几天气温都在零下几十度。我父亲把他背到一个废弃的简陋木屋，用自己两只手套堵住窗上的破洞。大画家感到自己的伤势很重，挺不了多久，便叫我父亲在橱中找到一只旧钢笔和一瓶墨水，为我父亲这位忠实的朋友匆匆画了一张素描后就死了。这张素描，至少也值 200 万。"

富商说："2 元钱我也不买。"

富商怎样判断出那张素描不值钱的？

破案关键

在某人的推销中，说气温在零下几十度，可是在后来的话中却有一处自相矛盾的地方！

NO 95.　不值钱的古金币

一天，有一个衣着破旧的男子走进古钱币店，要求见负责人。一个职员礼貌地问男子有什么事情。

男子说:“我有一枚超过两千年的古金币,你们愿意收购吗?”

职员问:“你带那枚金币来了吗? 可否给我们看看?”

男子说:“好,在这里。”说着从衣袋里取出一个布袋,再小心翼翼地从布袋里拿出一枚表面已经暗得呈青绿色的金币来。金币正面是一个古罗马皇帝的徽号,背面是一串古罗马文字环绕金币边。职员懂得古罗马义字,文字的意思是“奉希律王命制。公元前 7 年”。

职员看完,笑了笑,把金币交还给男子道:“这枚古金币是赝品,不值钱的。”

职员为什么说古金币是假的呢?

破案关键

请你去查一查公元纪年的划分方式,然后就能轻而易举地发现古金币的破绽所在了。

NO 96. 吹牛的吉米

一个富翁的儿子被人绑架了,警方侦查接近一个月,仍无头绪破案,于是富翁就另聘私家侦探代为破案。富翁许诺,如果救人成功,则以十万美元酬劳作谢。

在接见这批侦探时,富翁为了考验他们的机智以及工作能力,要求侦探们各自把自己的工作成绩讲述出来,以便从中聘用。吉米是某私家侦探社的雇员,那笔赏金对他极具吸引力。可是他的资历却非常浅，只有一年私家侦探的经验。

当富翁问及他的功绩时，吉米立即说："有，我记得在三年前 7 月的某天，我与朋友在城外水塘钓鱼，我们坐在堤坝旁边全神贯注钓鱼的时候，突然从水影中看到两个彪形大汉的影子。我回头一看，发现是通缉犯之一，于是我立即转身把鱼竿一挥，鱼钩向后，把他们钩住，交给警方处理。"

富翁听后，冷冷地回答："对不起，吉米先生，你编的故事非常动听，可是我想聘请的是一个诚实的侦探，而非吹牛侦探！"

你知道吉米的一番话中露出什么破绽了呢？

破案关键

你在河边照过自己的影子吗？请你试试，坐在河边，能不能看见身后人的倒影呢？

NO 97. 一场闹剧

精明的警士哈林顿，有一次开车去看朋友，夜幕已降临了，距离目的地还有 50 英里，他就下车找个饭店吃饭，这时，一个漂亮女士请求搭车回家。

哈林顿答应了，但走了不到一英里，就有一辆小汽车从后面追了上来，那个女士转身去看，突然大叫道："追来的是我丈夫，他会杀死我们的！"

哈林顿觉得很蹊跷，加上天黑道不熟，他决定不与追车赛跑，干脆把车停在路边。很快追车也停了下来,从车里跳出一个凶暴的男人,大喊大叫。哈林顿完全明白了,他平静地指出制造这个闹剧的破绽,这对男女垂头丧气地溜走了。

哈林顿指出了什么?

破案关键

你在夜晚坐车的时候,想一想,能够迎着灯光见到开车人的模样吗?

NO 98. 露出的马脚

无赖雪特打听到海滨别墅有一幢房子的主人去瑞士度假,要到月底才能回来,便起了邪念。他找到懒鬼华莱,两人决定去碰碰运气。

两天后的一个夜晚,气温降到了摄氏零下5度,雪特和华莱潜入了别墅,撬开前门,走进屋里。他们发现冰箱里摆满了食物,当即拿出两只肥鸭放在桌子上让冰溶化。几个小时过去了,平安无事。雪特点燃了壁炉里的干柴,屋子里更暖和了。他们坐在桌边,一边转动着烤得焦黄、散发着诱人香味的肥鸭,一边把电视打开,将音量调得很低,看电视里的天气预报节目。突然,门铃响了,两人吓得跳起来,面面相觑,不知所措。门外进来了两个巡逻警察,站在他们面前,嗅嗅烤鸭的香味,晃晃两副叮当作响的手铐。

他们究竟在什么地方露出了马脚?

破案关键

国外，主人外出度假前一般会在警局备案，让巡警知道自己家中无人，而雪特和华莱的某个举动，却让在外巡逻的警员一下子就知道了屋中有人。

NO 99. 盲人之死

这年夏天，B街因为要安置新的电线，所以有好几幢大厦都在晚上8时至10时停电，安妮9时离开盲人中心，步行上楼回家。

翌日，有人在楼梯上发现了安妮的尸体，而且不见了安妮的手袋，这显然是一宗劫杀案。据看更人忆述，当时有另一男子是与安妮差不多同时间上楼梯的。

警方召来那名男子问话。

那男子说："我当时确实是与安妮差不多同时上楼梯的，我看见她是盲人，所以还带她走上楼梯，到了她那层我才走。"

看更人听男子说完后，便叫道："他说谎，安妮小姐是他杀的。"

看更人怎会知道那名男子在说谎话？

破案关键

停不停电对盲人的影响大吗？男子帮助安妮上楼梯有必要吗？

NO 100.　伪造的遗书

侦探迪克的助手艾德近几天正为女友遇到的麻烦而心神不定，终于他向迪克讲了这件事的原委：

女友的父亲因交通事故住院，上星期去世了。在葬礼之夜，她的伯父，也就是死者的哥哥，拿着她父亲的遗书，提出要分一半财产给他，遗书是去世的前两天写的。内容是："生前多蒙哥哥照料，故将我财产的一半馈赠于您作为报答。唯恐儿子女儿反对，故立此遗言。"

女友的父亲负重伤后就卧床不起。她伯父说这份遗书是她父亲在他一人去探视时写的。没有第三人在场，因为不能坐起来，是仰面躺在床上用普通的圆珠笔写的，所以上面的字简直就像蚯蚓一样七扭八歪的，无法同生前的笔迹相比较，也就无法判断遗书的真伪。

迪克听了，从写字台上章起一支圆珠笔来，问："是这种吗？"

艾德说："是的。"

迪克右手拿着那支圆珠笔，左手拿着纸仰面朝上写了一阵子。突然，向着艾德吼了一声："笨蛋！"艾德莫名其妙，愣在那里了。

"名探的助手连这么简单的谜都解不了？那份遗书纯粹是伪造的。还不快点儿告诉你的女友，好让她放心。"

迪克连遗书都没看怎么知道那是伪造的呢？

破案关键

请你自己动手试试，一手拿只圆珠笔，一手拿着纸仰面朝上写一

写，试验完后你就会知道迪克说遗书是伪造的原因了。

NO 101.　牧羊犬麦克

大侦探布里克森，在街上溜达时遇上了同乡拉平。拉平牵着一条普通的牧羊犬。为了还赌债，拉平想将此狗高价卖给布里克森。

“老兄，我这条狗的名字叫麦克，它可非同一般啊！”拉平接着绘声绘色地往下说，“在我家的农场旁边，有一条沿着山崖修建的坡度很大的铁路。一天，有块大石头滚到铁轨上，此时远远见一列火车飞快冲来。我想爬上山崖发警告汛号，可扭伤了脚摔倒在崖下。在这紧急关头，我这宝贝狗麦克飞奔回家，拽下我晒在铁丝上的红色秋衣，叼着它闪电般冲上山崖。那红色秋衣迎风飘扬，就像一面危险信号旗。司机见了立即刹车，这才避免了一场车翻人亡的恶性事故。怎么样，我这宝贝麦克有智有谋，非同一般吧？”

拉平正欲漫天要价，不料话头被大侦探布里克森打断：“请另找买主吧，老弟，不过，你倒很会编故事，将来定是位大作家！”这显然是讽刺之言。

请问，大侦探怎么知道拉平是在说谎呢？

破案关键

拉平说，麦克叼了红色的秋衣充当信号旗，就是这个小细节，暴露了他在说谎。

NO 102.　名牌电视机

深夜,伦敦埃奇韦尔路的一幢大厦内发生了命案。警方根据目击证人的口供,很快便找到疑凶比尔。以下就是负责侦破此案的科克警官在审讯、盘问疑犯比尔时所做的笔录。

科克:“凶杀案发生时,你在哪里?”

比尔:“我正在家中津津有味地看电视。”

科克:“有证人吗?”

比尔:“没有。但我可把节目内容说出来——当时正播映故事片《断箭》,情节是两枚核弹被人偷走,急需追回……”

科克:“你是住在机场附近的,那时应该有一班客机经过你的寓所。”

比尔:“喔,那有什么关系?”

科克:“你的电视图像有什么变化吗?”

比尔:“没有。我的电视机刚买了一个月,是名牌货。”

科克:“你正式被逮捕了!”

请问,科克管官逮捕他的依据是什么?

破案关键

在看电视的时候,如果放在电视旁的手机响起来,屏幕会有什么变化? 科克就是因为同样的道理识破了比尔的谎言,逮捕了他。

NO 103. 意外之财

戈德温总盼望能够得到一笔意外横财，在一夜之间变成巨富。这天，他对侦探朗波说："我很快会发一笔财，你能借我一万元吗？"

朗波不屑地问："是天上掉下来的横财吗？"

"差不多，"戈德温一边神秘地说一边悄悄地打开了个袋子，得意洋洋地从里面拿出一个闪亮的银烛台，"你看，这是一个纯银的银烛台，它可不是那种普通的烛台呀！你看，它的底部刻了些什么？"

朗波侦探把烛台倒过来，看到底部刻了"伊迪小姐"这个名字，不禁有些惊讶地说道："这就是1960年沉没的伊迪小姐那艘船上的宝贝吗？"

"你很有眼光，这正是1960年沉没的那艘船上的宝贝！当时伊迪小姐号是葬身海底了，但是情况并不像大家认为的那样糟，有个叫菲尼亚斯的水手带着大量的宝贝逃走了。他把宝贝藏在了一个洞穴里，但是暴风雨造成了山崩，洞穴具体位置不明了，所以这些年菲尼亚斯一直在筹借一万元，好买下洞穴附近的土地。"

"噢，我明白了。"朗波顿一顿，说，"只是，你怎么知道那个菲尼亚斯不是骗子呢？"

"昨天晚上，他带我悄悄到了那个洞穴附近，"戈德温说，"我们寻找了很久，确定方位后，试着挖掘了一会儿，就发现了这个闪亮的银烛台！"

"我认为这是菲尼亚斯为了骗你才把它放在洞穴旁的。"朗波肯定地说道。

朗波是怎么知道的呢？

破案关键

银质的器具如果长时间地暴露在空气中，会发生怎样的变化？还会“闪亮”吗？

NO 104.　吹牛的肯特

肯特十分爱慕摩西小姐，在一次宴会上，两人聊了一阵，肯特发现摩西小姐本来对自己态度还算亲近，可是听他说完后就冷漠地道了再见。心情沮丧的肯特在街上闲逛，遇见了名探罗克。

罗克问他为什么心情沮丧，肯特道出了原委。罗克问他同摩西小姐谈了些什么，肯特说：“我向她讲了一个我亲历的惊险故事。那是去年圣诞节前一天的早上，我和海军上尉海尔丁在北极执行一项特别任务，在执行任务的过程中遇上了意外情况，我们脚下的冰层开始松动了，开始脱离北极，随着水流向远方的大海漂去。我意识到这时我们已经是前途渺茫，随时随地都有生命危险。特别是此时天气异常寒冷，滴水成冰，如不马上生火取暖，我们都会被冻死。但是火柴用光了，于是我取出一个放大镜，又撕了几张纸片，放在一个铁盒子上，铁盒子里装了一些其他的取暖物。我用放大镜将太阳光聚焦后引燃了火，拯救了我们的生命。更幸运的是，四小时后我们被一艘经过的船救了起来。人人都说我临危不惧，危急关头采取了自救措施，是个了不起的英雄。”

罗克听后大笑起来：“你吹牛吹破了，摩西小姐没有对你嗤之以鼻，就已经够礼貌的了。”

肯特讲的北极遭遇有什么地方不对头？为什么罗克说肯特吹牛吹破了呢？

破案关键

肯特所讲的遭遇发生在北极，北极是可以天天都见到太阳的吗？什么时候有阳光呢？

NO 105. 斗牛开场仪式

三月二日，警长埃塞勒在审查一个毒品走私嫌疑人。

“你叫什么名字”埃塞勒用目光打量了一下站在自己面前的中年人问道。

中年人似乎漫不经心的样子，干咳了两声答道：“库特迈，一个守法的商人。”

“守法？你昨天干什么去了？”埃塞勒盯视着库特迈。

“先生，我昨天才乘飞机从葡萄牙回来。请看，护照上有日期。”

埃塞勒并没有查看他的护照，而是不无揶揄地说道：“这张护照并不能证明你是昨天从葡萄牙回来的，你还可能是从别的国家回来，甚至还可能是偷越国境跑过来的。”

库特迈眼珠转了转，变戏法儿似地手里捻出一张纸片，伸到了埃塞勒的眼前:“先生,我昨天曾在葡萄牙里斯本斗牛场观看了斗牛开场仪式,这是入场券。”

埃塞勒看了看那张淡黄色的入场券,冷笑着问道:“你都看见什么了?”

库特迈听到埃塞勒这样问他,心里有些发慌。但他立即平稳了一下心情答道:“斗牛开场仪式的场面真是前所未见,斗牛士轮番上阵,很快,先后就有六条牛被打死拖了出去。”

“不要再说了,全部是谎言!”埃塞勒用手止住了他,“你被拘捕了,请吧,库特迈先生。”

埃塞勒是怎样识破库特迈的谎言的呢?

破案关键

你知道葡萄牙的斗牛开场仪式一般在什么时候举行吗?另外,葡萄牙的法律明文规定,可不可以将斗牛杀死呢?

NO 106.　呼救的白布

最近,劳尔探长一直在调查市政府官员詹姆森被害的案子,这天黄昏,他驾车来到海边的港口,踏上一只帆船,找到了涉嫌者鲍里金。

鲍里金听劳尔探长说他的朋友詹姆森被人杀害后,惊得嘴里的雪茄差点掉下来。探长向鲍里金询问出事的时候——也就是那天下午 2 点至 4 点,他在什么地方。

鲍里金歪着头想了想,说:“哦,那天天气很好,中午 12 点我驾船出海办事，不料船开出两个小时后，发动机就坏了，那天海面上一丝风也没有，船上又没有桨，我的船被围在大海上，无法靠岸。情急之下，我在船上找到了一块大白布，在上面写上‘救命’，然后把桅杆上的旗子降下来，再把这块白布升上去。”

“哦？”劳尔探长很有兴趣地问，“有人看见它吗？”

鲍里金笑着回答：“说来我也挺幸运的，大概半小时后，就有人驾着汽艇过来了，那人说，他是在3英里外的海面上看见我的呼救信号的。后来，他就用汽艇把我的船拖回了港口，那时已近黄昏了。”

鲍里金说完，轻轻地呼了口气，谁知劳尔探长却对他说：“鲍里金，你的谎言不太高明，请马上随我到警局走一趟。”

鲍里金的脸刷地白了。

你知道劳尔探长是怎么看出鲍里金在撒谎的吗？

破案关键

鲍里金在没有一丝风的时候把白布升上了桅杆，有人在3英里外看见了白布上的呼救信号，这可能吗？

NO 107.　照片识谎

星期天，警官佛兰西带着妻子和儿子到伦敦市内公园游玩。9点30分，晴朗的天空突然下起大雨，他们赶紧跑到亭子里去躲雨。雨停了的时候，他们正要继续游玩，手机响了。佛兰西拿起手机，里面响起了珍妮小姐的声音。

“佛兰西吗？思得利城38号发生了一起杀人案，局长让你赶快到现场。”

“好吧！”佛兰西放下手机，习惯性地看了看手表，时针正指向10点30分。

思得利城距伦敦20公里，佛兰西驱车到了现场，看到被害者是个68岁的老奶奶。法医告诉佛兰西，死者是上午10点钟被害的。

佛兰西检查了现场，但没有发现任何线索。佛兰西询问了死者的邻居，了解到死者早年就死了丈夫，膝下无子，孤身一人生活。虽然寂寞，但由于丈夫生前留下了不少财产，不愁吃不愁穿，是这里的富裕人家，死者平时和大家没什么交往，只有一个侄儿住在伦敦市内。

佛兰西马上回到警察局，打开了档案簿，查到“哈克”一栏，见上面写着：

“哈克，28岁，一家电器公司的推销员，没有犯罪史……”佛兰西看着死者侄儿的档案，便要女警官珍妮把哈克叫来。

一会儿，哈克来到警察局。佛兰西问：“年轻人，你姑妈被人杀害了，你知道吗？”

“知道了，请警官为我姑妈报仇，早点破案。”哈克说着，显得十分伤心的样子。

佛兰西又问：“凶杀案发生的时候你在什么地方？”哈克从外衣口袋里拿出一张照片递给佛兰西警官司。佛兰西看到照片上的人站在阳光下显得很有精神，“凶杀案发生时，我正在伦敦市内公园游玩。这刚好是我在那时拍的照片，照片中纪念塔上的大钟正好10点整。”

“年轻人不要耍小聪明了。”佛兰西蔑视地说，“你就是凶手，你想用10点不在场的证据骗过警方，恰恰证明了你正是凶手”。

经过进一步审讯，果然是哈克为了占有姑妈的住宅和财产，蓄意制造了这起谋杀案。

你知道佛兰西是怎样识破哈克谎言的吗？

破案关键

仔细看一下，照片中的天气如何呢？

NO 108.　山顶的照片

“上个星期天你在哪里？”警长询问一个嫌疑人。

“我在登山，你看，这就是当时我在山顶上的照片。登上山顶后，我很有成就感，就决定喝一罐啤酒，并把相机放在了一个合适的位置，自拍下了开启啤酒的一瞬间。幸亏啤酒没有喷出泡沫来，不然我就糗啦！回来后，我把这张照片命名为‘痛饮庆功酒’。”那个嫌疑人一边说一边拿出一张照片给警长看。

警长看了看照片说：“风景很不错，山腰上还有云雾，你登上的那座山一定很高吧？”

“嗨，可高啦，有 3 500 米哩。”那人以为警长相信他不在场的证明，颇为得意地回答。

“可是，”警长突然脸色一变，声色俱厉地说，“你在撒谎！这张照片是假的！”

这张照片究竟有何破绽？

破案关键

请你查一查资料，想一想，在海拔 3 500 米的山顶打开易拉罐啤酒时，会不会有泡沫喷出来呢？

NO 109.　赛马场的照片

星期六下午 2 点左右，亿万富翁哈利的家中进了窃贼，古埃及的黄金面具被盗走了。

侦探摩尔马上就赶到了，检查了一番现场之后，摩尔认为从作案手段看，很像是女盗贼莉达所为。于是，侦探摩尔很快找到了莉达。当问及不在现场的证明时，莉达拿出一张照片，做了以下的回答：

"如果是星期六下午 2 点，我正在赛马俱乐部呀，这就是当时的照片，我正在上马时朋友给拍下来的。你瞧，纪念塔的大钟指的是 2 点吧？所以我可不是罪犯。"

可是，摩尔侦探只扫了一眼照片，便看出了其中的名堂。

"这张伪造的照片是骗不了人的，这是上午 10 点钟拍的。"

那么，照片上的什么地方不合情理？

破案关键

在西方，骑马有一定的规矩，请你去了解一下，西方人上马必须从马的哪侧上去？

NO 110. 画室命案

苏珊和男友达森分手，达森动了杀机。

这天，苏珊在画家伯加的画室当模特儿，伯加中途出去，达森就在此时进入画室，用丝袜勒死了苏珊，并把她的尸体拖走，找了个地方收藏起来。

伯加回画室后不见苏珊，但见现场凌乱，灵感涌现，就把现场的环境画了出来。

两小时后，达森收藏好了尸体，想起杀人的丝袜留在画室内，便折返伺机取回。可是，他在窗外见到伯加出神地画画，又眼巴巴见到丝袜还在那里显眼地放着，心里十分着急。

又过了五小时，伯加画完后出去一会儿，达森趁机闪入收起丝袜。谁知这时伯加突然又回来，达森情急之下用椅子打死伯加。谁知达森在仓皇逃走时，又把他的墨水笔遗留在现场了。

没多久，警方闪电般地破了案，将达森拘捕了。请问，警方是怎样破案的呢？

破案关键

伯加共画了两幅画，一幅是苏珊，另一幅是苏珊死后凌乱的现场，画室中还留下了墨水笔。把这些联系起来，你知道答案了吗？

NO 111. 画上露出的破绽

禹城有一条自东向西流的小河，河道两岸长满了美丽的半枝莲。

一天晚上，一个百万富翁家里被盗，有不少金银珠宝被席卷一空，麦卡探长接到报案后，同助手赶到现场，根据现场的证据，画家阿斯嫌疑最大。

于是，画家阿斯被请到警察局。"我是冤枉的。"阿斯说，"我昨天在城外画画，由于画的时间太长，没有坐上公交车，今天早上我才回到城里。"

"有证人吗？"一个助手问。

"没有——哦，不，有！但不是人，而是一张画。"

"你在耍弄我们吗？"助手生气地说。

"哎，我怎么敢耍你们呢？就是昨天晚上的画，可以证明我昨天一直在城外，偷盗与我没有瓜葛。"

"你的画在哪里？"

"在这里。"阿斯把带在身上的画拿了出来。

助手把画展开，上面画着一条小河，河边的半枝莲已经全部开放，太阳是西方，天色已经黄昏。画得真是惟妙惟肖，非常逼真。

"我们如何证明这张画是昨天画的呢？"助手感到不好确定。

"画上的墨迹还没有干透，你们可以找画家鉴定。"阿斯在提示警察。

麦卡探长看了看说："画是昨天画的，但你还是在撒谎。"

阿斯一听，马上说："画是我画的，不是证据吗？"

"你根本不是晚上画的，而是白天画的。"麦卡探长严厉地说，"你就是盗窃犯。只有老实交代才是正路。"

猜一猜，麦卡探长凭什么判断阿斯是在撒谎的呢？

破案关键

画上有半枝莲，如果知道半枝莲的生长习性，你就会知道麦卡探长判断的理由啦！

NO 112. 没有字的遗嘱

库恩是一个盲人，他非常喜欢写作，经过数十年的努力，终于成为一名成功的作家。简恩是库恩的好朋友，他是一名盲人歌手。相同的经历使库恩和简恩成了亲密的朋友。

这天，简恩演出回来，顺道探望重病在床的库恩。库恩紧紧握住简恩的手，喘着气对简恩说道："你是我最好的朋友，我最信任你。我有件事情托付给你。我死以后，就从我的遗产里划出一半，也就是100万美元留给残疾人福利机构，希望能帮助更多的残疾人。现在，我就开始写遗嘱，然后由你保管它。"

接着，库恩让他的妻子拿来纸笔，他在床头摸索着写好遗嘱，装进信封里亲手密封好，郑重地交给简恩。

简恩接过遗嘱，慎重地把遗嘱专程送到银行保险箱里保存起来。半年后，库恩死于癌症。在库恩的葬礼上，简恩宣布了他的遗嘱，大家都为库恩的爱心而感动。而当残疾人福利机构的代表郑重地打开密封完好的遗嘱时，却吃惊地睁大了眼睛——里面竟然是一张白纸。

简恩根本无法相信，库恩亲手密封、自己亲手接过并且由银行保管的遗嘱会变成一张白纸！他仔细回忆，整个过程没有丝毫能够引起怀疑的地方，进入银行的保险箱，谁都无法更换涂改，更别说密封还是完好的呢。

这时来参加葬礼的尼克探长对简恩说："简恩先生，虽然这只是一张白纸，但库恩先生的遗嘱仍然成立。"

众人都疑惑不解，尼克探长又说了几句话，众人恍然大悟。

你知道这是什么原因吗？

破案关键

库恩明明写了字，为什么字会不见呢？而写了字的纸，一定会留下痕迹的！

NO 113. 沙漏的秘密

杰姆斯是著名的开锁大盗，不过最近已经改邪归正，做起了老实的买卖。这天，詹姆探长找到他，说请他去开锁。杰姆斯摇头，表示拒绝。

詹姆笑着说："不是让你继续做大盗。事情是这样的：后室定做了3个用来放机密文件的保险箱，做保险箱的人夸口，说只要有谁在半小时内打开这3个保险箱，就愿意付给他3万英镑。刚好，出来就碰上你了，你这方面是老手啦，3 万英镑的酬金可不少哦！”

想到那 3 万英镑，杰姆斯有些动心了，他对自己的开锁技艺绝对自信。出道以来，他还没有碰到过 10 分钟内打不开的保险箱。于是，他和詹姆探长一起来到了警察局。

3 个用特种钢材铸造的，闪烁着金属光泽的保险箱整齐地排列在办公室中央。精密的锁加上智能密码，看起来完全没有破绽。

杰姆斯在壁炉旁暖了暖手，立刻开始动手，厂商代表则用一只有机玻璃沙漏开始计时。杰姆斯在开第一个保险箱时遇到了麻烦，他足足花了 15 分钟，尝试了 20 种不同的方法，直到 21 种方法才把保险箱打开。由于有了经验，第二个箱子只花去他 7 分钟时间。这时，厂商代表示意他暂停。

“我请你停下的原因，是告诉你酬金就在第三个保险箱里。”他阴阳怪气地说，“现在，开始最后一次冲击吧，你还剩下 8 分钟。”接着，他把沙漏挪到了壁炉旁边，开始重新计时。

杰姆斯根据刚才两次的经验，对这种保险箱了如指掌。他顺利地解开密码，打开第三个保险箱，看到了厚厚的钞票。这时，厂商代表则说他超时了。杰姆斯回头一看，沙漏的刻度上显示为 9 分钟！他完全不敢相信自己的眼睛。

忽然，杰姆斯灵机一动，明白了沙漏走快的原因。他大声对厂商代表说：“我已经知道你动了手脚了，酬金还是我的！”厂商代表听后，顿时面如土色，只好把酬金付给杰姆斯。

聪明的同学们，你知道厂商代表动了什么手脚吗？

破案关键

在厂商喊停之后，做了哪个小举动呢？这个小举动和沙漏计时又有哪些联系呢？你知道吗？

NO 114. 遗产继承人

名侦探柯南受其老友——一位百万富翁的临终嘱咐，把遗产交给富翁的弟弟。富翁是12岁离家出走的，与弟弟分手至今已经60年，一个月前才知道弟弟在洛杉矶，但没有详细的地址。他交给柯南一张发了黄的照片，这是可以帮助找到他弟弟的唯一线索。照片上是两个男孩，摄于60年前，当时两人都是12岁。

柯南受托前往洛杉矶，并在那里登了寻人启事，说明此行的目的。承受大笔遗产是很诱人的事，不久，他住的旅馆外就聚集了数十位老翁。

虽然柯南没见过富翁的弟弟，也不了解他的其他的情况，但他还是从这些人中找出了遗产的继承人。

柯南是怎样认出的呢？

破案关键

你从"照片上是两个男孩，摄于60年前，当时两人都是12岁"这句话中，能够知道些什么？柯南认出富翁弟弟的秘密也在其中！

NO 115.　冒充新娘

德国珠宝商康拉德·布朗斯上星期在他的旅馆房间里被杀了。他的一大笔遗产将转入他到美国来之前刚刚悄悄结婚的新娘子手中。

据布朗斯在美国的一个朋友说，布朗斯和他的新娘子在德国按德国风俗举行婚礼之后，布朗斯只身先到了美国，而他的新娘将在一星期后抵达纽约，和他相会。除了知道这个新娘是个钢琴教师外，别的都不清楚。

现在新娘子来了——不是一个，而是两个！她们都有一切必要的证明，表明自己是布朗斯的新娘，而且对布朗斯也都很了解。那么，两个人中谁真谁假呢？

在布朗斯先生那位美国朋友家里，海尔丁见到了那两位新娘，一位肤色白皙，满头金发，另一位肤色浅黑，两人都很丰满结实，二十来岁，很漂亮。

海尔丁见那位金发新娘右手上那枚戒指箍得很深，手指上出现了一条红道道，而那位肤色浅黑的女士两只手上几乎戴满了戒指。

海尔丁沉思片刻，向两位女士欠了欠身："你们能为我弹一首曲子吗？"

浅黑肤色的新娘马上弹起了一首肖邦的小夜曲。只见她的手指在琴键上灵巧地舞动着，海尔丁发现她左手上有二枚蓝宝石戒指和一枚结婚戒指，右手上套了三枚大小相同的钻石戒指。

她演奏完后，金发新娘接着也弹了这首肖邦的小夜曲，虽然她弹得和前一位一样优美动听，但她右手上仅有的那枚不起眼的结婚戒指却使她远为逊色。

海尔丁听完两位女士的演奏，微微一笑，对其中的一位说："现在请你说一说，你为什么要冒充布朗斯先生的新娘？"

海尔丁这句话是问谁？

破案关键

要想找出谁是冒充的新娘，就需要你了解一下美国和德国的结婚风俗，查一查，两个国家的新娘在戴结婚戒指的时候有什么不同？

NO 116.　不翼而飞的陶罐

在一年一度的理工学院对加州大学足球赛开赛前 3 天，加州大学足球队的吉祥物——一只古老的印第安陶罐突然不翼而飞。

距离开赛仅 3 个小时，加州大学足球队教练接到一个匿名电话，告知他那个陶罐现埋在理工学院足球队狂热的球迷、百万富翁斯尼特家的花园里。斯尼特为人傲慢，是个出名的恶作剧者。

这样，6 位加州大学的学生就请来名探哈莱金帮忙，因为哈莱金与斯尼特是好朋友。哈莱金满口答应，于是他们 7 人举着铁锹来到斯尼特的花园。

"当然，那个陶罐是埋在这儿。"斯尼特指着一大片草坪说道。加州大学的小伙子顺着斯尼特手指的方向望去，这是一片刚刚开垦出来的足有半英亩大的草坪，已平整好，刚刚播过草籽，草坪三面接墙，第四面以一条石砌小径为界;草坪正中有一个为鸟儿洗浴而备的小池;一棵枫树与两棵橄榄树各居一个围墙角,遥遥相对。

“从现在至开赛还有6个小时,”斯尼特说,“陶罐就埋在这半英亩草坪中唯一最恰当的地方。找到了,就请拿回;若到时仍未找到,我自然会将它取出来奉还,但你们得支付为草坪重新播种的钱。”6位小伙子见状都打算放弃寻找,但哈莱金告诉他们应该在哪儿挖,不出半小时他们就找回了吉祥物。

他们在哪里挖到了陶罐呢?

破案关键

为了埋陶罐,斯尼特会破坏已经播过草籽的草坪吗?所以,陶罐一定埋在不用播种草籽的地方。

NO 117. 杀人犯的疏忽

班杰斯是多伦克小镇上最无赖的流氓,他是个酒鬼兼赌徒,主要依靠诈骗和小偷小摸来谋生,警察局成了他经常光顾的地方。

这天,他正琢磨着去赌场骗点钱。这时候,富商林德的侄子维柯多走了进来,用略带轻蔑的表情对班杰斯说:“听着,2万美元,重复一次,2万美元,让你做件事。”

班杰斯顿时来了精神,忙从沙发里站起来问道:“你想让我干什么?剪草还是擦车?”

维柯多拿出一信封递给班杰斯说道:“不要问为什么,今天晚上到我家书房去，杀掉我叔叔林德，伪装成是他自杀的样子，把这份遗书放好。信封里的1万美元是定金，如果做得干净利落，我会再付你1万美元的。”

班杰斯虽然是出了名的流氓，但最多也就干过些偷鸡摸狗的小勾当，杀人这样的事情还没胆量做过。不过，看到那个厚厚的信封，他还是咽了咽口水，点了点头。

这天晚上，班杰斯穿上一身黑色衣服，戴上头套，背上一个大包，偷偷来到了维柯多的家里。他顺利溜进后门，穿过长长的走廊和过道，来到了位于别墅东面的书房。从里面透出的微弱灯光判断，林德先生正看书。

班杰斯取出手枪，装上消音器，从后面冲进去，猛然捂住林德先生的嘴，对准他的太阳穴开了一枪，林德先生连哼都没哼一声就没命了。

随后，班杰斯从背包中取出打字机，把打字机端端正正放在林德面前，又把维柯多早就准备好的遗书放在打字机出纸口上，最后把手枪放到林德手里，伪装出刚刚打好遗书、举枪自杀的假象。为了谨慎起见，班杰斯还擦拭了所有他接触过的地方，包括打字机、手枪和桌子，避免留下指纹。

第二天，班杰斯喜滋滋地出来买报纸，如果一切顺利的话，下午他就能得到另外的1万美元。他若无其事地向一个报童走去，却听到报童说出让他胆战心惊的话：“特大新闻，特大新闻，有人假造遗书，谋杀富商林德。”

班杰斯大惊失色。他仔细回想昨天晚上作案的过程，确信没有任何疏漏，而留下的遗书也是经过本人签名的，应该没有破绽。

那么，警方是如何确定林德先生是被谋杀的呢？

破案关键

如果是林德富商自己打的遗书，那在打印机上会留下什么痕迹呢？

NO 118. 清晰的指纹

露丝不但文章写得好，更能为精彩的文字配上美丽的插图。于是她的书大受欢迎，连续5个月排在畅销书榜第一位。可是因为出版商用很低廉的价格买下了版权，她只有眼睁睁看着自己的书热卖，别人大把大把赚钱。这天，警察局汤姆斯局长告诉她，版权代理人玛莉小姐两天前在公寓被害，凶残的凶手对准她连开了10枪，玛莉当场身亡。根据调查，当天晚上和玛莉接触过的人只有露丝、印刷厂负责人卡罗和玛莉的前夫刘易斯，警方把他们都请到警察局，协助调查。

露丝听到发生这样的惨剧，吓得哭了起来。她告诉汤姆斯局长，当天晚上8点左右她去过玛莉那里，两人讨论了重新签订版税合同的事情，玛莉还倒了一杯冰镇的松仁露给她喝，大约5分钟后她就离开了。

卡罗则挥动着有力的手，显得很激动，强调自己是完全无辜的。他当天在8点左右去过玛莉家里，准备向玛莉讨回欠印刷厂的费用，可是玛莉只礼貌性地给他倒了杯冰镇苏打水，根本不谈还钱的事情。他一怒之下就骂骂咧咧地离开了，楼下看门的老头能证明这一点。

刘易斯虽然因为财产问题和玛莉离婚，可是离婚后他们还是好朋友。听到玛莉被害的消息后，刘易斯悲痛欲绝。他回忆说，那天晚上玛莉的情绪很不好，他喝了杯白水，安慰了她几句就离开了，想不到竟然发生了这样的悲剧。说到这里，刘易斯难过地痛哭起来。

汤姆斯局长看着眼前这三个都可能是凶手的人，无法做出判断。一方面他们都没有足够的杀人动机，另一方面现场没有留下任何线索，凶手连弹壳都收走了，就连使用过的玻璃杯上，都只有玛莉小姐一个人的指纹，指纹虽然非常清晰，可对案件并没有多大帮助。

汤姆斯局长只好求助于奥斯顿侦探。奥斯顿听完后，沉思了一会儿问道："案发那天晚上，我记得很热，大概有 37 摄氏度，是吗？"

汤姆斯局长一回忆，确实是这样。奥斯顿接着又问道："杯子上被害人的指纹十分清晰吗？如果是这样的话，凶手就找到了。"汤姆斯局长有些莫名其妙：就凭这样就能认定罪犯吗？

聪明的同学们，你知道罪犯是谁，奥斯顿又是怎么样找到罪犯的吗？

破案关键

在夏天，倒上一杯冰水，杯子的表面会有什么样的反应呢？结合三个人手中的水杯，你又会发现什么呢？

NO 119.　不翼而飞的指纹

米高是一名私家侦探，这天的傍晚，他一个人到酒吧喝酒。他的目光很快被坐在邻座的一个漂亮女子所吸引，这个女子大约二十五六岁，打扮入时，化了很浓的妆，而且手指甲上涂了透明的指甲油，独自在喝酒。米高觉得这个女人似曾相识，但又记不起是谁。直至这个女人离开座位，米高才突然记起这女人名叫苏珊，是个诈骗犯，正被警方悬赏通缉。米高立即起身追出去，但那苏珊已无踪影。米高于是向警方报案。

警察到场以后，立即展开了调查，他们把女子喝酒的酒杯加以检验，但是，上面的指纹竟然不翼而飞了！

“奇怪，那个女犯喝酒时戴着手套吗?”警察问道。

“不，她没有戴手套，而且，也不似贴上了胶纸那一类的东西。”米高回答说。

“那到底是怎么一回事呢?”警察迷惑地自言自语。

你知道吗?

破案关键

你用过指甲油吗？指甲油干了以后，其实就是覆在指甲上的一层薄膜，指纹的不翼而飞也与它有关哦！

NO 120.　有指纹的手表

某古董手表店关门停业了三天，第四天刚开店便走进来一位顾客。他让店员打开橱柜，要看里面的手表。店老板丘吉走过来，打开橱窗，让他选择。这位顾客拿起一块表摆弄了一阵，问了价钱，说要考虑考虑，就走了。这位顾客刚离开不一会儿，丘吉发现橱窗里靠门的那边少了一块名贵的古董表。他愣了片刻，立即吩咐店员关门闭店，而后挂了报警电话。

没出五分钟，巡警韦尔奈赶到了手表店。丘吉迎上去说："我相信盗贼在你们警察局是挂了号的，他的动作太神奇了，我居然一点都没发现。"说完，他耸了耸肩，现出一副苦相。

"如果他是惯偷，档案里一定能有他的指印，手表上也会留下的。请告诉我，那个人动了哪块表。"

"这谁知道。橱柜里挂着一百多块表，凡是来买表的顾客都要摆弄一番，哪块表上能没有指印。"

"不，我认为这并不像您说的那样困难。"巡警韦尔奈说着，已用镊子夹起块表，"这就是那个人动过的那块表。"

随后，韦尔奈回到警局，在那块表上取下了罪犯的指纹。很快，韦尔奈便根据这一线索，逮捕了罪犯。

韦尔奈是怎样找出那块留有犯罪分子指纹的手表的呢？

破案关键

古董表都是要上弦的，超过一定的时间表就会自己停止。商店停业了 3 天，被小偷动过的手表和其他手表会有什么不同呢？

NO 121. 超完美自杀案

在纽约郊区，有一座破旧的公寓。公寓里住的都是一些靠救济金生活的可怜老人。冬日的一天，管理员发现一个多星期没看到 3 楼的乔泰里特了。乔泰里特是一位退伍老兵，在二战中被炮弹炸断了左腿，子女又都失业了，只好独自住在这座破公寓里。

于是管理员来到3楼，敲了几下门，但房间里没有一点反应。门从里面反锁住了，管理员用钥匙也无法打开。于是管理员便报了警。

等到警方赶来，用工具砸开房门后，人们便看到里面恐怖的一幕。乔泰里特被一根绳子直挺挺地吊在屋子中间，已经去世很多天了，屋子里尽是令人窒息的难闻味道，窗子也关得紧紧的，只有换气风扇在不紧不慢地转动，发出单调且刺耳的声音。

警方随即展开了调查。他们发现乔泰里特距离地面有1米，而且身下没有任何用来垫或踩的物品，只有一条腿的老兵是无论如何也不能凭空跃起1米高的，地上也没有潮湿的痕迹，说明不是用冰块一类的物品做垫脚。警方断定这是一起谋杀案。可据大楼管理员和其他老人的回忆，最近没有人来找过老乔泰里特，况且门是反锁的，窗子也关得紧紧的，如果是他杀的话，凶手怎么逃离现场呢？

负责调查的警官查了半天，也没有找到任何线索，他不由感叹道："这真是一起'超完美'的谋杀案啊！"

"我觉得老乔泰里特是自杀的。"赶来察看现场的探长听到警官的感叹，忍不住说道，"我刚才调查过，乔泰里特在死前两个月为自己投了巨额保险，他如果被谋杀，保险公司就要向他的遗产继承人赔付200万美金的保费。"

"可是，他是如何自杀的呢？"警官反驳道，"他只有一条腿，是无法够到离地近3米高的绳圈的。"

探长没有说话，只是仔细地搜查了房间。他在废纸篓里找到一张被揉得皱巴巴的纸团，展开一看，是一张化学品商店出具的收据，再看到转动的风扇，他立刻明白了老乔泰里特的良苦用心——他想用自己的死换取子女们更好的生活。

可惜，他精心布置的他杀现场还是被探长识破了。聪明的读者，现在你清楚乔泰里特是如何自杀的吗?

破案关键

把乔泰里特的残废的腿、化学品商店出具的收据、还有转动的风扇联系起来，你会发现什么呢?

NO 122. 劫匪的圈套

由于生意失败，杰克和米勒把他们几年的积蓄全亏光了，还欠下了巨额债务。现在他们住在一间又破又黑的小窝棚里，每天还有一大堆的债主追在后面。

杰克再也无法忍受这样的生活，决定铤而走险，抢劫保险公司每天下午 5 点准时开出的运钞车，然后再带着钱远走高飞。他拉米勒一起干，答应事成以后分给他一半的赃款，米勒考虑再三，最终同意了杰克的方案。

在运钞车经过的路程中，有一段是两个街区的交界地段，行人稀少，很少有巡警出现。杰克和米勒决定在这里下手。

这天下午 5 点后，运钞车和往常一样从远处缓缓驶来，直到转过街角的时候，司机才猛然发现前面有块巨大无比的石头！转弯已经来不及，运钞车狠狠地撞到石头上停了下来。

与此同时，杰克和米勒挥舞着手枪冲了上去，逼迫两名押运的保安趴在地上。接着，他们一人扛起一袋钱，跳上早就准备好的摩托车，风一般地溜走了。

这时，身后忽然响起了一阵警笛声，原来刚巧有巡警路过，看到被撞坏的运钞车，立刻开足马力追了上来。杰克和米勒拼命踩油门，甩开了巡警开的那辆老式警车。巡警立刻通知其他巡警封锁所有公路出口，看来杰克和米勒是插翅难逃了。

杰克也想到了这一点，他和米勒立刻丢弃摩托车，拐到乡村的农田里，接着往田埂上逃窜。这时，他们发现一座空无一人的农舍，农舍外有口很深的古井，杰克忽然想到了一个办法。

他对米勒说："我们一直这样跑，终归是要被抓住的，不如到农舍里去。我假装是农舍的主人，一会儿警察来的时候，你就用防水袋套住钱，含上根吸管，躲到水里去。要是我不幸被抓住，钱就全部归你。"

米勒有点犹豫："这样行不行呢？警察恐怕没有那么好愚弄吧，再说井水那么深……"

杰克打断了他的话："笨蛋，难道你想被抓住吗？井水深怕什么，我会给你一根很长的管子。"

听到远处隐约响起来的警笛声，米勒只好同意了。杰克把一根长3米、口径不足2厘米的管子交给米勒，帮他捆扎好钱放下井里，他自己却没有像他说的那样装扮成农舍的主人，而是到田地里躲藏起来。

半小时后，警察开始搜查这座村庄。虽然杰克隐蔽得很好，可是警犬还是凭借灵敏的嗅觉迅速找到了他。当警察把米勒打捞上来的时候，发现他早就溺死了。

探长询问了米勒躲到井下的前后经过，对杰克说道："你真是心狠手辣啊，为了独吞钱财而杀了他！现在，除了抢劫，你又添了一项故意杀人的罪名！”

同学们，你们知道警探为什么这么说吗？米勒好好地待在井底，为什么说是杰克杀了他呢？

破案关键

管子可以使米勒在水下呼吸吗？

NO 123. 劫杀？自杀？

一个大富豪突然失踪。两天以后，一个女佣在富豪郊外的海滨别墅之中发现了他的尸体。

死者死于胸部的枪击，但在室内没有发现任何凶器，而室内的保险箱则被打开，里面空无一物，警方列为劫杀案处理。大侦探细心探查后，发现室内找不到有任何其他人进来的痕迹。在富豪床边窗口附近的桌台上，有一支烧了一大半的蜡烛，蜡烛下面有一条烧焦的橡皮筋，案发当晚并没停电，这位富豪为什么不用电灯呢？后来在楼下靠窗的水中发现了一支手枪，经检验正是打死这位富豪的凶器。从这些情况看来，他似乎又是自杀，但他用什么方法自杀，手枪又怎么样能飞出窗外呢？

破案关键

请你把蜡烛，烧焦的橡皮筋，飞出窗外的手枪联系起来，想一想富翁是如何自杀的。

NO 124. “意外”死亡

69 岁的批发商奥利弗娶了年轻的酒吧女老板多丽丝，但多丽丝之所以和奥利弗结婚，是因为盯上了他那庞大的产业。因为她知道，一旦奥利弗去世，她将会以妻子的身份继承一大笔财产。多丽丝无时无刻不盼望这一天早日到来。

这一天终于如愿以偿地来了。这天是奥利弗和多丽丝结婚两周年的日子，他们俩喝酒庆祝，然后一起到屋外散步。后来奥利弗回屋洗澡时，死在自己家中的浴室内。多丽丝惊慌失措地打电话告诉了奥利弗的儿子，要他赶快回来。奥利弗的儿子赶来后认为父亲死得蹊跷，便向警方报了案。

警方调查后推断其为意外死亡，死因是心脏麻痹。奥利弗在死前曾饮过白酒，如果进入热气腾腾的浴室中，由于酒精的作用，引起心脏麻痹导致死亡是理所当然的事。

但奥利弗的儿子不相信警方的结论，于是请了有名的侦探大卫继续调查。大卫仔细检查后认为这是一起巧妙的谋杀案，凶手正是多丽丝，因为根据解剖，死者胃内除了酒精之外，还残留有安眠药的成分。

多丽丝到底是以何种手段杀害死者，又伪造出意外死亡的情景呢？

破案关键

如何让饮入白酒的奥利弗“乖乖”进入浴室，引发心脏麻痹呢？死者胃内的安眠药是关键。

NO 125. 祖母绿失窃案

这天,大律师赛西邀请了12位好朋友一起庆祝他的50岁生日。乔治穿着黑色燕尾服,戴着礼帽,含着烟斗,来到了赛西的豪宅。

客人们陆续到达,随着乐队一首悠扬的乐曲,晚宴正式开始了。赛西身穿白色休闲西服出现在大伙面前,他举起手中的酒杯,感谢前来参加晚宴的好朋友。

"我亲爱的朋友们,今天真是太高兴了。"他说话的时候双颊泛红,但眼睛闪闪发亮,"我有一件珍藏了一个世纪的家族珍宝,愿意和大家分享!"

接着,赛西让管家到书房拿出一个木头箱子。箱子好像是檀木做的,非常沉重,上面还贴着封条。赛西揭开封条,取出一个丝绒小盒子,打开盒盖,一颗鸡蛋大小的祖母绿顿时出现在众人面前。

这颗宝石呈现出奇异的深绿色,通体透明,在灯光下折射出七彩的光芒,真是无价之宝!参加宴会的客人一齐啧啧赞叹起来。

"雷姆斯爵士来拜会您。"一个仆人跑进来说道。

听到雷姆斯爵士来访,赛西激动极了。他忙着把装祖母绿的小盒子放回木箱里,然后顺手拿起糨糊贴上封条,就急匆匆地出去迎接贵客去了。雷姆斯爵士发表了即席讲话,晚宴的气氛顿时达到了高潮。

听说赛西拥有罕见祖母绿宝石,雷姆斯爵士也很想看看。当赛西撕开还很潮湿的封条,打开小盒子,却不由地大吃一惊,就在这一会儿工夫，祖母绿竟然不见了！

在刚才出去的时候，木箱就放在桌子上，可以肯定地说，一定是哪位客人偷走了宝石。但是，参加晚宴的人都是很有声望的名流，总不能人人都脱光衣服搜身吧？赛西顿时没了主意，只好求助地看着乔治。

乔治看了看封条上的糨糊，对客人们说道："大家刚才都看到了，祖母绿确实漂亮。如果谁在和赛西先生开玩笑，请赶快把宝石拿出来；如果没人承认的话，我只需要一点碘酒，就能找出是谁在开这个天大的玩笑。"

乔治的话一说完，一个客人顿时面如土色，只好把祖母绿拿了出来。

破案关键

你知道他为什么对碘酒那么害怕吗？

NO 126. 让窃贼自首

著名化学家威廉研制出了很多化学产品，因此成了百万富翁。在伦敦市一条繁华大街上，他有一套豪华的公寓。威廉不仅钻研化学，还对收藏世界名画感兴趣，他几乎花了自己的一半收入，买了许多名画挂在客厅里。

一天夜里，有个小偷钻进屋里，摘下一幅名画卷起来，打算从原路逃走。这时，桌上一瓶高档名酒将他吸引住了。

原来这小偷嗜酒如命，他迫不及待地拧开酒瓶，仰起脖子喝起来，一来解馋，二来壮胆。他正喝着，忽然，门外有响声，大概是仆人听到有什么响动前来巡视了。小偷一听，放下酒瓶，夺路而逃。

第二天一早，威廉发觉家中几件文物和名画都不见了，连忙报警。纽约警察局派詹姆警长赶来，组织破案。詹姆在屋里转了一圈，见罪犯没留下指纹和脚印，只留下一股酒味。詹姆断定窃贼喝了几口酒，便心生一计，要让这罪犯投案自首。

他让化学家威廉写了一份声明，登在报上。小偷看到声明后，就自动投案了。请问：声明中写的是什么呢？

破案关键

这幅画的主人是位化学家，如果他撒一个谎，说酒瓶中装的并非是酒，而是另一种液体，是不是非常有可信度呢？

NO 127.　一次索赔案

已经过了下班时间了，可汽车运输公司保险员弗洛伦仍旧盯着办公桌上那一叠索赔文件犯愁。本来已经了结的赔偿案，因为这份迟到的索赔要求而风波又起。

要搞清这件事还得从几天前说起，一辆公共汽车的司机在倒车时太急，致使旅客在车厢里像木桩子那样前仆后翻，从而导致了数起对汽车运输公司的诉讼案。弗洛伦就是这次索赔案的公司负责人。

本来事情进行得很顺利，公司的态度很明确，乘客中也没有想借机敲诈的情况，因此索赔工作很快结束，弗洛伦还因此受到公司的褒奖。

可是没想到半路杀出个程咬金，临下班前突然传来了一份传真：一位名叫德曼的旅客因负伤而要求汽车运输公司给予 1 万元的赔偿。

德曼在他的索赔书中称：急刹车发生在晚上 9 点，他当时由于瞌睡没有注意抓紧扶手，当时向后仰倒在车厢里。后来到医院检查，经医生诊断是颅骨骨折。随信还附有当日的车票及医生出具的诊断书的复印件。索赔书中要求公司在 3 日内给予答复，不然的话他将向法庭提起诉讼。

整个索赔书有理有据，可"这是敲诈"的念头在弗洛伦头脑中挥之不去。他虽然还不知道这个德曼是何许人，但印象中此人一定是满脸横肉的家伙。

突然电话响了起来，把弗洛伦吓了一跳。他拿起话筒通报了姓名。原来是他的朋友艾迪，要和他一起吃饭。

在餐桌上，弗洛伦一点食欲也没有，艾迪看出他有什么心事，于是关心地向他询问。弗洛伦简要地把事情说了一遍，还把那份德曼传来的文件递给她看。

艾迪看了一遍后，突然放声大笑："你真是个大笨蛋。那个德曼也是个笨蛋。弗洛伦，你告诉他，公司随时准备应诉，同时提醒他敲诈罪成立的话，他是要坐牢的。"

艾迪说这番话的根据是什么？

破案关键

大家知道"惯性"吗？如果汽车突然停车，你是会向后倒，还是向前倾呢?

NO 128. 纵火幽灵

在伦敦郊区的农庄里,有一位叫做詹姆雷斯的庄园主,他种植着闻名全国的玫瑰。詹姆雷斯对他的玫瑰爱如珍宝,专门盖了自动调节温度的玻璃房,让玫瑰在最好的环境里成长。

盛夏的一天,詹姆雷斯生怕玫瑰被太阳烤坏了,拿出冬天储存下来的干草铺到玻璃房里,又在草上放上大量冰块,玻璃房的温控系统也被调到最低。看着温度表上的 22 摄氏度,忙活了一天的詹姆雷斯终于松了口气。

到了傍晚,忽然下起了淅淅沥沥的小雨。雨越下越大,一直下到天亮。詹姆雷斯望着难得的雨水,心里充满了喜悦。这真是及时雨啊!气温一下子下降了好几度,再也不用怕玫瑰给晒坏了。他想趁这时候去买点肥料回来,便在中午时分套上马车出发了。

马车刚刚出庄园,他忽然看到庄园里腾起一股黑烟,接着,红色的火苗也蹿了上来,看方位,正是玻璃房所在的地方!他大惊失色,连忙全速赶回去。只见玻璃房的干草已经被点燃,滚滚黑烟将珍贵的玫瑰完全吞没了。等火完全扑灭的时候,玫瑰也被烧得差不多了。

“天啊,是谁放了火?”詹姆雷斯大哭起来。

这是多么惨重的损失啊!他忙着给老朋友亨利探长打电话说:“无论如何,请你一定把那个该死的纵火犯找出来!”

探长立刻带领警察赶到现场,可奇怪的是,在现场只有詹姆雷斯自己和两个赶来救火的仆人的脚印，此外连个鞋印子都找不到。

“奇怪了，刚刚下过雨，到处是湿漉漉的泥，怎么说也应该留下一些脚印吧。”一个警察说。

探长接着询问在附近劳作的仆人，他们也说起火时玻璃房里没有人。詹姆雷斯悄悄地向探长询问：“怎么会这样，难道是幽灵来纵火？”探长摇摇头，围着玻璃房绕了一圈。

忽然，探长注意到玻璃房顶部有一圈圆形的凹槽，这些凹槽围绕着房顶边缘排列，非常整齐好看。“这些是透水。”詹姆雷斯见探长注意，便在一旁解释道，“是用来让房顶积水流下来的。”

探长沉思了一会儿说道：“纵火犯找到了，并不是什么幽灵，而是这些圆形凹槽！”

“为什么？”詹姆雷斯无论如何也想不通，自己耗费巨资修建的玻璃房，怎么就成了害死玫瑰的凶手了呢？聪明的读者，你能告诉他吗？

破案关键

凹形的玻璃槽、盛夏的阳光、还有水，把它们联系在一起会怎么样呢？大家仔细地想一想。

NO 129. 愚蠢的盗贼

埃森公爵的遗孀密藏着一件稀世珍宝，那是一颗重达60克拉的大钻石。女盗库班因病卧床，于是叫来两名助手德娃和卡布，命令她们说：“你们俩去给我偷来，这是考验你们是否顶用的时机，那颗钻石就藏在卧室的秘密保险柜里。”

“怎么打开保险柜呢?”

“保险柜上有相当复杂的密码锁,要是我去的话一定能将锁打开,可对你们来说就不那么好对付了。所以不管用什么方法,只要打开保险柜的门就行。公爵夫人外出旅行了,现在那是一座空房。”

于是,两个助手带了氧气切割机和高压氧气瓶,溜进了那所房子。从卧室的墙上揭下一张油画便露出了保险柜。它虽然很小,但却是钢制的,又镶嵌在墙壁上,所以将保险柜搬走是不可能的。

两人操起氧气切割机干了起来。灼热的火焰很快将保险柜的门烧红了一大块,不久就像糖稀一样开始熔化。很快,保险柜门就被切割出一个大洞。德娃顺着洞往柜里一看,里面却什么也没有,只有一小堆灰。

“真怪,哪有什么钻石呀?”

卡布很吃惊,套上耐火手套伸进去一摸,里面果然是空的。两人像泄了气的皮球一样回到女盗那里。

“怎么,没有钻石?你们俩究竟怎么打开保险柜的?”女盗追问道。

“我们用的是氧气切割机,用它没什么大动静。”

“真是蠢货!再大的声响也不要紧呀,那是一座空房,为什么不用电钻?”女盗痛骂了两人一顿。

请问,那两个助手出了什么错?

破案关键

你们知道两个助手看到保险柜中的灰是什么吗?为什么会有那么一堆灰呢?

NO 130.　火车站谋杀案

每天有成千上万的旅客通过伦敦火车站，然后去到英国各地。今天，吉尔顿也在熙熙攘攘的人群中，他准备到曼彻斯特去度假。

“对不起，请让一让。”身后有人礼貌地说。吉尔顿连忙让到一旁，只见一个身穿黑色长裙的贵妇，推着轮椅走了过来，轮椅上坐着一位老人，他蜷缩在轮椅里，表情十分僵硬。

“有什么需要帮忙的吗？”吉尔顿询问道。

“谢谢，我想不用了。”贵妇婉言谢绝，她叹了口气说道，“这是我的父亲，他偏瘫已经有一年多了，现在，我打算带他去曼彻斯特治病。”

吉尔顿接着彬彬有礼地说：“曼彻斯特吗？正巧我也去那里，要不结伴同行吧，如有什么需要帮忙的地方，我一定尽力效劳。”

贵妇婉言拒绝了吉尔顿的好意。她推着轮椅，慢慢消失在人群中。看着她的背影，吉尔顿忽然觉得有点不对劲，可到底哪里有问题，却又说不上。转眼开车的时间到了，远处火车已经呼啸着向站台驶来，吉尔顿拿起行李准备上车。

突然，尖利的刹车声响彻车站，刹车片在铁轨上磨起阵阵火花，司机正竭力使火车停下来。可是，伴随着旁边乘客的尖叫，火车还是没能刹住，以飞快的速度撞上了出现在铁轨上的轮椅，那位可怜的老人当场死亡。

吉尔顿赶过去的时候，刚才的那位黑衣贵妇已经哭得瘫坐在地上。她嘶哑地号哭，自责地拍打着自己的脸，然后开始对火车司机怒骂。几位乘客试图安慰她，但是她的情绪始终无法平静。警察迅速赶到，一位年轻警员开始向她了解情况。

黑衣贵妇哭诉道："刚才我好端端在等车，送我父亲到曼彻斯特治病。谁知道火车进站的时候，一股强大的气流向我吹过来，把我一下子向外吹，我一时站不稳，跌倒在地上。而我父亲的轮椅顿时失去控制，一下子冲下站台，卡在铁轨上！然后……都是这该死的站台设计，我要告这该死的火车站！"

"女士，很遗憾你说的是假话。"吉尔顿在一旁冷冷地说，"不管你是因为遗产还是其他的原因下这样的毒手，你都不能逃脱法律的制裁。警察先生，你应该立刻拘捕她。"

聪明的读者，你知道吉尔顿是怎样知道她在撒谎的吗？

破案关键

大家都坐过火车吧？坐车时一般会有警卫人员在火车旁告诉乘客要离铁轨远一点，因为火车的速度太快，会有很大的危险。

NO 131.　寻找赃物

凡尔赛博物馆失窃了一批价值连城的艺术珍品。波拿巴探长率领一个小分队，以迅雷不及掩耳之势，抓住了几名重要的罪犯，可是却没有找到那些艺术品。

这时，主犯招认说艺术品被农场主福斯用一个大铁箱装起来，然后埋在石磨的下面。警察冲进福斯的农场，福斯的眼睛闪出一丝惊慌，朝院子里那两个篮球场般大的晒谷场瞟了一眼，立即镇定下来，委屈地说自己从来没有触犯过政府法令，对于今天发生的一切，他要请农场主协会的律师提出控告。

警察们把磨坊里的石磨移开，在下面挖了又阔又深的一个坑，坑底已见到了生土，再挖下去也没有什么意义了。

探长跳进坑底，他看到坑壁一层层泥土，中间有一段跟别的不同，用手捧了一把，里面还有完全新鲜的小麦梗，好家伙，一定是嗅到了什么风声，把铁箱转移了。可是铁箱会转移到什么地方去呢？树底下？麦田里？床底下？没有目标怎么找去？本以为轻而易举的事，现在变成了难题。

探长脑子飞快地转动着，他一点一点回忆着进村后福斯的一举一动，突然一拍大腿，招呼警察们说："这里不用再挖了，跟我到院子里去。"

来到院子里，探长叫警察们去打水，把晒谷场分成若干块，一块一块地浇上水，水浇到泥土地上，很快往地里渗。大约是好久没有下雨的缘故吧，浇上一块，干一块，场地上只不过因为吸了水分，颜色变得深一些罢了。

福斯在波拿巴的监视下，一声不吭地瞧着警察们做这种看来毫无意义的事。终于，当水浇到刚才福斯站过的那块场地上时，探长突然宣布："停！"他指着一块颜色更深的泥地，叫警察往下挖，自己却回头朝福斯瞧去。他看到，福斯脸色惨白，惊恐万分。

不久，一只铁箱挖出来了，里面正是那批珍贵的艺术品。

请问，探长怎么知道铁箱被埋在这里呢？

破案关键

想一想干燥的土地和藏有铁箱的土地渗水速度有什么不同?

NO 132. 被风吹走的邮票

集邮家格罗斯的寓所面向大海,前后都有窗子。他有两张珍贵的邮票,今天上午放在写字台上,写字台前窗子当时开着,不料风太大,与这扇窗相对的窗子突然被风吹开,把一张邮票吹到窗外,带进了大海。风停半小时之后,名探霍尔来访,格罗斯约他在房前海滩去散步,谈了这件令人惋惜的事。

霍尔边听边低头观察一只海鸥的足迹,从足迹看,这只海鸥起飞时面朝大海,半小时前的退潮海水没有抹掉这些足迹,说明海鸥飞走的时间不超过半小时。

霍尔问:"是您亲眼见到邮票被吹到窗外的吗?"

格罗斯说:"不,是秘书告诉我的,他说幸好他及时按住了另一张。"

霍尔说:"秘书撒谎了,那张邮票应该还在。"

霍尔根据什么做出这样的判断?

破案关键

被风吹走的邮票肯定是顺风而行,海鸥起飞前时的足迹方向说明风是从哪里吹来的?

NO 133. 雪 崩

五名登山队员去登山，遭遇雪崩。一人遇难。大侦探展开调查，发现发生事故时，四人都有不在场证明。而被害人因过于胆怯，停留在半山腰某处。侦探发现发生雪崩的地方在上游某处，被害人在下。四人共称没有听到剧烈的爆炸声，只是事后发现放有交响乐磁带的录音机不见了。大侦探想了想后说道，这不是一场事故，而是精心策划的谋杀。

那么凶手是如何杀人的呢？

破案关键

哪些情况可以引发雪崩？雪崩的发生和装有交响乐磁带的录音机有什么联系呢？

NO 134. 被炸死的助理

一天晚上，化学家贝克所在研究所的助理员汉森，突然在值班室被炸死了。

贝克赶到现场，见值班室的地板上有许多厚玻璃片和一块直径约15厘米的石头，汉森躺在床上，脸部和胸部都扎进了不少玻璃片，满床的血，有一扇玻璃窗也被炸裂，地板上还有一个直径很大的被震碎的玻璃瓶瓶底，瓶底上拴有几根打着结的钢丝。看样子，这爆炸好像是由玻璃瓶内的什么东西引起的。贝克捡起一块碎片，嗅了嗅，有一种酒精的味道。这就怪了，现场没有危险的硝酸甘油，没有旧式的火药，没有燃烧过的痕迹，这爆炸又是从何而起的呢？

贝克又发现，书架上湿漉漉的，还有水正在淌下来，使地板也湿漉漉的。他想，这爆炸的玻璃瓶中一定装满了水。然而，水也不该爆炸啊！

贝克把与汉森同时值夜班的一个青年警卫叫来询问。警卫说在9点钟左右，他跟下班的艾肯到村里的一家饭店里去吃夜宵了，在那里没听到爆炸的声音。和艾肯分手后回到所里已经近11点，才发觉值班室的窗子被震坏了。

艾肯是工厂里研究使液态硝酸甘油冷冻的技术员。贝克听说是他把警察叫来的，立即觉得这爆炸与艾肯有关，因为贝克知道他和汉森都爱着所里的一个漂亮姑娘，他们两个是情敌。联系到艾肯是搞冷冻试验的，贝克就更明白了。

那么，艾肯是怎样借爆炸来消灭情敌的呢？

破案关键

请留意，艾肯是研究冷冻技术的，水冷冻后会变成冰，体积会有怎样的变化呢？

NO 135. 没有爆炸的炸弹

间谍008号在位于赤道下面的东南亚K国机场当机械师，工作是给大型客机涂漆修理。

3月6日，K国总统将乘专机出访日本，008收到间谍总部的密令，要在总统归国前将其暗杀。008将高性能的塑料炸药弄成板状，再按机翼上航徽的形状切好，涂上相同的涂料粘在航徽上。因为机翼有油箱，所以炸弹爆炸，刹那间飞机就会爆炸起火。引爆电源开关装在主起落架的缓冲装置上，一旦着陆时的冲力会压缩缓冲器，炸弹开关就会启动。开关与机翼的塑料炸弹相连接，用导电涂料代替电线。在导电涂料的周围，为了不让电流漏到机体上，涂了绝缘材料。这样一来，一旦起飞，这架飞机就无法再着陆了，因为着陆的同时炸弹就会发生爆炸。

当日，专机载着总统直飞日本。专机到达东京的情形，电视台通过卫星做实况转播。008号坐在电视机前等待着自己杰作的结果。电视画面上出现了成田机场，机场正下着雪。不久，专机在纷纷扬扬的雪中出现了。008号屏气息声，注视着专机接地的一瞬间。不知为什么，专机滑向跑道平安着陆，静静地停下，没发生任何事情。安装了塑料炸弹的机翼上的航徽清晰地出现在电视屏幕上，飞行中照理说炸弹是不会因空气摩擦脱落的，可塑料炸弹为什么没有爆炸呢？

破案关键

下雨的时候，如果你飞速地奔跑，是否会觉得雨滴打在脸上特别疼痛？这就是速度改变了雨滴原来的摩擦力！空气的摩擦不会导致炸弹脱落，但是当时下着雪，飞机的速度又非常快，雪花的摩擦力会发生怎样的改变呢？

NO 136.　罪犯的汽艇

海滨小城萨斯最近发生了一起绑架案，被绑架的是萨斯城著名演员多恩的小女儿琳达。多恩报案后，警察很快找到了琳达，琳达告诉警察，绑架她的是两名中年男子，他们正往海上跑去了。

“不好，罪犯要从海上逃跑！”负责本案的多利警官叹道。因为离萨斯城不远的海域就是公海，罪犯一旦逃到公海上，警察就拿他们没有办法了。于是，多利警官立即一边带领人马向海上赶，一边调直升飞机前来增援。

这时，在海上的两名罪犯已经驾驶一艘汽艇跑出了一段距离，警察来到海边后也派出一艘汽艇全速追赶罪犯，前来增援的直升飞机也赶到了，多利警长坐上直升飞机，在空中做指挥。

公海已经在眼前，警察的汽艇速度虽然比罪犯的快，但是超过去拦截已经来不及了，多利决定用直升飞机将罪犯所乘坐的汽艇击沉。此时天色已经黑了，从直升飞机上根本分辨不出哪艘快艇是自己人的，哪艘是罪犯的，驾驶员不知向哪艘快艇投弹才好。在这关键时候，多利警长冷静地观察了海面上的两艘汽艇，然后果断地下令道：“向左边的那艘开火！”

结果证明，多利警长的判断是对的，那么你知道多利警长是怎样分辨出哪艘是罪犯的汽艇吗？

破案关键

汽艇在水里航行必然产生波纹，不同速度的汽艇产生的波纹自然也不同。多利警官在关键时候是利用波纹的科学知识将罪犯的汽艇分辨出来的。

NO 137.　故意纵火案

独身画家安格尔和他的小猫生活在树林深处的一所房子里，一天，画家将这所房屋投了高额保险金，然后就到外地旅行去了，将猫留在了家里。结果他刚外出了 15 天，他家就发生了火灾，幸亏下了一场大雨，树林的树木潮湿，火势未能蔓延，否则损失的可不仅仅是他的房子和那只可爱的猫了。

从着火现场看，小猫被关闭在密封的房间里，因没有猫洞无法逃脱而被活活烧死。现场勘查结果表明，起火点是一楼 6 张席子大小的日式房间。可是，房间里没有任何火源，也没有漏电的痕迹，煤气开关紧闭，又无定时引火装置。

细心的火迹专家在清理书架上面的地面时发现了一个破碎的鱼缸，在烧焦了的席子上发现有熟石灰，于是火迹专家断定，这是一起故意纵火案。

那么是谁纵的火呢？

破案关键

你知道生石灰遇水会发生怎样的化学反应吗？纵火犯就是利用

这一点放的火。

NO 138. 数学家之死

“每个伟大的科学家在成名前都很潦倒，伽利略是这样，爱因斯坦是这样，我也是这样……”这段话是笛生的开场白，他对所有人都这么说，然后请求别人赞助他的数学研究。

可笛生至今还没碰到赞助人。现在，笛生住在破旧的老式公寓里，过着饥一顿饱一顿的生活。这幢老式公寓简直是整个街区最混乱的场所，住满了假释犯和地痞流氓。

但笛生并没有受到这些人的影响，仍每天闭门研究深奥的数学原理，对门外的事情毫不关心。公寓管理员米莉太太是笛生唯一的朋友，经常在他饿肚子的时候接济他。

这天，米莉太太想起已经好多天没有看到笛生了，便来到他住的310号房间查看。敲了半天门没反应，她忽然发现笛生的房门下端隐约有一摊血迹！血液从门里渗出来，已经凝固成深红色。米莉太太忍不住尖叫起来，飞快地跑到楼下报了警。

警察破门而入，发现笛生身中6刀，已经在几天前去世了。他横卧在地上，手里抓着一根铁丝，铁丝依稀被捏成圆形的样子。

凶手显然是个职业罪犯，他很老练地清除了自己的指纹和脚印，带走了凶器，没有在现场留下任何线索。根据米莉太太回忆，几天前似乎听到笛生屋子里传出激烈的争吵声。

“你能提供嫌疑人的线索吗？”警察询问米莉太太，“你觉得谁会做这种残忍的事情?”

“这幢大楼里所有的人,”米莉太太说,“他们都是职业罪犯,要不是租金便宜,笛生也不会住到这里来,他是个多么好的人啊,总梦想能成为数学家……”说到这里,米莉太太忍不住流下了眼泪。

“等等,”一个警察忽然说,“你说他梦想成为一个数学家?”

“是啊。”米莉太太哽咽着回答,“他整天数学数学的,这么努力下去,他一定会成功的……”

“数学家……铁丝……圆……”警察喃喃自语,他好像想到了什么。几分钟以后,他抬起头说道:“我已经知道凶手是谁了,让我们现在就去逮捕他!笛生真是个聪明人,可惜啊!”

同学们,你能读懂数学家留下的暗示,成功地找到凶手吗?

破案关键

想侦破此案件,要注意死者的身份,对于数学家来说,“圆”代表着一个“数字”,而这个数字,又和他的死亡有着哪些关系呢?

NO 139.　数字密码

华威探长接到汤生夫人打来的报警电话:汤生先生被绑架了。

汤生拥有百万家产,是这个镇上的首富。探长驾车赶到了汤生的乡村别墅,汤生夫人告诉探长:“两小时前我接到一个陌生人的电话,说如果希望汤生继续活着的话,那么必须付给他20万。接到电话,我才知道汤生被绑架了,那是昨天晚上的事。”

汤生夫人说:“昨天我到姨妈家去了,今天上午才回家,想不到会发生这样的事情。”

“罪犯没讲过以什么方式交付赎金吗?”探长问。

“他只是让我把20万准备好,什么时候交钱,交到什么地方,他说会再给我打电话的,如果报警的话,汤生脑袋就跟身子再见了。”汤生太太抽泣着说。

探长又询问了汤生家的仆人,仆人说:“没看清不速之客的脸,那人好像有40多岁,戴着墨镜,帽檐压得很低,但从汤生先生把来人带进书房这一点可以看出,来人肯定是汤生先生的熟人,因为先生从不将陌生人带进书房的。”

探长见再也问不出有价值的线索,就开始了搜查。书房里没发现外人的痕迹,即使在明显是“客人”用过的咖啡杯上也没留指纹。鞋印留下了,但明显是经过处理的平底光面鞋,从这儿无法打开缺口。

“看来,罪犯是逼着汤生先生从后门出去的,但这并不重要,重要的是这本台历。”探长对汤生夫人说,“这上面潦潦草草地写着7891011。夫人,昨天你离开汤生先生之前,看到过台历上有这些数字吗?”

“没有,汤生没有往台历上记事的习惯。”

“那么说明这数字非常重要,很有可能,这数码代表罪犯的名字,或是罪犯的地址。夫人,你知道汤生先生得罪过哪些人?或者你提供一个可疑分子的名单给我……”

“舒克、麦特、加森、查利……可是,汤生得罪的人不一定就是绑架者呀!”汤生夫人不解地问。

探长笑了笑说:“你已经把罪犯告诉我了,罪犯就是加森。”

请问，探长是怎样判定的呢？

破案关键

从“7891011”中可以看到凶犯的名字，对照这些数字的英文，你们想到了什么呢？

NO 140. “6801”的含意

罗西放下话筒时嘟囔着“真是一个糟糕了的夜晚！”他被一串电话铃声吵醒了。卡洛尔警士在电话中说发生了凶杀案，要他马上去。

罗西赶到了现场，死者是被人掐死的，倒在床上。从现场零乱的梳妆台看，被害人曾和凶手进行过搏斗。

“见鬼，谁这么讨厌，杀死这么可爱的一位小姐，还打扰了我的好梦。”罗西不耐烦地环视着四周。

警方目前在现场还没有找到突破性的线索，死者脖子上的指纹也很模糊，凶手一定对犯罪现场进行过处理。

突然，窗台下的一支口红吸引了罗西的目光。他迅速走过去捡起了那支口红，只见口红的顶部被什么东西磨损过，几乎都平了。这个细节立刻在罗西的头脑里引起了反应，他在口红四周看了看，但是并没有找到他想要的东西。他吩咐警员四处找找有没有什么字迹留下。不一会儿，一个警员在被窗帘蒙着的墙壁上找到了一串奇怪的数字“6801”。

“这 4 个数字说明了什么呢？”卡洛尔紧皱着眉头低声地问。

"这个数字一定和凶手有联系。"罗西想了想，转身叫来饭店副经理，让他马上去查一查前一天晚上在6801号房间住的是什么人。

副经理马上拿来旅客登记簿查看一番，然后对罗西说："对不起，警察先生，6801房间一直没有人住。"

"哦，那你给我查一下1089号房的客人是谁。"罗西突然想到了什么。

"1089房间就是隔壁。"副经理说。

罗西马上和卡洛尔敲开隔壁的房门，只见里面的人正打点行装准备离开。

"我是警察。"罗西大声地说，"先生，希望您老实交代杀害阿丽娜小姐的犯罪过程。"

罗西是怎样判断出凶手住在1089号房间呢？

破案关键

分析这个案件不难，但需要大家动动脑筋，你们想6801倒过来是什么呢？

NO 141.　律师的推理

一天，汉克农场的记账员在出纳室被杀了，他右手握着一支笔，倒在大门前的地上，大门上有MN两个字母，是记账员在临死前用手中的笔写的。

警方推测MN是凶手姓名的第一个字母，于是认为是农场的挤奶工莫里斯·纽曼干的。纽曼太太见丈夫被冤枉，便找到了当地有名的律师帮助自己的丈夫。

律师思考一番后，从农场里找到一个名叫尼基·瓦德的人，这个人平时爱赌博，爱喝酒，品性很不好。林肯把他带到了警察局，说："你才是真正的凶手。"

"胡说！记账员临死前明明写的是MN，我的名字缩写可不是这两个字母！"

律师冷笑着说出了自己的理由，尼基·瓦德无言以对，只得承认自己是凶手。

你知道律师是怎么推理的吗？

破案关键

请你试着背靠着门写一写"NW"，然后再转身看看自己写了什么？

NO 142.　简单的算术题

数学家赫利带着论文来到亚森教授家里，想请教授做修改。

他按了门铃，却没有人开门，他以为教授在休息，正打算离开，忽然发现门没有关紧，便轻轻推开门，走了进去。房间里空荡荡的没有一个人，桌子上堆着很多书，茶杯里的水还冒着热气，所有的迹象表明，教授不像是外出的样子。赫利想，可能教授去买面包或烟什么的，忘了锁门吧！

赫利先生就坐在沙发上，一边看论文，一边耐心地等。十分钟过去了，亚森教授还是没有回来。赫利先生有一些紧张，会不会出事了？他站起来，看了看教授的桌子，偶然地发现一只计算器上留着一道算术题："1015"。赫利先生感到奇怪，这么简单的算术题，教授还用计算器？他按了一下计算器，液晶显示屏上出现了答数，赫利先生一思索，明白了，立刻抓起电话报警。

为什么赫利看了答案就判断出教授出事了呢？

破案关键

1015 得数是多少？在计算器液晶显示屏上像哪几个英文字母？

NO 143.　遗产在哪里

一天，一位年轻的妇女慕名来找警长，说了这样一件事："我伯父单身一人，他的财产约有 10 万元，都换成了现金和宝石保存在银行的金库里。然后他把钥匙留给我，留下遗嘱，死后将遗产留给我。上个月，我伯父病故，我到银行去取遗产，金库中只放着一个信封。"说着，她从手提包中拿出那个信封。

这是一个极为普通的信封，上面贴着两枚陈旧的邮票，没有收信人的姓名、地址。

警长把信封拿到窗前明亮处对着光线照看，又仔细观察了一番，沉思片刻，问道："你伯父有什么特别的嗜好或古怪的性格吗？"

"我不太了解，只记得伯父他喜欢读推理小说。"

"原来如此，小姐，请放心，你的遗产安然无恙。"警长笑着说。

那么,10万元的遗产在哪里呢?

破案关键

请仔细观察妇女的伯父留下的遗产,虽然信封很普通,可是除了信封之外,还有什么呢?

NO 144. 疑犯的手段

在伦敦侦探俱乐部里,科特上校正在对这里的成员说一桩以前的案子,想为难一下大家。

“二战时期,一个来自南美的陌生人到了伦敦。有情报说此人可能是纳粹特务,携带10万英镑来英国资助间谍活动。因此,在他下船几个小时后,政府故意制造了一次车祸,弄折了他的胳膊,趁机把他送进医院。警员们仔细地检查了他的衣服和行李,结果,除了一个公文包里面放有几封他在英国的朋友写给他的信之外,一无所获。警察考虑几种他有可能玩弄的手腕:他可以把英镑通过邮局寄给自己,但当时正值战时,邮递业务很不正规,因此这个办法行不通;他可以用手术的办法将宝石放在体内,但x光机排除了这种可能性。对他如何藏起价值10万英镑的东西,不知诸位谁能猜到?”

俱乐部成员交头接耳,议论纷纷。这时俱乐部主席转过身来对科特说:“上校,我知道疑犯玩了什么手段。”

你知道了吗?

破案关键

疑犯的东西虽然很少，可是公文包里的几封信却大有文章！

NO 145. 集邮家之死

85 岁高龄的邓宁是一个著名的集邮家。今晚他正在卧室里为一位朋友的集邮品估价，朋友去客厅参加舞会，仆人走进来送茶，却发现他伏在桌子上，因颅骨受到致命打击而死亡，于是立即打电话请来了名探霍金斯。

霍金斯看过尸体，判断死亡时间约在 20 分钟以前。仆人说："我进门时，好像听见轻轻的关门声，似乎是从后楼梯口传来的。"

霍金斯仔细察看了桌子上的 5 件物品：一把镊子、一本邮集、一册集邮编目、一瓶挥发油和一支用于检查邮票水印的滴管。霍金斯走出房间来到楼梯边，俯视下面的客厅，那儿正为邓宁的孙女举行化装舞会。

"谁将是遗嘱的受益者？"

"…嗯……有我，还有今天舞会上的所有人都是。"仆人答道。

霍金斯居高临下，逐一审视那些奇装异服的狂欢者，目光最后落在一个扮作福尔摩斯的年轻人身上。他斜戴着一顶旧式猎帽，叼着个大烟斗，将一个大号放大镜放在眼前，装模作样地审视着身边一位化装成白雪公主的姑娘。

"你快去报警！"霍金斯吩咐仆人，"我要拘捕这位福尔摩斯先生的扮演者。”

霍金斯是怎么做出判断的呢？

破案关键

你集邮吗？仔细看看邓宁桌上的五件物品，是不是少了什么？

NO 146.　聪明的女孩

安妮是一个活泼好动的女孩，她的工作很有趣，又有点挑战性——动物园驯兽员。一天傍晚，姑娘安妮因为要把手头的一些事情做完，回家的时间晚了点，所以在回家的路上走得急急忙忙。她在大街上拐了一个弯，进入了一个不大的小树林。当快要走到林地时，突然，从林地的旁边蹿出三个人来，把安妮吓得张大了嘴巴，心怦怦直跳，她本能地把手按住胸口上。

三个人迅速靠到姑娘身边，对姑娘指手画脚地说：“小姑娘，我看你长得还蛮漂亮的嘛，交个朋友怎么样啊？”那三人说话很张狂，竟对安妮动手动脚。

面对突然出现的歹街，安妮待心情稳定了些，就对歹徒大喊：“请你们自重些，赶快离开！”

“咦，怎么这么说话啊？”一个大个子又向她靠近一点。

安妮用手一甩，手触碰到了自己衣袋里的枪，她急中生智，迅速把枪掏了出来，大喝一声：“赶快离开，要不我就开枪了！”

三个歹徒没有料到安妮会有枪，顿时吓了一跳，然后冷静下来，认为安妮拿出来的是玩具手枪，一点儿都不害怕，便猛扑上去。只听“叭”的一声枪响，一个人倒在了地上，另两个歹徒闻声拔腿要跑，结果被围上的行人逮住了。

听到枪声，巡逻的警察赶来了。大家一面指责歹徒为非作歹，一面又怪安妮不该把人打死。正在大家议论纷纷的时候，那个歹徒活了起来。

试问，这是怎么回事呢？

破案关键

回答这个问题关键在于枪上，大家联系安妮的工作，然后想一想，什么枪打不死人却能让人晕倒呢？

NO 147.　救命的闹钟

凯乐是名优秀的特工，他被敌方的情报部门视为眼中钉。他曾经多次遭受到暗杀，可他凭着机智勇敢，一次次地躲过了这些危险。这次，国情报部门得知凯乐在海边度假，就派出本国最出色的暗杀者列托夫谋杀凯乐。

列托夫没费多少力气就找到了凯乐。跟踪后的第三天，列托夫搬到了凯乐住的酒店，在凯乐房间的对面住了下来，他决定晚上动手。

列托夫在自己的手枪上装好消音器，在傍晚时候，他用万能钥匙打开凯乐的房门，溜进了房间。他看了看表，距离凯乐回来还有大约一个小时时间，便打开床头灯，搜索房间里的物品。搜索了一会儿，没有发现什么有价值的东西，列托夫把灯关了，静静地等凯乐回来。

15分钟后，外面传来了凯乐开门的声音。拥有职业习惯的凯乐打开房门后环顾了一下四周，眼神在闹钟上停留了一会儿，接着，列托夫看到一个黑影扑进卧室，他立刻开枪，准确地击中了那个黑影。

正当列托夫以为大功告成的时候，忽然，他又听到一声枪响，然后一阵剧痛让他倒在地上。凯乐打开灯走了过来，微笑着说："对不起，刚才进来的是我的衣服——我一进门就知道有客人来过了。"

列托夫痛苦地低下头，他大声问道："为什么……为什么你知道有人来过？"

凯乐拿起床头的闹钟晃了晃说道："你很不走运！"

聪明的读者，你知道凯乐是怎么通过闹钟知道有人来过的吗？

破案关键

我们的身边常会看到闹钟，那你仔细观察过闹钟吗？闹钟的指钟上一般都会有荧光粉，请你打开灯照着闹钟，然后再关上灯，看看有什么发现！

NO 148. 聪明的对话

在一座幽雅的别墅里，单身的温克小姐正在看电视。突然，一阵凉风"呼"的一声刮了进来。温克小姐抬头一看，门开了，随着又闪进一个人来，温克小姐惊呼一声，跌坐在地上。

"喊什么？再喊我要你的命！"来人说着话，反手将平台门锁上了。

他一步步走向温克，温克畏惧地向后挪动着身子。

“别害怕，姑娘，只要不给我添麻烦，我不会伤害你的。”来人坐在了温克小姐的身边。

温克小姐这时才看清来人的相貌：二十七八岁，身穿一套黑色条纹西装，上面沾满了血污。这不正是刚才电视里播放的通告中所说的那个抢劫杀人犯吗？温克用手捂住双眼，心想，今天真倒霉。

歹徒站起来，依次关上房间内所有的门窗，还从奶白色的酒柜里取出一瓶白兰地，才又坐回到温克的身边。

“你太年轻，太漂亮了，怎么一个人待在家里？”歹徒已经不像刚进屋时那么紧张了，他望着温克小姐说道。

温克小姐脸色灰白，身体微微抖动着。

“有钱吗？越多越好。”歹徒又贪婪地说道。

温克小姐摇了摇头。

“没钱？值钱的首饰总有吧？”

温克小姐这才嗫嚅地小声说道：“我手上戴的这颗宝石戒指，是妈妈临死时留给我的，请你……”

“少废话，我管你那些！”歹徒一把从温克小姐手上把宝石戒指捋了下来。

突然，外面传来了刺耳的警车声。很快，有人敲响了房门。歹徒惊恐万状，握紧手枪，定定地注视着门口。

敲门声越来越紧，歹徒压低声音对温克小姐说：“快去，告诉他们说你已经脱衣服睡觉了，有事明天再来。”

歹徒用枪顶着温克小姐的后背来到门前。

温克小姐边走边思索着，走到门口用颤抖的声音问道：“谁呀？”

外面的人回答说:“我是刑警斯库尔,请问温克小姐,您这里来过可疑的人吗?”

“当然没有。”温克小姐尽量用平稳的语调说道,“我丈夫刚从华盛顿演出回来,您托他买的东西买到了。可是斯库尔先生,我丈夫已经睡了,您明天再来找他好吗?”

“太感谢了,明天一定来看我的老朋友!不打扰了,小姐晚安。”外面的人走了。

“还真会演戏。”歹徒高兴地抓起酒瓶子,“咕嘟、咕嘟”地喝了起来。

就在这时,阳台的门被人“通”地踹开了,刑警斯库尔提着枪冲进屋内:“不许动,举起手来!”

歹徒只得举起双手,被斯库尔铐上了手铐。

刑警斯库尔是根据什么断定歹徒就在温克小姐房间里的呢?

破案关键

刑警斯库尔只和温克小姐通过一次话,所以他得知歹徒在温克小姐的房间就是因为这段话。从这段话中,你能听出歹徒在温克小姐房间的信息吗?

NO 149. 列车上的讹诈案

多事的、带有神秘色彩的“东方列车”上,这一天又发生了一起讹诈案件。

夜已经很深了，海顿先生看了一会儿侦探小说，正准备上床睡觉，突然，一个女人闪进他的包厢。一进门，她就把门反扣上．胁迫海顿先生乖乖交出钱包，否则她就要扯下衣服，叫嚷是海顿先生把他强拉进包厢，企图强奸她。

看到海顿先生没有做出反应，这个女人嬉皮笑脸地说："先生，即使是你床头的警铃也帮不了你的忙，因为，我只需要把我的衣服轻轻一扯……"

海顿先生陷入困境，他只好讷讷地说："让我想想，让我想想。"说着，他点燃了一根香烟。

就这样，双方僵持了三四分钟。出乎这个女人的意料，海顿先生还是轻轻地按了一下床头的警铃。

这时，女人不由得气急败坏，她果然说到做到，立即脱了外衣，扯烂胸前的衣衫。待乘警闻声赶到，躺在海顿床上的这个女人又哭又闹，她直着嗓子嚷道："三四分钟前，这个道貌岸然的先生把我强行拉进了包房。"这时，海顿先生依旧平静地、不动声色地站在那里，悠闲自在地抽着香烟，香烟上留着一段很长的烟灰。

乘警目睹了这一切，没有立即做出判断。他仔细地进行观察，不一会儿他就明白了：这个女人想讹诈海顿先生。于是就毫不犹豫地把这个女人带走了。

警察根据什么做出判断，认定海顿先生是无辜的，而是这个女人在敲诈呢？

破案关键

你见过香烟的烟灰吗？它有什么特点？

NO 150. 弹琴的牧师

一天深夜，伦敦的埃奇韦尔教堂的牧师正在看书。突然，在黑暗中躲藏的一个窃贼被牧师发现了。牧师既不敢叫喊，又无力与之搏斗，于是他悠然地坐在钢琴前弹起了激昂的乐曲。不久，贼被人们抓住了。

请问：贼是怎么被抓住的？

破案关键

如果你在深夜听到激昂的琴声，你的反应会是什么？

NO 151. 决定性证据

一天深夜，马洛正在事务所办公室里喝着威士忌，突然，一名刺客闯了进来。

"马洛，对不起，你的末日到了！"说着将枪口对准了马洛。

马洛却端着酒杯，神情镇定自若地问道："别紧张嘛！谁派你来的？"

"一个对你的追踪感到厌烦的人。"

"佣金不多吧？我出3倍的价钱，怎么样？"

刺客一听，好像有点儿动心。马洛倒了一杯威士忌，端到刺客面前，带有几分讥讽地继续说道："怎么样，不喝一杯？是不是喝下去你的手就拿不稳枪啦？"

刺客不敢掉以轻心，右手举着枪对准马洛，伸出左手接过酒杯，一扬脖儿喝了下去，接着便急切地问道："你真有钱吗？"

"那个保险柜里有的是。"马洛指着桌子后面的保险柜说道。

为了使对手放心，马洛一只手端着酒杯，另一只手去开保险柜，从里边拿出一个鼓鼓囊囊的信封放在桌子上。

就在刺客把手伸向信封的那一瞬间，马洛手疾眼快地把刺客用过的酒杯和保险柜的钥匙都放进了保险柜，关上柜门并拨乱了数字盘。这样，保险柜便再也打不开了。

"啊，你干什么？"刺客见状立刻把枪口对准了马洛。

马洛微微一笑："那个信封里只是些旧收据。"

"你，你说什么？"

"好吧，开枪吧，你倒是开枪啊！即使你杀死我逃走，你也一定会立即被捕的，因为你留下了决定性的证据。"

"什么？我留下了证据？"刺客问道。突然，他又想起了什么，"唉，我上了你的当了！"他懊丧地咂咂嘴，垂头丧气地溜走了。

马洛所说的决定性证据是什么呢？

破案关键

请你从马洛锁进保险柜的玻璃杯着手仔细想一想，决定性的证据就在杯子上！

NO 152.　飞机的呼救信号

一架夏威夷水陆两用游览飞机被一名来自加拿大的中年男子劫持了。劫机者一人租用了这架可坐 4 人的飞机，开枪击坏了发报机，使飞机与地面无法联系，命令驾驶员马克按他指示的方向往北飞。飞到海面上，那里有一艘潜水艇在接应他，他身上带着绝密情报。

劫机者站在马克旁边，用望远镜观察着海面，来得过早了，潜水艇还没有出现，他对马克说："好，在潜水艇露出水面之前就在天上待命。再放高些，盘旋！"

"明白。"马克提高高度，盘旋飞行。如果运气好能发现航行中的船，就可以投发烟筒一类东西，设法表示 SOS，但赶巧海上找不到一条渔船，天空上连一架飞机的影子也没有。此时，大海似乎突然起风了，平静的海面上掀起了白色巨浪。马克则一直在画着三角形的路线盘旋飞行。

"啊！看见了，在那儿！"突然，劫机者兴奋地叫了起来。眼下的海面上露出个鲸鱼似的黑影，在波浪间划开一条白色的波纹，浮上来一艘国籍不明的潜水艇。

"在那个舰旁落水！"

"明白。"马克拉下油门杆，减小了动力，飞机开始下降。虽然紧贴海面下降，但马克故意着水失败，从潜水艇的头上飞过去，再次抬起机头。潜水艇上穿着保护色制服的人正在放橡皮筏。

"喂，你在干什么？快点儿着水！"劫机者气急败坏地喊道，马克嚷道："这不是直升机，如果不看准风和浪的方向着水，飞机会翻倒的，那时你我只能去喂鲨鱼。外行少插嘴！有插嘴的工夫，赶快去穿上座席下面的救生衣，赶上侧浪是会弄翻飞机的！"让马克这么一吓唬，劫机者赶忙穿上救生衣。马克为争取时间，作大幅度盘旋，最后虽然顺利地浮在水面上，但距潜水艇还有 200 米远时，他就把发动机关了。

"喂，为什么把发动机关了，再近一点儿！"

"你打算在转移到橡皮筏前杀了我吧？"

"真抱歉，你倒是提醒了我。"劫机者用手枪顶住了马克的后脑勺。

"扣扳机前，你给我好好听着！"马克沉着地反唇相讥。

正在这时，上空有声音传来。一架双引擎的水上飞机正迅速地朝这边飞来。海面上的潜水艇撇下橡皮筏慌忙开始下沉。马克紧紧抓住了劫机者的手腕。"为时已晚了，那是海军的水上飞机，是接到我发出的求救信号赶来救我的。"

没有了发报机，又是在渺无人烟的大海上空，马克是怎样发出了呼救信号呢？

破案关键

在潜水艇来之前，马克在天空中盘旋的时候发出了呼救信号！请你去查一查航空求救信号的知识，很快就能明白是怎么回事了！

NO 153.　火车上的诈骗犯

侦探琼斯在火车上拿着一本小说打发着寂寞的旅途。忽然，一个金发碧眼女人从他坐席边上走过，琼斯怔住了：这女人怎么这么面熟，好像在什么地方见过。就在他犹豫的一瞬间，那女人转身朝前面的车厢走去。

琼斯终于想起了她是谁，便装作若无其事的样子离开座席，也朝前面的车厢走去，他要去找那个女人。可是前面的五节车厢都查看过了，没有发现那个女人，当他悻悻地想进厕所方便时，才推开门，门就被关上了。琼斯定神一看，那金发女人正站在自己的对面！

"你在找我？"金发女人笑笑说。

琼斯耸耸肩，摇摇头。

"不管你找不找我，都要拿钱来，不然我就出去喊人，说你要非礼我！"金发女人手握门扶手，碧眼紧盯着琼斯那毫无表情的面孔。

琼斯在紧张地思考着，怎样才能抓住这个女诈骗犯呢？说没有钱，她会要自己腕上的金表；掏枪抓捕她，她会说自己威逼无辜，而且又没有证据……

"你是个哑巴？快说，到底给不给钱？"金发女人眼睛里露出了凶狠而贪婪的目光。

忽然，琼斯想了个妙计，很快，那个女诈骗犯乖乖地跟着琼斯走出了厕所，在列车乘警办公室供认了自己连续多次诈骗作案的犯罪事实。

琼斯用的是什么妙计呢？

破案关键

诈骗犯说的"你是个哑巴？"这句话，给了琼斯灵感！

NO 154.　钓鱼线

一个盛夏的中午，一名男子被人勒死在一所公寓的房间里，尸体旁边有一台电风扇嗡嗡地转着。经检验他死去仅仅几分钟。

房间的窗户插着插销，房门的扣链也从里面挂着，整个房间与外界完全隔绝，房门与门框之间没有缝隙，不可能用工具拨动房门内侧的插销将门插上。

一位刑警猜测，凶手可能是用糨糊、冰激凌或大头针之类的东西，把插销先斜着固定住，然后迅速出去，从外面使劲敲门，使插销正好落在插销槽里。

可这很快被否定了，因为死者死后几分钟就被发现了，插销上应该留下糨糊或冰激凌之类的痕迹，大头针也该在现场找到，但现场却没有上述痕迹。

赶来现场的探长经过仔细观察，他发现电风扇扇叶轴上卷着钓鱼线，于是他问道："这间房子的保险盒安装在什么地方？"（保险盒就是装有保险丝的开关。）

公寓管理员回答："每间屋子都是安装在门的外侧。"

"噢，原来如此，那么谜就解开啦。"

请问，探长是怎样解开这个谜的？

破案关键

把电扇扇叶轴上的钓鱼线、插销槽这些联系到一起，你想到了什么?

NO 155. 逃走的秘密

在到处是树林的爱尔兰高原上,有一幢 19 世纪末建造的别墅。一天夜里,有个蒙面强盗潜入室内,把别墅里的男爵夫妇用绳子捆绑起来关进厕所里,盗走了大量的珠宝。

调查这个案件的是布莱克,当他知道案发的前一天怪盗朗班在伦敦滞留的消息后,猜想一定是他作的案,便马上来到朗班下榻的伦敦饭店走访。

“朗班先生,上周六晚上去过爱尔兰高原的别墅吧?因为有人看见了,所以你想赖是赖不掉的。”布莱克说道。

“是的,是去过。出了什么事儿吗?”

“那天夜里男爵的别墅进去一个蒙面强盗,抢走了男爵夫人的珠宝后逃跑了。那个罪犯就是你吧?”

“胡说什么!事件到底是什么时候发生的?”朗班一本正经地反问道。

“罪犯盗走珠宝的时候,用绳子把男爵夫妇捆起来,不知为什么又把他们关进厕所里。事后男爵说是晚上 9 点零 5 分,他看了一眼卧室里的钟。”

“如果是 9 点零 5 分,我有当时不在作案现场的证明,我不是强盗。那天夜里我是在 S 车站乘 21 点 16 分的夜班车赶回伦敦的。从男爵的别墅到 S 车站无论如何 10 分钟是不够的。”

“噢！看来你对男爵的别墅很熟悉呀。”布莱克讽刺地说。

“去年赛马时应邀去住过一夜。”怪盗朗班强打着笑脸说。

男爵的别墅离S车站有相当远的一段路，再快的步行也得30分钟，因此，朗班从S车站乘坐21点16分发的夜班车如果属实，他不在作案现场的证明是成立的。

布莱克侦探已经去过S车站，让车站工作人员看过朗班的照片，证明他没有说谎。那天从S车站上车的旅客只有朗班一人，并且他也没有化妆，车站工作人员及列车员都清楚地记得他。

“可是，朗班先生，10分钟之内是有办法从别墅到S车站的。”布莱克侦探说。

“比如我是搭上一辆马车逃跑的。”

“不，对于你这个诡计多端的人来说，你绝对不会乘别人的马车。男爵的别墅里倒是有个马棚，并且还有一匹马，马棚外面还有一辆自行车。”

“接下来你会说我使用了这两种工具的一种。如果那样，我就会把它扔到车站附近的什么地方。你找到那种工具了吗？”朗班理直气壮地反驳。

“不，男爵夫妇一个小时后挣脱了绳索，出厕所去查看四周情况时，看到马仍在马棚里，自行车也放在原处未动。可是，马棚的门从里面是推不开的，只有从外面推才能推开。所以，朗班先生，我已经清楚你搞的什么把戏。还是把偷去的珠宝老老实实地给我还回去，否则我要报警。”布莱克威严地说。

请问，怪盗朗班用什么工具只花了10分钟就逃到S车站的呢？

破案关键

大家想一想,马棚的门是朝哪个方向开的呢?

NO 156.　名画被盗

大盗菲米将英国美术馆珍藏的世界名画全部盗走,计划装在朴次茅斯港启程的客货轮“凡尔赛号”上运往法国,当然,由于是赃物,还须瞒过海关再悄悄偷运出去。当著名侦探山姆知道了菲米的这一计划后,立即赶赴朴次茅斯港。

“凡尔赛号”上堆满了货物,眼看就要起航了,山姆同海关人员一同上船,对船上所有货物进行检查。虽然查遍了船内的上上下下,可是连世界名画的影子也没见到。“菲米!你把东西藏在什么地方了?还是老老实实地说出来吧。你想把名画用这条船运到法国,这事我已经知道了。”山姆追问道。

“山姆,你真是个疑神疑鬼的人啊。这条船上哪有什么名画呀,要是不信,就随你搜好了,反正都是白费劲儿。”菲米嘲笑道。

怎么找也没找到,就连山姆也灰心了。

“山姆,要是怀疑消除了,就放我们走吧。那么,再见。”菲米说完就命令船长开船。“凡尔赛号”鸣着汽笛,徐徐离开了深水码头,被两艘拖船一直拖到港外。菲米站在“凡尔赛号”的甲板上,得意地向山姆摆着手。

山姆站在码头,遗憾地望着船远去。不多久,船似乎到了港外,两艘拖船返回来了。

“糟了。上菲米的当了，名画就在凡尔赛号船。”当山姆发现菲米的巧妙计谋时，已经晚了——“凡尔赛号”径直开出多佛尔海峡驶向法国。

大盗菲米到底将名画藏到什么地方出港的呢？

破案关键

案件中除了出现“凡尔赛号”以外，还有其他的船吗？

NO 157. “金”发女郎

某国为了防止金价波动，政府采取了严格的措施，加强了海关缉私力量，防止外国人偷运黄金进入。

4 月 6 日，海关缉私队得到线报，知道一个走私集团准备走私一批黄金，而且知道带黄金入关的将是一名女子，乘坐 510 次班机抵达。为了要搜查出这个走私贩，大批的警察及缉私队员被派到机场旅客出口检查处。

510 次班机准时抵达了，机上的乘客都依次出关。这次班机有很多女乘客，其中有个十分漂亮的金发女郎。旅客都一一接受了搜查，但都没有被发现什么问题。

怎么办呢？难道线报有误？当搜查即将结束时，一个聪明的缉私队员仔细打量了这位可疑的金发女郎一番，终于在她身上发现了要找的东西。你知道是怎么找到的吗？

破案关键

请你仔细想一想，黄金是什么颜色？金发女郎的头发是什么颜色？金发女郎怎样做最不容易被发现走私黄金？

NO 158. 眼皮底下的金块

窃贼从贵金属店的地下金库里盗出了一百公斤金块，企图放在轿车里，连车一起装上货轮运往国外。

可是，侦探得到了这一情报，迅速通报了警方，刑警立即赶往码头，在装船前将窃贼的车扣了下来。

“请稍等一下，你们要干什么？我这车上可没装任何违禁物品呀。”窃贼抗议说。

“你说谎，从贵金属店盗来的金块就藏在上面吧。是侦探告诉我们的，肯定不会错。”刑警们检查着汽车里面。可是，搜来搜去，连一克金块也没找到。一无所获的刑警们颇感失望。

“你们瞧，这个侦探也是老朽昏聩了，竟向警察传递这种捕风捉影的情报，哈哈哈……”窃贼冷笑着。

这时，侦探刚好赶到，他看了一眼汽车，说：“你们是怎么搜查的，黄金不就在你们的眼皮底下吗？”侦探一眼就看出了名堂，说：“窃贼先生，太可惜了，金块我们可全部没收了，头脑昏聩的好像是你吧！不过，请你放心，这些金块是否是从贵金属店盗来的，我们还无法证实，所以还不能向你问罪。”

"唉……"窃贼跺着脚，后悔不迭。

那么，窃贼到底将一百公斤的金块藏到哪儿了呢？

破案关键

不要把眼光局限在车子里面，纯黄金是很软的，可以加工成任何的形状，非常容易被隐藏。

NO 159. 走私者的秘密

老保罗是一名负责检查入境旅客的检查员，他经验丰富，走私品无论藏在木材里还是汽车轮胎里，他都能毫不费力地找出来。走私商人都对老保罗敬而远之，宁可绕行很远也不愿从老保罗的辖区过关，只有德马克除外。德马克每次只从老保罗的辖区经过，而且每次都主动配合老保罗的检查工作。让老保罗恼火的是，他担任检查员 20 年的时间里，从来没有查到过德马克携带任何走私物品。

老保罗好几次几乎把德马克崭新的宝马轿车拆散，每个零件都取下来详细检查，可也只有随身携带的私人物品。德马克不但不生气，甚至还上前帮忙，从早晨一直忙到傍晚，一句怨言都没有。最后，毫无办法的老保罗只好放行。

年复一年，老保罗快退休了。老保罗指望能在最后的任期里找到德马克走私的秘密。

这天，老保罗最后一次来到检查站上。这时德马克的银色宝马轿车也缓缓出现了。这次老保罗没有像往常一样开始严格检查，而是拍拍德马克的肩膀说：

“德马克，你真是个聪明人，虽然我知道你一直在走私东西，可就算翻遍车子我也找不出来。如果你愿意的话，我很想知道你到底把东西藏到哪里，20 年来我猜想过无数次。我向上帝发誓，我这么问纯粹出于好奇，绝对不会将秘密透露给任何人的。德马克，满足一下一个老人的好奇心吧。”

德马克对老保罗说：“其实说穿了一文不值，你只是没有想到而已。”

接着德马克把嘴凑到老保罗耳朵旁边，轻轻说了一句话。老保罗先是惊愕地睁大眼睛，然后忍不住大笑起来，他笑得那么欢畅，甚至眼泪都快笑出来了。

同学们，你知道德马克把走私的物品藏在哪里吗？

破案关键

其实保罗每次都能看到德马克的走私品，只是他忽视了而已！你想到是什么了吗？

NO 160. 被偷走的戒指

收藏家将一枚上面镶有名贵钻石、价值连城的古代戒指放在一个很大的窄口玻璃瓶内，人的手是伸不进去的，而且玻璃瓶自重 70 公斤，即使是一个大力士，搬走它也并非易事。同时，收藏家还在存放戒指的房间周围设置了很多防盗装置，如果有人移动玻璃瓶，这些装置就会发出尖利的警报声。

有一天，收藏家走进存放戒指的房间，大吃一惊，昨天还安静地躺在玻璃瓶里的戒指居然不翼而飞了！他急忙报了警。

警方调查得知，从收藏家最后看到戒指的时间到报案这段时间内，总共有三个人进入过这间房子：一个管家，一个保安，一个清洁地毯的小时工。警方认为嫌疑最大的是小时工，你知道为什么吗？

破案关键

清洁地毯的时候一般会使用什么工具？它有什么特性？这个特性正好可以轻松地偷出戒指！

NO 161. 偷车贼

雷蒙是一个嗜车如命的人。这年夏天的一个周末，他又驾着那辆名贵汽车，到一间高级咖啡屋去赴约。

他把车子泊在附近的一个有老虎机的车位处。然后走进咖啡屋。

在咖啡屋内，他和朋友商谈生意，正在兴高采烈之际，突然想起还没有向老虎机投币。恐怕接到罚单，于是赶紧走出门外。当他走到车位处时，不觉呆住了，他的那辆名贵汽车已经不知所踪，相信是被人偷走了。

雷蒙报警后，警方到场调查，发觉汽车被偷的情况很怪，因为附近行人往来频繁，窃贼不可能明目张胆地撬车门；而且这种车门十分牢固，普通人是不易撬开的，何况又没有钥匙，也不可能发动引擎，开动汽车。

那么，窃贼是用什么方法把汽车偷去，而又不引人注意呢？

破案关键

雷蒙没有向老虎机投币，那么就属于违例停车，对于违例停车的车辆，最不引人注意的偷窃方法是什么呢？

NO 162. 跳伞的劫匪

劫匪在机场内劫持了一架波音747航机，要求警方给予他100万元现金及一个降落伞，否则就会杀死机上的人质，而警方也答应了他的要求。

劫匪持枪命令机师将飞机起飞，在飞行途中，劫匪又命令机师关掉无线电并将飞行高度降低。当降至适当高度时，已穿着降落伞的劫匪便拿上钱，打开机舱门，俯瞰着脚下的森林，一跃而下。

机师返回机场后，向指挥官汇报说："劫匪带着钱跳伞了。"

指挥官便马上宣布此案已结束，不用再找那名劫匪了，因为他已经死了。

你知道指挥官为什么知道劫匪已死？

破案关键

劫匪是穿着降落伞跳下的，什么情况下劫匪会必死无疑呢？

NO 163. 出现在医院的女杀手

星期天，公司总经理杰克正在公园的林荫小道上散步。忽然，一个年轻漂亮的女子与他打招呼。杰克问道："小姐，您是哪一位？"

那女子冷冷地说："我是一个杀手！"

杰克脸色一下变得煞白，紧张地脱口而出："啊，你是那小子派来的吗？"并苦求饶命。

那女子说："请别误会，我不会杀您的，我是来帮助您的。刚才您说的那个小子，是不是H公司的经理？"

"是，是，在商业上，他是我的最大敌人，我巴不得他早点死掉！"

那女子用商量的口气说道："这件事就交给我办吧！请您放心，我要让他不留痕迹地无声无息地死掉，让他病死。至于采取什么办法，您最好别问了。而且，干掉他后再给钱，不要预付金，怎么样？"

"好！事成之后，重金酬谢！"

3个月后.杰克听说H公司的经理因心脏病突发，治疗无效去世了。随后，在一个星期天的早晨，还是在那条林荫道上，杰克再次碰到那位女子，他如数付了酬金，那女子迈着轻盈的步子走了。

半年后，杰克在医院又碰见了那个女子，她穿着护士服正在工作，看到杰克非常惊讶且尴尬。

杰克回到家冷静地想了又想，最后懊恼地摇头，直骂自己真是太蠢了！

杰克为什么这么说自己呢？

破案关键

H公司的经理因心脏病突发而去世，而女杀手却是医院的护士，这两者联系起来，你能推测出什么？

NO 164. 成功接头

警长接到线报，有两大犯罪集团的成员会在商场接头。警长亲自到现场监视，终于等到其中一名犯罪集团的要员出现。那名男子走到商场的问讯处，向女职员说了些话，女职员便播出了以下的广播："杰克小朋友，你的爸爸在一楼的问讯处等你，请你立刻前来。"警长一直监视着那名男子的举动，始终没有等到"杰克小朋友"的出现。

其实，在此期间，两名犯罪集团的成员已经成功地接头了。你知道他们是怎样瞒天过海的吗？

破案关键

请你再读一读故事，找找那名男子期间只和谁说过话？

NO 165. 爆炸的直升机

在某个国家里曾发生了一起由恐怖分子制造的事件。

潜入该国首都的3名恐怖分子袭击了一所小学校，把十几名儿童当作人质，占领了教室，并且提出条件，要求该国释放被逮捕的5名恐怖分子，并用直升机把他们送到指定地点。

以往一贯持强硬态度、从来不向恐怖分子妥协的某国，这次不知为什么一反常态，轻易地答应了恐怖分子所提出的条件。等到天黑后，那 5 名囚犯从监狱牢房被送到小学校，并派来一架直升机降落在小学校的操场上。驾驶舱里坐着两名驾驶员。

“喂！这架直升机包括两名驾驶员限坐 10 人，如果让孩子也乘上去的话，会超载坠毁的。有驾驶员作人质，请你们把孩子们放了！”包围在学校周围的某国警察指挥官喊话后，汇集在一起的 8 名恐怖分子让儿童们排在直升机登机口前，警惕地用枪对着他们，自己迅速登上直升机。他们的座舱与驾驶室有门隔开。

“赶快起飞！”他们敲着门大声命令驾驶员。

直升机立刻升空，消失在夜幕之中。可是，在几分钟后，直升机飞到郊外荒野的上空时，不知是发动机发生了故障还是旋翼停止了转动，机身失去控制，一头扎到地上引起猛烈的爆炸，连同驾驶员都被埋在一片火海之中。

其实，这是某国方面一次巧妙的安排。尽管如此，某国真的牺牲了自己的飞行员吗？

破案关键

案发是在晚间，驾驶室被门隔开了，罪犯又急于离开，所以不可能清楚、仔细地看飞行员的面孔。因此，除了派真的驾驶员去驾驶飞机，还有什么方法可以让飞机起飞呢？

NO 166.　不堪一击的防弹玻璃

某市一个大型珠宝展览会上，人山人海。突然，一个男子迅速走到装有一颗价值连城的钻石的玻璃柜前，抡起锤子一敲，玻璃“哗啦”一声破裂开来，男子抢出钻石，乘乱逃走。

警方赶到现场，珠宝商哭诉道：“柜子是用防盗公司制造的特别防盗玻璃做的，别说锤子，就是子弹打上去也不会破裂呀！”经过调查，警方认定那些碎玻璃的确是特别坚硬的防盗玻璃，珠宝商对其性能的描述也是实情，并无半点夸张。

警方百思不得其解，于是向名侦探皮特请教。皮特略一思索，便根据防盗玻璃的特性，指出了谁是罪犯。

你知道谁是罪犯吗？为什么？

破案关键

请你去查一查资料，防弹玻璃也有它的弱点，在什么情况下，它是不堪一击的呢？

NO 167.　尸体旁的钻戒

大富豪洛明是闻名于世的花花公子，有一天，他在豪华别墅内遭人杀害，死因是头部被硬物击破致死的。

警方到场调查后发觉尸体旁边放了一只名贵钻戒，相信凶手与他的生前女友有关。

女侦探莱莉小姐看见报章刊登了这宗命案，感到十分惊讶。因为数天前，她还曾与洛明约会过，洛明更是仔细地问她："你的生日是哪一天？""9 月的处女座。""下次见面时，我送你一只翡翠戒指，做你的生日贺礼。"

如今，洛明竟被人杀害了，实在可惜。

报上同时刊登了两位嫌疑犯的照片，她们都是洛明的女友：一位是 4 月生（山羊座），时装模特儿；一位是 7 月生（天蝎座），电影明星。

莱莉看完后，已经知道凶手是谁了。

你们是否也知道了呢？

破案关键

洛明知道莱莉是 9 月的处女座之后，洛明为什么要送他翡翠戒指？明白了原委后，你就很容易找到凶手了！

NO 168. 盲人与小偷

有位著名的大音乐家住在维也纳郊外时，常到他的好友——一位盲人家中弹钢琴。一天傍晚，他俩一个弹，一个欣赏。突然二楼传来响声，盲人惊叫起来："哎呀，楼上有小偷！"盲人立即取出防身手枪，音乐家知道二楼没有灯光，对盲人比较有利，就让盲人先摸上楼去，音乐家提了根炉条紧跟着。

推开房门,房间里静得出奇,连座钟的声音都没有了,四周一片漆黑,小偷躲在哪里呢?气氛紧张极了,叫人透不过气来。突然,“乒”的一声枪响,“哎哟……”随即有人“扑通”倒在地上。音乐家急忙点灯一看,只见大座钟台前躺着一个人,正捂紧腹部,发出微弱的呻吟,银箱中的金钱撒了一地……

警察来了,抬走了小偷。音乐家很奇怪:在没有任何声响的情况下,盲人是怎么击中小偷的呢?你知道吗?

破案关键

大多数盲人的听觉都非常灵敏,何况能和音乐家一起同奏的这一位。他进入房间后,发现“连座钟的声音都没有了”,便知道了小偷的位置。

NO 169. 巧妙的定时装置

被监禁的敌方地下指挥部的秘密谍报员 009 号,用藏在鞋跟处的锉刀锉断了铁窗的栏杆。地下室里有装着汽油的汽油桶,为了泄愤,009 号决定用汽油焚烧地下指挥部,然后逃脱。

但是,在汽油起火前,他需要逃脱的时间,哪怕是几分钟也行。碰巧,没有定时装置,也没有可用于导火索的长绳。随身物品都被没收了,口袋中只剩有香烟和火柴。

突然,他计上心来,把汽油洒到地上,用烟和火柴盒制作了定时装置。于是,他顺利逃脱。大约十分钟后,汽油起火——顷刻之间地下指挥部陷于一片火海。

你知道他的简易定时装置是怎么制作的吗？

破案关键

香烟和火柴可以充当导火索和引燃物，想一想怎么做！

NO 170. 越　狱

囚犯萨姆被关在监狱的单人牢房，可就在一天深夜，他用细锉刀锉断了窗户的铁栏杆越狱逃跑了。

在萨姆被关在单人牢房期间，从没接受过外部送的东西。虽然他妻子常来探监，但只是在会客室隔着窗玻璃用互通电话交谈，传递锉刀是不可能的。而且，他在被关进单人牢房前受过严格的搜身检查。那么，萨姆是如何搞到锉刀的呢？监狱长在查看牢房被锉断的窗栏杆时，见窗台上有鸟粪，便知道了萨姆的越狱手法。

你知道为什么吗？

破案关键

窗台上的鸟粪让你联想到什么？有没有一种鸟儿会记住萨姆的牢房，给他送来锉刀？

NO 171. 床下的炸弹

谍报员006号正躺在床上看杂志，他一直觉得耳边有一种刺耳的声音在响，起初还以为听错了，可总觉得有时钟走动的声音。枕头旁的闹表是数字式的，所以不会有声响。会不会是……一种不祥之兆一掠而过，立刻心里不安起来，他马上翻身起来，看看床下。

不出所料，床下被安放了炸弹，是一颗接在闹表上的定时炸弹。一定是白天006号外出不在时，凶手潜进来放置的。这是一种常见的老式闹表，定时指针正指着4点30分，大概一到这个时间，就会接通表中的干电池引爆炸弹。现在距离爆炸时间，只剩下五分钟。

闹表和炸弹用胶黏剂固定在地板上，拿不下来。闹表和炸弹的线，也被穿在铝带中用胶黏剂牢牢粘在地板上，根本无法用钳子取下切断。而且，闹表的后盖也被封住了，真是个不留丝毫空子的老手呵。

就连006号也着急了。这间屋子是公寓的五层，所以不能一个人逃离了事。如果定时炸弹爆炸，会给居民带来很大的不幸。所以要设法拆除炸弹，可眼下报警为时已晚，踌躇之际，时间在一分一秒地过去。006号钻进床下在地上用指尖轻轻敲动闹表字盘的外壳。外壳是透明的塑料，不是玻璃制的，可并非轻易就取得下来。万一不小心，会接通电流，有引爆炸弹的危险。

怎么办好呢，他思索了一下，突然计上心来。在炸弹将要爆炸的一分钟前，设法拆除了定时装置。你知道是什么方法吗?

破案关键

只要表针不动，无论什么时候也到不了四点半，炸弹就不会引爆。如何才能做到这一点呢？塑料的表盘取不下来不要紧，可以用另一个方法去破坏它，想一想是什么！

NO 172.　被制服的劫机犯

飞机起飞30分钟后，两名男子冲进后舱配餐室，端着手枪对着空中小姐，要她接通机长的机内电话。罪犯中有一个从她手中抢过电话："是机长吗，你好好听着！这架飞机被我们劫持了，空中小姐是人质。下面请按我的命令行事。首先让全体乘客都系上安全带。"

"明白，你们的目的是什么？"机长应答着。

"这个以后告诉你，快点儿指示系安全带！"罪犯随即挂断了电话。

飞机上马上出现了系好安全带的信号，客舱内嘈杂声四起，但均按指示开始系安全带。"你们，也都坐到空着的座位上系上安全带！"罪犯命令着乘务员，又抓起电话与机长通话："现在我要到你那里去，把驾驶舱的门给我打开。不要做什么蠢事，这里我的同伴正把乘客作为人质。"

"知道了。你来吧，我们谈谈。"

两名罪犯端着手枪出现在客舱。一边缓步穿过过道，一边确认乘客是否都系上安全带。其中，一人站在过道中央大声地演讲："诸位，该机被我们劫持了，不打算伤害诸位，到达目的地后释放女人和孩子。"但是这种有滋有味的演讲未能进行完，数秒钟后，事态为之一变，事件很快落下了帷幕，两名劫机犯丝毫没做抵抗就被仍在驾驶室的机长制服了。

这是为什么？

破案关键

你坐过飞机吗？坐上飞机后，总会被提醒系好安全带，因为飞机时常要躲避气流，忽高忽低，如果不系安全带很容易跌倒摔伤。当时飞机上所有人都系着安全带，唯独劫机犯没有，机长在驾驶室控制着飞机的飞行，怎样做可以轻易地制服疑犯呢？

NO 173.　狡猾的窃贼

在从伦敦开往伊斯坦布尔的东方特快列车上，美国姑娘翠希和福纳蒂夫人在餐车上谈得十分投机，分手时，福纳蒂夫人把她的包厢的号码告诉了翠希，邀她有空去聊聊。

第二天凌晨 3 点 30 分，翠希趁乘客们熟睡时，提着一只泡沫塑料包悄悄来到福纳蒂的包厢门前，从泡沫塑料包里取出一件金属工具和一个带吸管的小玻璃瓶，从锁眼里吹进药物，将福纳蒂夫人蒙倒。

10 分钟，得手的翠希回到自己的包厢，安然睡去。天亮了，列车快到米兰时，福纳蒂夫人发觉价值 100 多万美元的珠宝全部被盗。

列车还没有停靠站，可以肯定珠宝还在车上，于是乘务员赶紧给米兰警察局挂了电话。

列车在米兰站停下后，警察通知暂时不放乘客和行李下车。警长带了福纳蒂夫人和侦探们到每个乘客的包厢里逐个进行检查。

查到翠希时，福纳蒂夫人忽然看到行李架上有一只衣箱很熟，便对警长耳语了几句。警长对翠希周身查过之后，就打开她的衣箱，可箱子里只是一般的衣物。

搜查长达 4 小时，仍没珠宝的影子。但是，几天后翠希确实携了许多珠宝走进了珠宝商店里。

狡猾的翠希究竟用什么巧妙的办法盗了珠宝又骗过了警察的搜查呢？

破案关键

俗话说，最危险的地方就是最安全的地方，翠西把珠宝藏在了警察最容易忽视的地方。另外，那只和福纳蒂夫人很相像的衣箱在最后有着妙用哦！

NO 174.　一无所获

某日晚，女盗萨莉溜进黑帮据点，轻而易举地盗出 5 块金砖，每块重达 10 公斤。然后装在汽车上逃走了，但运气不佳，她被黑帮发现了。

打手们马上出动 2 辆汽车在后紧追不舍，萨莉开足马力沿着海岸线公路逃跑，但对手也不甘示弱在后面紧紧咬住不放。当来到一个急转弯处时，萨莉的汽车突然像脱了缰的野马撞断道路护栏，在空中翻个跟斗栽进 15 米深的大海。

“那个女盗也许会从汽车里爬出来，你们要好好盯着，一浮出海面就乱枪打死她。”黑帮头子命令说。

可是，海面一直没发现萨莉的踪影。

“马上把金砖捞上来，快去取潜水衣。”黑帮头子又命令说。一个小时以后，黑帮一伙穿好了潜水衣钻进大海。虽然很快发现了沉入海底的汽车，但车子里是空的，别说萨莉的尸体，连金砖的影子也未见到。

“怎么会有这等怪事，即便萨莉的尸体被潮水冲走了，可50公斤重的金砖是不可能被冲走的。也许是车子掉进大海时金砖被甩出车外了，再仔细找找。”按照黑帮头子的命令，打手们上上下下在海底找了好几遍，仍然一无所获。

那么，沉入海底的萨莉和金砖到底哪里去了呢？

破案关键

萨莉急转弯时的翻车坠海，真的是意外吗？如果不是，那么萨莉一定为此做好了完全的准备！

NO 175. 绝妙的圈套

罗麦洛大使在自己的别墅里举办了一次酒会。008号谍报员也化装成外交官出席了。罗麦洛大使拿起照相机走到著名电影演员哈丽小姐面前：“小姐，照张相留作今天的纪念吧！”

“在哪儿照呀？”

“请站到那棵松树下。”于是，大使带着小姐走进院子，让她站到了松树下。

“请不要动，好，要照了。”说完就要按动快门。就在这一刹那，来到台阶上的大使夫人手中的酒杯掉在了地上。几乎就在听到酒杯落地摔碎的同时，人们又听到了一声枪响，哈丽小姐应声倒下，子弹击中了她的心脏，当即死亡。客人们纷纷指着二楼的窗口嚷道："是从二楼发出的枪声。"

008 号敏捷地跳上二楼，发现在二楼的书房里，大使的长子麦克鲁呆呆地立在那里，麦克鲁眼睛蒙着绷带，是两周前猎枪出事故而造成双目失明的。窗子开着，书房的桌子上放着一支手枪和一把老虎钳子。

"是你用这支手枪打的吧？"008 号问道。

"岂有此理！我眼睛看不见，即使会用手枪，可以扣动扳机，可又如何瞄准呢？"

"那是谁开的枪？"

"不知道，我只是在沙发上躺着的时候，感觉到好像有人走进来，有开窗户的声音。突如其来的枪声把我惊呆了。"

"这个铁钳是干什么用的呢？"

"什么铁钳？这里怎么会有那种东西呢？"麦克鲁反问一句。

客人和佣人们在枪响的时候全在一楼，也没见一个人上楼。看来罪犯还应是麦克鲁。然而，他双目失明，怎么能瞄准楼下院子里的哈丽小姐呢？况且是一枪毙命，简直是不可能的事。

不一会儿，刑警来到现场，开始进行严密的勘察。这时，008 号把罗麦洛大使叫到另一房间，悄悄地对他说："大使先生，罪犯就是你和夫人，还有长子麦克鲁三人吧？真是一个绝妙的圈套啊，配合默契，无懈可击。可是，为什么要杀掉哈丽小姐呢？"

大使的诡计被识破了，便向 008 号讲了实情："她是个双料间谍，敝国来指示让干掉她。请不要把这个情况告诉警察，我可以给你一笔保密费。”

大使一家三口是如何设计圈套杀害哈丽小姐的呢？

破案关键

既然是大使、大使夫人和他们的长子麦克鲁合伙杀掉的哈丽小姐，那么只要你把这三个人的行为动作重新想一想，便能够发现他们巧妙的计划了。

NO 176. 厕所里的线索

某日早晨，漂亮的歌手丽莎死在公寓自己房里，最先发现尸体的是她的经纪人。见她房门没上锁，心想她太粗心了，便走进房间里，却不见丽莎人影。只有卫生间的门是从里面拴着的，打不开，门缝底下流出的鲜血已经凝固，使经纪人大吃一惊。

他马上叫来公寓管理员，一起撞开卫生间的门，见丽莎穿着睡衣坐在便池上已经死了，是被匕首状的凶器刺中了背部。看起来像是在卧室遭到袭击后逃进卫生间，从里面插上门，以防凶手追击时断气的。警察勘查了现场，但未发现任何可成为凶手线索的证据，搜查陷入困境。

事后，警长赶巧碰上了好友杰克侦探，将搜查中遇到的难题向杰克侦探诉了一番苦。

“要是这样的话，请带我去看看现场。我还是她的热心听众呢，对这个案件也挺感兴趣。"杰克说道。警长虽不抱太大的希望，还是带他去了现场。

杰克侦探很感兴趣地查看了被害人死去的卫生间，谁知碰巧肚子不太舒服，便苦笑着关上了卫生间的门。

几分钟后，他表情轻松地走了出来。"警长，凶手是名为大写字头A·K的人。"

警长大吃一惊："真的吗？在哪儿找到什么暗示了吗？"

"是拉肚子的功劳！"杰克侦探哧哧地笑着。

那么，杰克侦探是从哪儿发现凶手名字缩写字头的呢？

破案关键

杰克侦探肚子不舒服借用了厕所，想一想，有哪样东西是他必然会在厕所里用到的？

NO 177. 失踪的丈夫

理查德和安娜在海港的教会举行了结婚仪式，然后顺路去码头．准备启程去度蜜月。这是闪电般的结婚，所以仪式上只有神父一个人在场，连旅行护照也是安娜的旧姓，将就着用了。

码头上停泊着一艘国际观光客轮，马上就要起航了。两人一上舷梯，两名身穿制服的二等水手正等在那里，微笑着接待了安娜。丈夫理查德似乎乘过几次这艘观光船，对船内的情况相当熟。他分开混杂的乘客，领着安娜来到一间写着"B13 号"的客舱，两人终于安顿下来。

“安娜，要是带有什么贵重物品，还是寄存在事务长那儿安全。”

“带着2万美元，这是我的全部财产。”安娜把这笔巨款交给丈夫，请他送到事务长那里保存。

可是，左等右等也不见丈夫回来。汽笛响了，船已驶出码头，安娜到甲板上寻找丈夫，却怎么也找不见。她想也许是走岔了，就又返了回来，却在船内迷了路，怎么也找不到B13号客舱。她不知所措，只好向路过的侍者打听。

“B13号？没有那种不吉利号码的客舱呀。”侍者脸上显出诧异的神色答道。

“可我丈夫的确是以理查德夫妇的名字预定的B13号客舱啊。我们刚刚把行李放在了那间客舱。”安娜说。她请侍者帮她查一下乘客登记簿，但房间预约手续是用安娜的旧姓办的，是“B16号”，而且，不知什么时候，已把她一个人的行李搬到了那间客舱。登记簿上并没有理查德的名字，事务长也说没记得有人寄存过2万美金。

“我的丈夫到底跑到哪儿去了……”安娜简直莫名其妙。她找到了上船时在舷梯上笑脸迎接过她的船员，安娜想大概他们会记得自己丈夫的事，就向他们询问。但船员的回答使安娜更绝望。

“您是快开船时最后上船的乘客，所以我们印象很深。当时没别的乘客。我发誓只有您一个乘客。”船员回答说，看上去不像是在说谎。

安娜一直等到晚上，也没见丈夫的踪影，他竟然神不知鬼不觉地消失了。一夜没合眼的安娜，第二天早晨被一个什么人用电话叫到甲板上，差一点被推到海里去。

那么，她丈夫理查德到底是怎么失踪的呢？正在这艘船上度假的侦探杰克很快查清了此事的来龙去脉。你知道是怎么回事吗？

破案关键

安娜找到了上船时在舷梯上笑脸迎接过她的船员，却被告知“我发誓只有您一个乘客”，难道船员失忆了？不是，请你把重点放在“乘客”一词上，“只有一个乘客”，那么船员的意思也可以理解为，他看到的另一个不是乘客。安娜的丈夫不是乘客，是谁呢？谁才有可能对轮船那么熟悉，还能更换门牌号？

NO 178.　高出2厘米

虽然现在警察巡逻都开上了汽车，可是罗尔警长仍然喜欢骑自行车，他认为骑车不但锻炼了身体，追捕的时候也非常灵活。

有一天下午，他骑着自行车在街上巡逻，一辆黄色轿车“呼”地冲过身边，紧接着，身边传来喊叫：“他偷了我的汽车！”

罗尔警长赶紧蹬车去追黄色轿车，可是，自行车的两个轮子怎么追得上四个轮子的轿车呢？这时候，他看见路边停着一辆集装箱卡车，司机正在卸货，他扔下自行车，跳上卡车，开足马力继续追赶。

偷车贼还以为把警长甩掉了，心里正得意，可忽然他从后视镜里看见了卡车，司机就是罗尔！他慌忙加大油门，罗尔紧追不舍，两辆车在公路上追逐着。

前方有一座立交桥，轿车一下子就从桥底下穿了过去，可是集装箱卡车的高度恰恰高出立交桥底部2厘米。警长一个急刹车，停在立交桥前。

罪犯看到卡车被挡住了，还回头做了个怪脸，罗尔警长气得两眼冒火。毕竟是老警察了，他马上冷静下来，看了看轮胎，立刻有了主意。

几分钟以后，集装箱卡车顺利从立交桥底下穿过。

罗尔用了什么方法让卡车很快就通过了立交桥底呢？

破案关键

罗尔的方法和轮胎有关！怎样能让轮胎降低高度呢？

NO 179.　偷手提箱的贼

一列开往纽约的列车即将靠站，这个站很小，停车时间很短。因此，旅客们急匆匆地赶着下车去。突然，一位女士急叫道："我的手提箱不见了。"

刚巧，同车厢的大卫侦探听到这位女士的叫声，马上赶过来叫她别急，看看是不是有人拿错了。女士赶紧朝四处张望，果真看到一位男士提的箱子像自己的。于是，她快步冲了上去，抓住那个男士："这是你的手提箱吗？"

男士一怔，马上道歉说："对不起，我拿错了。"于是把手提箱还给女士，自己朝出口走去。

大卫侦探看到这里，立即追过去说："先生，你是个小偷！"

大卫把那个男子带到警备车厢，果然从他身上搜出了很多现金、首饰等值钱物品，那男子在事实面前只好坦白招供。

大卫是怎样看出他是个小偷的呢？

破案关键

如果男子如他所说是拿错了手提箱，那么他把箱子归还后，接下来会做什么呢？

NO 180.　千钧一发

间谍尼克奉命执行任务，背着带有闪光灯的照相机伪装成一名记者，利用伪造的证件，潜入了A国举行的一个外交集会。

尼克镇定自若地穿梭在这些社会名流之间，就在他不停拍照时，一个保安人员向他走了过来，非常客气地说："请把你的证件给我看看。"

尼克镇定地掏出证件，递给保安，保安人员细心地看了一会儿，突然说道："你的证件是伪造的，你到底是什么人？"一面说，一面准备从口袋取手枪。

尼克知道自己已暴露，必须立即逃走，虽然他站的地方离大门很近，但如果就此转身，对方一旦拔出手枪，自己就会被击中身亡。

千钧一发之际，尼克灵机一动，顺利地逃出了大门。

你知道他是怎么逃出来的吗？

破案关键

尼克成功脱逃是靠了当时手中的相机！想一想，相机的闪光灯有什么功能?

NO 181. 惯盗的阅读计划

大约4世纪的时候,英国有个名叫亚当斯的惯盗,多年来一直行凶作案,终于被抓,并准备处以极刑。

当时的英国国王是詹姆斯六世,他因钦定《圣经》而闻名。亚当斯抓住这个机会对狱卒说:"听说国王喜欢《圣经》,为表示对国王的忠心,临死前我想读一读《圣经》,请国王允许我把《圣经》读完后再死。"

狱卒马上把亚当斯的想法上奏给了国王,国王听了狱卒的上奏后,说:"满足他的愿望吧,在他读完《圣经》之前,暂停执行死刑。"

得到国王的许可,亚当斯欣喜若狂,他当即写了一份阅读计划交给审判官,并说自己要好好品读《圣经》,直至背下来。审判官顿时醒悟,国王上当了。实际上亚当斯借此取消了自己的死刑。

你知道狡猾的亚当斯是怎样借阅读计划取消自己的死刑的吗?

破案关键

国王允许亚当斯读完圣经再死,但并没有规定期限,亚当斯就是抓住了这一点,借阅读计划取消了自己的死刑。

NO 182. 挖出来的土

莫斯是一个高智商犯罪分子,他曾用电子计算机偷窃某国一家银行几十亿美元，甚至用电子计算机窃听某国的国防机密。当然，他最终被警方抓获并被法院处以终身监禁，关押在某国看守和保安系统最先进的监狱里。

监狱里面给他安排了一间单人牢房，里面条件很好，有看书的地方，睡觉的地方，还有一间独立的厕所。莫斯在这里表现也很好，从不违反规定。

可令人费解的是两年后的一天晚上，他竟然失踪了，准确地讲是他越狱逃跑了。

狱警在他的床底下找到了一条通往监狱外长达 20 米的地道。根据警方测算，挖一条如此长的地道，要挖出的土达 7 吨，可警方连一捧土都没找到，难道他把土吃了不成？请你想一想，莫斯的土藏到哪里去了呢？

破案关键

在莫斯的牢房里，有看书的地方，睡觉的地方，还有一间独立的厕所，利用哪个地方可以让挖出的土消失无踪呢？

NO 183. 借钱的证据

哈桑借给一个商人两千金币，可是过了两个月发现借据遗失了，到处找也找不到，急得他身上直冒汗。哈桑跑去找他最要好的朋友纳斯列丁，请他想个办法。

“如果那个商人知道我丢了借据，就不会把钱还我了，那是两千金币啊!”哈桑对纳斯列丁说,“我手头再没有任何关于这笔借款的证据了。”

“商人借钱时没有第三个人知道吗?”纳斯列丁问。

“只有我妻子知道,但那是商人把钱借走之后我才告诉她的。”

“商人借钱的期限是多长时间?”

“时间是一年。”

纳斯列丁沉思了片刻,为哈桑想出了好办法:“你可以向那个商人写封信,问他要一个借钱的证据。”

哈桑按照纳斯列丁说的去做,果然几天之内那商人就把证据送来了。

你知道纳斯列丁出的是什么主意吗?哈桑的信里写了些什么呢?

破案关键

借据上关键的两点是借期和所借金额,只要想办法让对方在回信中写上自己的借期和所借金额,那么新的借据就有了。

NO 184. 体操运动员之死

体育中心的运动员们为了参加一年一度的锦标赛,都在争分夺秒刻苦练习。伊里杰夫是体操运动员,星期天清晨,伊里杰夫很早就起床了。他住在6楼,有一个很大的阳台,阳台的一角放着训练器械。他来到阳台上,一会儿压压腿,一会儿弯弯腰,一会儿双手倒立,一会儿引体向上……突然,“砰”的一声枪响,伊里杰夫就倒在阳台上,不动弹了。

人们发现伊里杰夫死后立刻报了案，麦克奎尔探长很快来到了现场。他检查了尸体，发现子弹是从背后射进去、从小腹穿出来的，有一颗弹头嵌在阳台的地板上，和死者的伤口完全吻合。探长挖出弹头，发现这是小口径步枪子弹头，是专门用于射击比赛的。

探长又作了进一步的调查，得知在伊里杰夫楼下的 2 楼住着一位射击运动员，人称“神枪手”，和伊里杰夫是冤家对头，就对他进行询问。“神枪手”生气地说：“探长先生，你不应该怀疑我，因为我听说子弹是从他后背进去，下腹部出来的，凶手显然是从上面往下射击，我在 2 楼是没有办法射中他的啊！”

探长说：“那也不一定，还是请你跟我回局里好好做个笔录吧！”

“神枪手”难道说的不对吗？为什么探长认为他仍然有嫌疑，要将他带走呢？

破案关键

子弹的路线是从上至下，但不代表凶手必须从上面开枪。

NO 185. 男爵之死

一英国男爵特别喜爱印度的瑜伽术，为此，他买下一所练身房，经常和 4 个印度人一起在里面练习瑜伽。出人意料的是，有一天男爵被发现死在练身房里。

事情是这样的：两星期前，男爵单独进入练身房作瑜伽修行，为了不受外界干扰，他把门窗都从里面上了锁。由于瑜伽修行需要好几天时间，所以事先在练身房内已准备了充足的食物和水。

但是，两星期后他仍未出现，4 个印度人向警方报告。警察赶来，撬开紧锁的门，才发现男爵已直挺挺地死在床上。旁边准备好的食物和水几乎都没动过。

练身房的门窗从里面上了锁，任何人都无法进去。天花板离地有 15 米高，床上正上方有一个方形的采光窗，窗上有铁栏杆，所以外面的人即使把窗上的玻璃卸下来，人也不可能钻进去。可以说，这间练身房几乎是一间与外界隔绝的密室。

那么，男爵为什么会饿死呢？当地警察查来查去也查不出原因，只好不了了之，认为男爵是绝食身亡。

男爵夫人对警方的这一结论大为不满，于是便请来了一位名侦探。名侦探立即前往练身房做现场调查，结果发现，男爵躺着的那张床在近期内有被移动过的痕迹。“夫人，”名侦探说，“请问男爵是否有恐高症？”

“是的，他只要站到高处，就会恐惧得双腿打战，眼睛发直。”

“哦，既然如此，男爵不幸身亡的悬案也就可以了结了。”名侦探说完，立即通知警方逮捕那 4 个印度人。请问，凶手为什么是这 4 个印度人呢？

破案关键

在案发现场最重要的一点：死者的床被挪过。这又能说明什么呢？你想到了吗？

NO 186. 密室凶杀案

“我很担心我舅舅菲利普!”斯蒂芬的声音在电话里听来很是着急,“今晚我们约好一同吃晚饭,但他没来。你是否介意半小时后到他住处和我见面?”

海尔因博士同意了。当斯蒂芬坐出租车到达菲利普的住处时,海尔因已候在门厅了。

“我舅舅认为最近这几天来他被人盯上了,”斯蒂芬说道,“他的密室里有一大笔现金,是藏在墙壁里的保险柜中的。不幸的是他对此事并未完全守口如瓶。”

“你今晚有没有试着给他打电话?”海尔因问道。

“他吃晚饭时还没来,我就给他家打了个电话,但没人接。”

他们两人坐电梯到了十四层楼上,直奔菲利普的房间。门没锁,只有门口厅室里一盏灯亮着。

海尔因建议说:“最好看一下密室。”

斯蒂芬点了点头,在前面领路。他在黑洞洞的密室门口听了一下,说:“那一角有个落地灯。”便走进了黑幽幽的屋子。一会儿,落地灯打开了,房间里顿时明亮如昼,放在书桌后面的保险柜门打开着。斯带芬站在前面墙角,一手还放在落地灯上,脸上露出惊慌恐惧的表情。他的舅舅卧在地板上,未被挪动过。

斯蒂芬跨过他舅舅的身体回到门口:“他,他死了?”

海尔因跪到菲利普身边,说道:“不,他脑袋上遭了狠狠一击,但不致命。你真是幸运，你布下迷魂阵企图让我误入歧途。然而在最后一刻，你还是证明了你自己就是罪犯！”

斯蒂芬在哪儿露了马脚？

破案关键

请你仔细分析一下斯蒂芬最后一个动作——“跨过他舅舅的身体回到门口”，斯蒂芬的马脚就是由这个动作暴露的。

NO 187.　被窃的藏室

古代文物收藏家 K 氏听说黑老大正在到处物色各藏家的收藏品，为防万一，他决定翻修自己的收藏室。这收藏室是专门收藏珍品的耐火仓库。他委托附近的装修店换了最新式的门锁，换气窗的铁栏杆也重新更换了。

然而，这一切全都是枉费心机。几天后黑老大溜进藏室，将 3 幅浮士德珍品盗走。是从换气窗打碎玻璃拨开插销进屋的。然而，即使可以打碎玻璃，拨开窗户插销，但窗外还有最近刚刚更换的又粗又结实的铁栏杆，并没有发现栏杆有折断或割断后又用速干胶粘上去的任何痕迹，而且栏杆之间的缝隙只有 10 厘米宽，人是无法钻过去的。

警长思考了一会儿，差人把给藏室装铁栏杆的装修店店主找来了，一番盘问下，装修店店主承认是与黑老大联手盗窃了名画。

那么，警长是如何想到装修店的店主可能是同谋的呢？

破案关键

窗外的栏杆看似无法钻过去，其实，只要换一种材质做栏杆，是可以通过有效手段改变栏杆间距，让黑老大得逞的！

NO 188.　日式别墅谋杀案

在距离伦敦不远处的某郊区有一幢日式别墅。有一天，别墅主人被谋杀了。警方接报后到现场调查。奇怪的是，房子的门窗都是紧闭着的，不知凶手是从何而来，又从何而走的。接办这件案的高级督察，在查看整座别墅的环境后说："唔，我知道了，凶手是利用日式房子的特点进出的！"

你知道凶手是怎样进出的吗？

破案关键

请你去了解一下日式房子的建筑特色，尤其注意一下他们的榻榻米下面是怎样的？

NO 189.　消失的凶器

一天，伯爵的妻子正在午睡，不知何时凶手偷偷潜入，用尖锐的利器刺穿了她的咽喉。当时墙上的大钟刚在3时整，而凶手逃走时正巧碰上管家，于是只好束手就擒。

当警方调查时，发觉在凶手的身上竟然找不到凶器，而命案现场连刀的影子也看不见。查问当时正在院子里修剪花草的园丁，他说案发时窗子根本是关着的。可知凶器并非被丢到窗外。

既是如此，凶手是用何种凶器行凶的呢？他杀人后又把凶器藏在哪儿了呢？

次日，报纸报道了这宗悬疑的凶杀案。名侦探杜班看见后，不禁叹道："难道警方都是瞎子？凶器不是远在天边，近在眼前吗？"

名侦探杜班认为的凶器是什么呢？

破案关键

凶器就在案发现场，请你仔细分析一下，现场有什么东西是非常尖锐的呢？

NO 190.　打破橱窗的凶器

位于赤道正下方的新加坡，以干净与绿化闻名于世。面临大道的一家珠宝店，有一晚打烊之后，橱窗玻璃被打破了。不知是有目的还是恶作剧，犯人从对面的行人道把某种东西丢抛向玻璃。瞬间，警铃声大作。巡逻车正好在附近，警察立即赶到现场察看。

警方在现场搜查证物。奇怪的是，找不到犯人丢抛向玻璃的凶器。

橱窗是厚达5厘米的玻璃。就算拿小石头丢，现场也应该找得到小石头啊！如果用手枪射击，子弹应该留在店里。但是，店里却实在找不出有什么可以成为凶器的物品，只有一地的玻璃碎片。

难道是用冰块丢的吗？但如果真是如此，怎么没有冰块融化的痕迹呢？

到底犯人是如何破坏玻璃的呢？

破案关键

请你反复读一读“只有一地的玻璃碎片”这句话，答案就在这句话中。

NO 191.　吐出来的证物

在一幢简易公寓里，两个流氓打了起来。住在邻室的一位妇女听到后，立即给警察局打了电话，警察埃德和琼斯很快赶到了现场。他俩破门而入后看到，其中一个流氓头被打破，已经死去。从伤口看，死于钝器猛击。可是，问到凶手萨姆是如何打死死者的，他拒绝回答。

在这间连像样的家具都没有的屋子里搜了半天，连个可口可乐瓶子都没找到。要说像凶器的钝器，只有一个空菠萝罐头盒子，而且还被压扁扔在地上。

“你是用这个罐头盒打的他吗？”

“笑话！你们相信这个罐头盒子能置他于死地吗？”萨姆推开双手，做出若无其事的样子说道。

确实，用这么一个空空如也的罐头盒子，是不可能把个大活人打死的。

据居住在隔壁的一位妇女说，萨姆在案发后一步也没有离开过房间，而且也没有向窗外扔过什么凶器。那么，他到底用的什么样的凶器，又把它藏在哪儿呢？两位警察稍微考虑了片刻，相互会意地点了点头，琼斯突然把萨姆的胳膊扭到背后。埃德朝他的腹部猛击。萨姆阁受到突然袭击，疼痛难忍，"咳，咳，咳……"地呕吐起来。

"怎么样，萨姆，看了你自己吐出来的证物，还假装不知道吗？"说着，埃德指出了真正的凶器。

凶器究竟是什么呢？

破案关键

空的罐头盒子是不能置人于死地，可是装着东西的罐头盒子可是沉甸甸的，具有杀伤力的。那么，罐头里的东西哪里去了呢？警察对萨姆腹部的猛击就是为了找到它！

NO 192. 鉴别血迹

一天下午，在当地两名警察的协助下，探长西科尔和助手丹顿小姐于森林公路中段截获了一辆走私微型冲锋枪的卡车。经过一场激烈的搏斗，4 名黑社会成员有三名被当场擒获，而此次走私军火的首犯巴尔肯被丹顿小姐的手枪击中左腿肚后逃入密林深处。西科尔探长立即命令两位地方警察押送被擒罪犯去市警署，自己带领助手深入密林追捕首犯巴尔肯。进 A 密林后，两人沿着点点血迹仔细搜捕。

突然，从不远处传来一声沉闷的猎枪射击声和一阵忽隐忽现的动物奔跑声。看来，有只动物受了伤。果然，当西科尔和丹顿小姐持枪追赶到一个较宽敞的三岔路口时，一行血迹竟变成了两行近似交叉的血迹左右分道而去。显然，逃犯和动物不在同一道上逃命。

怎么办？哪一行是逃犯的血迹？丹顿小姐看着，有些懊丧起来。但探长西科尔却用手指蘸了蘸两行血迹，舔了一下，便鉴别出了逃犯的去向，最终将其擒获。请问，西科尔探长为什么尝了一下血迹中的血就能判断逃犯的去向？

破案关键

请你去了解一下，人的血迹和动物的血迹有什么区别，而这种区别又是可以“尝”出来的？

NO 193.　被害人的血型

某日晚，一个年轻的女子被车撞了。开车人装作送她去医院，将其弄上车，然后逃走。由于被害人已经死亡，所以毫无疑问尸体会在途中什么地方被扔掉。

因是性质恶劣的肇事逃跑事件，警方立案侦查，经检验流在现场的被害人血型是 O 型和 A 型。这么说，被撞的被害人有两个人吗？但根据目击者的证言，被害人是一人。而肇事司机没擦伤一根毫毛，所以绝非是他的血混到里面了。

那被害人的血型到底是什么呢？

破案关键

一个人，可能有两种血型吗？别急着否认，请你去查一查资料。

NO 194. 两瓶牛奶

一天上午，杰克和约翰坐车来看望住在郊区别墅的金姆森太太。作为医生的金姆森太太是位可敬的老人，她挽救了不计其数患小儿麻痹症孩子的生命，为此，她获得了“爱心天使”的称号。退休后，她便在这里的别墅住了下来。

转眼，他们就到了金姆森太太繁花似锦、碧草如茵的小院子。杰克忽然对约翰说：“你看，金姆森太太最近似乎身体不太好啊，墙上的花有段时间没修剪过了。”

约翰和杰克迅速直奔小院，他们在门外敲了很长时间，也没听见屋子里发出一点声音。这下，约翰也担心起来，他皱着眉头喃喃自语：“不会出什么事吧？我们还是进去看看……”

杰克轻轻一推，门就开了，门原来是虚掩上的。两人小心地沿着铺满花草的小径向前搜寻，穿过花园，走进别墅，最后，他们在一楼餐厅发现了金姆森太太的尸体。

一柄尖刀贯穿胸口，瞬间夺去了她的生命，她应该是在用餐的时候遭到突然袭击的。凶手随后洗劫了整栋别墅，他撬开了所有抽屉，带走了所有值钱的物品。

“怎么会这样！”杰克和约翰吓得差点瘫倒在地上。过了许久，两个人才缓过劲儿来。

“报警吧!”杰克满怀沉痛地坐在金姆森太太对面,缅怀这位勇敢而仁慈的女士。

“我们还是出去等吧。我已经让车夫报警去了。”约翰对杰克说道,“免得警察来的时候又要为剔除我们的脚印指纹伤脑筋。”

两个人伤感而沉痛地坐在别墅前的台阶上,看着送来的报纸堆满了整级台阶,而订阅它的人永远不会再读报了。别墅的台阶上还放着两瓶早已过期的牛奶,也是金姆森太太订的。

杰克看着这10天的报纸和两瓶牛奶,猛然间明白了一些东西,他拉住约翰的手说:“我知道谁是凶手了!这只需要思考五秒钟。”

破案关键

大家想一想,为什么送牛奶工人只送两瓶牛奶呢?

NO 195.　油轮上的怪案

一天,私人侦探霍桑的好友巴布警长突然找上门来,一副愁眉苦脸的样子。

“警长,看你那脸色,是不是又碰到无头绪的案子了?”

巴布警长毫不隐瞒地说:“让你说着了,就是想来听听名侦探的高见。”

“这次又是什么案子呀?”

“万吨油轮上船医被杀的案子。”

这个案子霍桑已从报上得知了，万吨油轮“北星一号”满载原油，从波斯湾路经印度洋正在航行时，一天早晨，在船尾甲板上发现了船医的尸体，其是被匕首刺中了后背。死亡时间推定在晚上11时左右。

“找到凶器匕首了吗？”霍桑问道。

“没有，偌大个万吨油轮，想藏把匕首，哪儿还不能藏？”

“也许被凶手扔到海里了。”

“不管怎样说，案件发生在十多天前，而且现场又是偌大的印度洋，事已至此，我们下手侦破也为时太晚了。”巴布警长有些悲观。

“可是，在航行中的船上杀人，是一种密室杀人啊，凶手只有用救生筏逃走，别无他法。”

“救生筏一只也没丢，而且船员一共是40名，一个也不少。”

“那么，凶手必在其中，有没有具备作案动机的人？”

“有两个人。”巴布警长从口袋里掏出笔记本边看边说道。

“一个是二等水手森姆，是个赌棍。出海期间，不是扑克就是纸牌，光输不赢，曾向被害人借了近50万元的债。”

“受害人一死，这笔钱不就一了了之了吗？”

“嗯，恐怕是的，查过被害人的随身物品，没找到借据。”

“其他海员知道他借债的事吗？”

“大家都知道，听说船长曾警告过森姆，说如果再这样赌，就让他下船。对船员来说，下船就等于被解雇一样。”

“的确……那么另一个嫌疑犯是……”霍桑感兴趣地问道。

“报务员维柯。他是受害人的侄子，也是受害人唯一的亲戚，所以是遗产的继承人。”

“有多少遗产？”

“在郊外有一块很大的土地和房子。要是卖掉的话,是一笔可观的钱哪。”

“维柯手头拮据吗?”

“听说上个月在出海前出过一次交通事故,好像正苦于支付一笔赔偿费。”

“那么,杀人动机是充分的。”

“可是,光有动机而无物证是难以确定谁是凶手的。”巴布警长泄气地说。

“看你说的,证据不是很充分吗?”

“哦,什么证据?”

“就是尸体呀。”霍桑肯定地答道。

请问,凶手是谁呢? 理由是什么?

破案关键

大家动脑想一想,这个杀害船医的人为什么不把尸体扔进海里?扔进海里岂不是找不到证据了吗? 凶手这样做一定有一个不可告人的理由。

NO 196. 失窃的公文包

英国豪华游轮“伊丽莎白”号首次远航日本。“伊丽莎白”号是传媒大亨威廉花了 3 000 万英镑向西班牙造船厂订购的。这艘超豪华游船长 260 英尺,有三层舱体和双层甲板,能够为 80 名贵宾提供舒适惬意的旅程。

威廉邀请了世界传媒集团的大亨们乘坐“伊丽莎白”号远航日本，去享受最新鲜的生鱼片和鲑鱼大餐。大亨们对这艘“游艇之王”赞不绝口，德国传媒集团的总裁加伯德甚至用嫉妒的口吻说，把全世界报纸的利润加起来，也只够造2艘“伊丽莎白”号。

威廉得意地笑了，同时他还告诉大家现在已经进入日本海的航程。大亨们听说已经来到日本领海，纷纷挤上甲板，想看看这个岛国的面貌。但让他们失望的是，别说白雪皑皑的富士山，连小片陆地都看不到。

既然没有什么特别的风景，大家又重新回到客厅，讨论起如何提高数字电视技术的枯燥话题。忽然，加伯德惊叫起来，他的公文包不见了！

人们一下子全都围拢过来，大家都知道公文包失踪对一个总裁来说意味着什么，那里面不但有大量现金、信用卡和空白支票，还有许多机密资料和信息，这些信息的价值是无法估量的。

威廉非常恼火，他找来船上所有的护卫，发誓要找出窃贼。经过仔细回忆，每个人都互相证明了自己刚才都在甲板上。也就是说，偷走公文包的人只可能是船上的船员。

威廉立刻把船上的5名船员叫了过来一一询问。船长说，刚才他在驾驶舱里一直没走开过，有录像带可以作证；技师说他一直在机械舱保养发动机，好让发动机能一直保持37节的速度，可是没人可以证明；电力工程师告诉威廉，他刚才在顶层甲板更换日本国旗，挂上去以后发现挂反了，于是重新挂了一次，有国旗可以作证；还有两名船员说他们在休息舱打牌，互相可以作证。

威廉听完，立刻指出了其中一个人在说谎，并且让他交出公文包。

聪明的读者，你知道谁在说谎吗？

破案关键

电力工程师说他在挂国旗，你看过日本的国旗吧？挂反之后的日本国旗是什么样子？

NO 197.　暴风雨中的枪声

“无畏号”小汽艇在风暴中东摇西晃，颠簸前行。风暴暂息时，一号甲板传来一声枪响。犯罪学家福德尼教授几个箭步就冲上了升降口扶梯。

在扶梯尽头拐弯处，他看到了那个当场亡命的人的尸体。

拉森船长和那位犯罪学家马上展开了调查，调查工作首先从离尸体被发现地点最近的乘客们开始。

第一个被询问的是内森·柯恩，他说听到枪声时，他在舱室里正好要写完一封信。

“我可以看看吗？”船长问道。福德尼从船长的肩上望去，看到艇用信笺上是满篇清晰的蝇头小字。很显然，信是写给一位女士的。

下一个舱室的乘客是玛格内特·米尔斯韦恩小姐。她紧张不安，由于被大风暴吓坏了，问及大约在枪响一刻她在干什么时，米尔斯韦恩小姐显得情绪激动地说，她躲进了对面未婚夫詹姆斯·蒙哥马利的卧舱。

后者证实了她的陈述，并解释说，他俩之所以未冲上过道，是因为担心这么晚同时露面的话，也许会有损于他俩的名誉。

经过调查，船长和福德尼教授认为嫌疑最大的是内森·柯恩，你知道是为什么吗？

破案关键

小汽艇在风暴中东摇西晃，那么内森·柯恩在写信的时候，字迹会不会依旧工整呢？

NO 198. 马克之死

酷夏的一天夜晚，发生了一宗奇特的凶杀案：中学教师马克倒毙在地上，上身赤裸。警方经过调查，发现马克是被人勒死的，并很快拘捕了两个嫌疑人。

一个是马克的弟弟瓦里。他是个不长进的流氓，吸毒成瘾，经常向哥哥勒索钱财，两兄弟也常发生争吵。第二个人是被开除的学生的家长。他为人粗暴，脾气很躁，他因为儿子被开除而大发脾气。

根据死者现场的环境，警方设想案情大概是这样的：死者在住所的窗前，看到来找他的人，于是开门，结果却遭袭击死亡。

你认为，哪一个人才是凶手呢？

破案关键

马克死的时候是赤裸上身，可见他开门遇袭的时候就是赤裸着上身，从这一点思考一下，就能发现谁是凶手了！

NO 199. 撒谎的亨利

奥尔登为一家洗衣店开车送货。周二上午,他驾车来到亨利家,将车停在道上。他大约用了 2 分钟填完了上午的送货单,然后拿着一套礼服和一套西装下了车。关车门时,他发现车子的前轮正好压在花园的胶皮水管上,水管的另一头通到屋后的车库,奥尔登就将车向前开了几英尺,开进麦克亨利家的车库。

这时,奥尔登发现车库通往厨房的门正开着,只见亨利太太倒伏在炉子旁边,奥尔登连忙跑过去,大喊道:"快来人呀!"

这时,亨利先生从车库走进来,两人一起把亨利太太送往医院。经过抢救,亨利太太脱险,但精神失常,无法分辨谁是凶手。

警探哈里首先向送货员奥尔登询问情况,奥尔登的回答没发现什么疑点。

于是,哈里传来亨利:"亨利先生,当时你在干什么?"

亨利说:"当时我正好在后花园里浇水,我用胶皮水管给花坛和树篱浇了半小时水,发现一辆卡车开进了车库。又听到洗衣店那人的呼叫声,我就放下水管,奔了过去。"

哈里问:"浇水时没有发现任何异常情况吗?"

"没有,我一直浇了半小时水。"亨利回答道。

哈里笑道:"亨利先生,不要撒谎啦,对你妻子不利的人正是你自己吧!"

你知道哈里为什么认定是亨利干的吗?

破案关键

请注意“车子的前轮正好压在花园的胶皮水管上”这个细节和亨利的回答，很快你就会发现矛盾之处。

NO 200. 谁被拘留了

警长正漫步街头，突然听到一声枪响，看见不远处一个老人跌向房门，慢慢地倒了下去。警长和街上仅有的另外两个人，先后跑了过去，发现老人背部中弹，已经死去。

警长看见这两个人都戴着手套，便问他们刚才在做什么。

甲说：“我看见这位老人刚要锁门，枪一响，他应声而倒，我便立即跑来。”

乙说：“我听到枪声不知发生了什么事，看到你们俩往这儿跑，我也就跟着赶来。”

钥匙还插在房门上的锁孔里。警长打开锁，走进房间，打电话报案。警方人员来了以后，警长指着一个人说：“把他拘留讯问。”

你知道谁被拘留了吗？

破案关键

当你看见一个人把钥匙插进锁眼的时候，能够立刻知道他是开门还是锁门吗？甲脱口而出的“这位老人刚要锁门”说明了什么？

NO 201. 谁是开车人

一辆汽车撞伤了孩子，孩子的小伙伴说是一位身材高大的男人开的车。警察罗格和刑事专家哈利找到了涉嫌者洛桑，可洛桑说今天上午是他妻子用的这辆车。他妻子身高不超过 1.5 米。

罗格想了想，说："目击者还说，撞人的汽车噪声很大，好像消音器坏了。"

"那咱们试一下吧！"洛桑把警察带到车库，打开车门，然后舒舒服服地坐在驾驶座上，发动马达，在街上转了一圈，一点噪声也没有。

刑事专家哈利对罗格说："开车的就是洛桑，不是他的妻子。"

哈利是怎么做出这一判断的？

破案关键

你见过爸爸妈妈开车吗？当爸爸开完车换妈妈开车时，会不会调整一下座位，以便更舒适呢？

NO 202. 被谋杀的大提琴手

安娜的尸体躺在公寓的停车场，旁边是她的红色轿车。她在晚上 8 点钟遭人谋杀，也就是她预定到达剧院音乐会演出前的 15 分钟左右。

凶手共射击两次。第一颗子弹穿过她的右大腿，在她紫色的短裙上留下了一大片血迹；第二颗致命的子弹射中她的心脏，在她的白衬衫上留下了血迹。

轿车里放着安娜小姐的大提琴。

警方听取了三个人的证词。

发现尸体的房东太太说，安娜决定参加音乐会，但并不演出，因为有一位过分热情追求她的人困扰着她，他就是同为管弦乐团一员的彼得。一星期以来，安娜都没有练习大提琴，或者说没有从车中取出大提琴。

彼得坚称，他和安娜已经言归于好，安娜也说她要演出；并且要在晚上 8 点 10 分去接他，然后像往常一样一起坐车到剧院。但是他却没有等到她。

指挥杰克说，管弦乐团的女性成员穿紫色裙子和白衬衫，而男性成员则穿白色西装上衣和黑色裤子，至于款式方面，则没有硬性规定。管弦乐团的成员都是在家中穿好衣服。他又说，安娜无疑不用练习就能够有很好的演出，因为音乐会是重复性的节目。

在听了三个人的证词之后，探长立刻知道是彼得说谎。

探长是怎么知道的呢？请你想一想。

破案关键

你见过大提琴手吗？他们拉琴时的穿着是怎样的？

NO 203. 丢失的“熊猫”

初秋的一个星期二的早晨，警方接到荷兰博物馆来电，得知该馆二楼一个中国美术巡回展览厅内，一幅展览中的名画“熊猫”被人偷去了，只剩下镜框。

警方赶赴现场，私家侦探罗格向负责监察此项展览的总管查理询问，查理说：“我们一共有三人轮流负责看管，而昨晚放工的时候，我与副总管安奇是最后离去的，按着我们三人一同到附近一间酒吧消遣，然后各自归家。今晨回来，发觉‘熊猫’不见了！”

“我和总管确实是最后离开博物馆的，但喝完了酒后，返家途中，管理员艾克对我说：‘我遗留了一些东西在博物馆。’于是向我借钥匙回去拿。”副总管安奇插嘴道。

“对，我忘记带太太今晨送给我的生日礼物，那是一条漂亮的手帕。”艾克说完后，便将手帕拿出来给大家看。

罗格沉默片刻后，说道：“我知道小偷是谁了！”

你知道是谁了吗？是查理、安奇还是艾克呢？

破案关键

请你仔细推敲，谁说的话里面有自相矛盾的地方？

NO 204.　偷喇叭的少年

星期六晚上，一家乐器商店被盗。盗贼是砸碎了商店一扇门上的玻璃窗后钻进店内的。他撬开三个钱箱，盗走1 225克朗，又从陈列橱窗里拿了一只价值14 000克朗的喇叭，放在普通喇叭盒里偷走了。

警方对现场进行了仔细调查，断定窃案是对乐器商店非常熟悉的人干的。警方把怀疑对象限在汉森、莱格和海德里三个少年学徒身上，认定他们三人中肯定有一个是罪犯。

三个少年被带到警官索伦森先生面前，桌子上放着三支笔和三张纸。索伦森对他们说："我请你们来是想请你们和我合作，帮我查出罪犯。现在请你们写一篇短文，你们先假设自己是窃贼，然后设法破门进入商店，偷些什么东西，采取什么措施来掩盖罪迹。好，开始吧，30分钟后我收卷。"

半小时后，索伦森让他们停笔，并朗读自己的短文。

汉森极不情愿地读着："星期六早晨，我对乐器店进行了仔细观察，发觉后院是最理想的下手地方。到了晚上，我打碎了一扇边门的玻璃窗，爬了进去。我先找钱，然后从橱窗里拿了一个很值钱的喇叭，轻手轻脚地溜出了商店。"

轮到莱格说了："我先用金钢刀在橱窗上剖了个大洞，这样别人就不会想到是我干的。我也不会去撬三个钱箱，因为这会发出响声。我会去拿喇叭，把它装进盒子里，藏在大衣下面，这样就不会引起人们的注意。"

最后是海德里:“深夜,我在暗处撬开商店边门,戴着手套偷抽斗里的钱,偷橱窗里的喇叭。我要用这钱买一副有毛衬里的真皮手套,等人们忘记这桩盗窃案后,我再出售这只珍贵的喇叭。”

索伦森听完,指着其中一个说:“小家伙,告诉我,你为什么要干这种坏事?”那个少年惊恐万状。

这个少年是谁?索伦森凭什么这样认为?

破案关键

索伦森并没有对三个少年说案件的始末,那么真正的作案者会本能地说出不符合事实的盗窃假设来保护自己,同时也会不小心透露出只有作案者才知道的小细节。

NO 205. 教练行凶

星期天下午,P 先生被人杀了。警长来到 P 先生的邻居 M 先生家里调查。

M 先生告诉警长发生凶杀的时间时说:“我和我的女儿很清楚,我们听到三声枪响的时间正好是 17 点 06 分。我们立刻向窗外看去,看到一个男人溜掉了,他只是一个人。”

警长检查了现场,他发现了一封由 P 先生亲手签名的信,上面提到,有三个男人曾想谋害他。这三名嫌疑者的情况分别是:A 先生和 C 先生是足球教练,而 B 先生是橄榄球教练。这三名教练的球队,星期天下午都参加了 15 点整开始的球赛。

A 教练的球队是在离死者住所 10 分钟路程的体育场上争夺“法兰西杯”；

B 教练的球队是在离 P 先生家 60 分钟路程的球场上进行友谊赛；

C 教练的球队是在离凶杀地点 20 分钟路程的体育场上参加冠军争夺赛。

据了解这三位教练在裁判号吹响结束比赛的笛声之前，都在赛场上指挥球战，而且当天天气很好，比赛皆未中断过。警长踱着方步，突然返转身对助手说：“给我把三位教练都请来。”

“诸位教头，贵队战果如何？”

A 教练答道：“我的球队与绿队踢成了平局，3 比 3。”

B 教练接道：“唉，打输了，9 比 15 负于黑队。”

C 教练满面喜色，激动地说：“我的队员以 7 比 2 的辉煌战绩打败了强手蓝队，夺得了冠军！”

警长听后，朝其中的一位教练冷冷一笑：“请留下来我们再聊聊好吗？”

这被扣留在警署的教练正是枪杀 P 先生的罪犯。你知道他是谁吗？为什么？

破案关键

要想知道谁是罪犯，只要仔细推断他们是否具备作案时间就可以了。

NO 206. 海盗之行

清晨，斯凯岛上参加"海盗之行"的9名游客登上了"幸运"号机帆船。9名游客，5男4女，4位女客都已50开外，在5位男客中，亨利26岁，是伦敦一家药店的老板；49岁的摩尔是开杂货铺的，业余摄影爱好者，左腿微跛；考克斯莱是一位出租车司机，50岁；匹克尔和莱斯特都已是63岁的老头，早已退休。他们此行的目的是效仿海盗，乘机帆船顺海盗的踪迹，穿梭于赫布里奇群岛和各岛屿之间，最后到达摩勒岛——2000年前海盗的巢穴。

下午4点30分，船靠岸了。9名游客登上了一条被人踩出来的小路，两旁是灌木丛林和长得齐人高的杂草。

"看呀——亨利先生，真想不到在这荒岛上竟然还长这种植物。"女旅客海蒂拔起一捧像杂草样的植物给亨利看。

"这是什么植物?"亨利问。

"你不认识它?"

亨利摇摇头。

"这是款冬，一种药草，可制作助阳剂。"海蒂介绍道。

不知不觉绕过一堆土丘，一座颓败的古堡赫然耸立在游客面前，"女士们，先生们，这就是海盗曾住过的土堡，现在是4点55分，海盗幽灵将接待你们15分钟，与你们合影留念，请你们准备好相机。"船长吉力尔介绍完后便让游客走进古堡，自己却和4位工作人员来到离古堡50米处的一幢木屋里，坐在桌前喝酒。

5点02分，船长和伙伴们刚想离开，突然见屋外有个人影一闪，待他们跑出屋去，已不见踪影。船长明白，这绝不会是幽灵，肯定是“幸运”号上的一名游客在偷听他们的谈话。他们在屋外四周搜寻了一会儿，没有发现什么，便匆匆回到了古堡，时间是5点10分。此时，9名游客已准时集合在一起等他们了。

5点23分，他们回到“幸运”号上，等待着开船返航，却发现发动机进油管被人割断了。船长明白，一定有人搞鬼，而此人就在9名游客当中。

试问，这人是谁？

破案关键

请你想一想，药店老板不认识款冬是否很奇怪呢？另外，你可以算一下，某位游客从离开到割开油管再到回到古堡，一共花了多长时间？结合各个游客的年龄，谁有可能做到这一点呢？

NO 207.　三个嫌疑犯

探长一上班，手下的警员告诉他：“刚才珠宝店的防盗警报器响了，我们赶过去，抓到了三个嫌疑犯，其中两个人死不承认，还有一个是个哑巴，叽里咕噜不知道在讲什么。”

探长想了一想说：“把三个嫌疑犯都叫到审讯室，我来审问他们。”

三个嫌疑犯都来了，其中一个是大胖子，另一个却很瘦小，他们俩嘴里不停地嘟囔：“探长先生，我是冤枉的！”还有一个不胖不瘦，也不说话，两只手却动个不停，不用猜，他就是那个哑巴了。

探长先问哑巴：“你是怎样盗窃的？快说实话吧。”

哑巴手舞足蹈的，嘴里发出叽里咕噜的声音。探长摇摇头，转身问另外两个人：“你们谁懂哑语？能猜出他讲的是什么意思吗？”

胖子马上说：“报告探长，我懂一些哑语，他的意思是说，他不是盗窃犯，是被冤枉的。”

瘦子也抢着说：“我也懂哑语，他刚才承认自己是盗窃犯，希望探长能从轻处理。”

探长听后，立刻辨认出了谁是盗窃犯。

你知道罪犯是谁吗？

破案关键

不管哑巴是不是盗窃犯，他会说自己是盗窃犯吗？探长根据另外两人的回答，很容易就确定了罪犯是谁。

NO 208.　撒谎的比尔

寂静的夜晚，一声枪响划破了学生公寓的安静。在一栋别墅式的独栋公寓里，大学生哈里已倒在了血泊中。

探长亨利带着助手接到报案后立来到了学生公寓。据了解，公寓里共住着四个学生，死者哈里、比尔、桑尼，还有格伦。亨利觉得这三个学生都有嫌疑，便把他们三人隔离开，对其进行单独的讯问，问他们在枪响的时候都在做什么。

比尔说道:“我正在修车,我把一盏灯带到了公寓后面车库那里,插上电源打开灯修车。就在这时,房间里转来了枪声,我赶快跑进屋去。”

桑尼说道:“我打算从后门进公寓,正走着,被地上的电缆线绊倒了。我坐在地上揉着脚腕,大约两分钟后,我听到了枪声,就赶紧站起来。”

格伦说道:“当时我在往厨房走,我想到厨房盛一杯冰激淋,这时,听到后门那里有声音,就向外看了一眼,外面漆黑一片,我就又回到厨房取冰激淋了,几分钟后听到了枪响。”

听了他们说的话,亨利开始搜查房子,在厨房的冰箱旁他找到一杯已融化的冰激淋,在后院的地面上,他看到了电线插头已经被扯出了插座,电线连接的灯还悬挂在比尔的汽车已经打开的引擎盖上。

亨利重新回到屋里,指着比尔说道:“你说的话全是在撒谎,凶手就是你!”

亨利为什么说比尔是凶手呢?

破案关键

桑尼说自己被电线绊倒了,那么正打灯修车的比尔会遇到怎样的情况呢?这是判断比尔撒谎的关键。

NO 209. 化装舞会上的命案

一年一度的化装舞如期举行了,舞会前,首相为了安全,对出入人员做了大量安检工作：化装成装着假腿的海盗的客人交出了他的剑；化装成土耳其苏丹的客人交出了他的大弯刀；除了允许一个化装成棒球队员的人带进了一根球棒，没有任何钝器被带进会场。大家认为不会有人使用钝器构成威胁。

但还是出了事，一个 80 岁的公爵被棒击致死。同在化装舞会的侦探杰瑞勘察了现场，看到公爵装扮成了一个农民，躺在一块大石头上，血还在淌着，滴到了旁边的一个黑洞洞的缝隙中。

“快！”杰瑞对离他最近的一个人说，“关上大门，通知警卫。”

旁边的这个人正是装扮成海盗的州长，他大步跑着离开了会场。

杰瑞的助手说：“我们需要找到凶器。”

化装成棒球手的客人是首相的一个政敌，他说他的球棒在楼上。杰瑞果然在楼上男浴室外的痰盂里找到了球棒。

“把证据带走，”探长喊道，“拿去化验，一定要找到凶手。”

“不一定要去化验，”命案发生后，首相第一次发了话，“我知道是谁杀了公爵！就是那位州长！”

首相为什么说州长是凶手呢？

破案关键

既然是化妆成海盗，装着假腿的州长，为什么还能大步跑着离开会场？这说明了什么？

NO 210. 失窃的硬币

在德里克摩尔宾馆，一位清洁工正在擦拭前厅的内线电话。突然，旁边传来了打碎玻璃的声音，接着警报声响了。

大厅里有一个展橱，里面陈列着纪念德里克摩尔宾馆 50 周年的纪念品：该宾馆的第一份菜单，每个房间的价目表，一些珍贵的硬币、邮票、照片，还有第一位尊贵客人的签名。

经理和其他员工很快赶到，见有一枚珍贵的硬币不见了。经理见附近只有三个客人，便坚决而又礼貌地请求这三个客人在此等候，直到警察来到。

"我们一直在看着他们，"经理对赶到的警察说，"那个坐在扶手椅上看书的是奥克莉女士，她说她刚吃完工作餐。我们要求她待在这里时，她很合作，坐下后就从公文包里拿出一本书来看。"

"布赖尔先生说他刚从房间里出来，到前台拿了几片阿司匹林，他妻子有点头痛。我们留住他后，他用投币电话给妻子打了个电话，我在旁边听到他说让妻子等一会儿，不要着急。"

经理又指着一个穿得破破烂烂的男人说："格林利夫先生刚从宾馆酒吧出来，侍者拒绝再给他上酒，他就在这里游逛。"

"偷东西的人绝对没想到我们装了警铃，"经理说，"也许他早被吓跑了，我们抓不住他了。"

"不，我已经发现了嫌疑人！他就是布赖尔先生！"

警察为什么说布赖尔是偷窃者呢？

破案关键

前厅里有内线电话，可布赖尔不用，反倒用投币电话跟房间里的妻子通话，这是不是很可疑呢？

NO 211. 胡同里的抢劫犯

下午1点种，两个警察听到胡同里有人喊救命。他们赶到了现场后，看到一个女人正坐在地上，揉着脑袋后面的肿块，过了足有一两分钟，她才能说出话来。

她向警察自我介绍道："我叫玛丽·拉姆齐，在一家珠宝店工作，我正要去银行送前一天的单据。今天我感到被人跟踪了，于是拐进了这条胡同。有脚步声从后面传过来，我还没有来得及转头看，头上就挨了一下，接着我就倒下了。"玛丽继续说，"抢劫犯没有继续打我，他抓起我的包就跑了。我只从后面看到了他，是一个高个子，穿着蓝牛仔裤，上身穿着深色的开襟汗衫。"

根据她的描述，警察开始全市搜查，很快就扣留了两个外貌符合玛丽描述的人。

第一个人是斯图·洛根，他愤愤地说："我并不是看见警车才跑的，因为我的午休时间快结束了，不想上班迟到，所以才跑了起来。"斯图就在珠宝店隔壁的熟食店工作。

第二个人是奥利·奥斯卡，他是一个沿街拾破烂的。"我本来不穿这件汗衫，"他一边解下他那件被虫蛀了的开襟汗衫一边说，"你们把我抓来之前，我刚刚从垃圾堆里拾到这汗衫。"

看了奥利的动作，警官突然脑筋一转，来到玛丽身边，指着她说道："你是在撒谎，我看你就是嫌疑犯！"

警察为什么说玛丽是嫌疑犯呢？

破案关键

玛丽说她只从后面看到了抢劫的人，却明确说出嫌疑人穿着开襟汗衫，有这个可能吗？

NO 212.　被谋杀的叔叔

迪伍德非常富有，遗憾的是，他无儿无女。这天上午，迪伍德召来了律师，当着侄子阿萨、塞西尔，侄女波比的面，郑重地签署了一份财产继承文件，声明死后财产归他们所有。

下午，律师正在迪伍德的书房里整理文件时，突然听到了迪伍德的惨叫声！律师飞快地跑下楼去，在二楼很少有人走的后楼梯的上面迎面撞见了阿萨。见律师跑来，阿萨便结结巴巴地说道："声音是从一楼传来的。"

律师快速地走下了狭窄的楼梯，不小心脸上撞上了一张蜘蛛网。他用手捋了一下蜘蛛网，便来到了一楼的厨房。在门口，他往里一瞧：地板明显是刚刚擦过，显得很洁净光亮，立在一旁的餐具柜却是非常的乱。迪伍德就躺在地板上，身上插着一把刀，他已经停止了呼吸。

律师马上报警，与此同时，他又透过厨房与后花园的连接门上的窗户向花园里看了看，他看到外面泥地上有脚印向厨房走来。

不一会儿，警察来了，开始一一讯问。

塞西尔说："肯定有人从后门闯了进来，我一直坐在主楼梯旁的前客厅，我没看到有任何人进来！"

“我也是!”波比指着自己鞋上的泥巴说,“我一直在厨房后面的花园里散步,我什么也没看见。”

“好了,我已经知道谁是凶手了,他就是塞西尔!”律师郑重说道。

律师为什么说塞西尔是凶手呢?

破案关键

你可以用排除法来判断。当律师走后楼梯时,脸上撞到了蜘蛛网说明了什么?刚擦过的厨房地板上没有脚印又洗脱了谁的嫌疑?

NO 213. 无赖格林

格林是个好吃懒做的无赖,没钱了就向邻居波特借,时间长了就欠了好大一笔,波特要他还钱,可是格林哪里有钱还债呢?怒火中天的波特就警告格林说:“我给你三天时间,到时候必须给我还钱!”

一天过去了,中午的时候,波特接到格林的电话,让他马上去拿钱,波特可高兴了。吃过午饭,波特嚼着口香糖,来到了格林的家。他按了门铃,里面传出格林的声音:“是谁呀?”

波特吐掉了口香糖,说:“是我,波特!”

格林马上开了门,热情地倒了杯啤酒说:“喝杯凉快凉快。”

趁波特仰脖子喝的时候,格林举起啤酒瓶,狠狠地砸在波特头上,波特头一歪,就断了气。到了晚上,格林趁着天黑,把尸体抛进了河里。

第二天,汉斯警长敲开了格林的门,说:“我们在河里发现了波特的尸体，有充分的证据证明波特在死之前到你这里来过。”

格林说：“不可能，我已经一个月没有见过他了！”

汉斯哈哈大笑说：“就凭你这句话，就说明你在撒谎！”

波特留下了什么证据，证明他曾经来过格林家呢？

破案关键

波特在按门铃前做了一个什么动作？就是它证明了格林在撒谎！

NO 214. 真假录音

泰森是名会计师，他主要负责审计和监督股票市场上市公司的财务运行情况，以便让股东了解到真实的信息，防止公司中有人弄虚作假。

这天，一份等待审核的年度财务报表放到了泰森的桌子上。这份财务报表是一家经营地板装修的名叫“大地地板”的公司的，从报表上看，这家公司经营有方，利润高达 2 000 万美元，这在经济普遍萧条的环境中是不多见的。

泰森发现许多材料不清楚，有的材料甚至被多次使用，他正考虑是不是打电话询问一下大地地板公司财务总监，他的电话就响了起来。

“喂，请问是泰森会计师吗？”电话里转来一个彬彬有礼的男声，“我是大地地板公司的财务顾问凯特森，如果能和您共进午餐我将非常荣幸。”

“中午，我们在您事务所对面的咖啡馆见，我会把有关材料全部补齐的。”接着，泰森甚至都没有拒绝的机会，凯特森就挂断了电话。

中午时分，泰森找到了早就等候在咖啡馆的凯特森。他要了点心和咖啡，跟凯特森寒暄了几句，便直截了当地问道：“凯特森先生，那些材料你带来了吗？坦率地说，我对你们公司的赢利并不乐观，以你们的规模，似乎不大可能有这么高的利润额。”

凯特森微笑着点点头，递过来一个厚厚的信封。他说道：“50 万美元，希望您能给我们一个机会，如果再支撑一年，明年的这个时候，我们将是全国最大的地板集团了。”

作为一个会计师，泰森坚决地拒绝了凯特森的贿赂，他有自己不可动摇的做人准则。凯特森于是转开话题，和泰森聊起高尔夫球来，咖啡馆的侍者看到他们愉快地谈论了一个小时，然后凯特森结账离开。两个小时以后，有人在咖啡馆的洗手间发现了泰森的尸体，他被尖刀刺中心脏，眼睛圆睁，好像发怒的样子。

警察在他的口袋里找到一个微型录音机，按下播放按钮，传来这样的声音：“如果我出事，凯特森是最大嫌疑人……我拒绝了他的贿赂……天哪，他来了，啊！”

警察马上逮捕了凯特森，可是他坚持说自己是清白的，录音机是有人想嫁祸给他。由于没有别的证据，侦破陷入了僵局。

聪明的同学们，你觉得凯特森是不是凶手呢？

破案关键

泰森被杀之后，一按下就能听到完整的录音，这可能吗？

NO 215.　缺一种声音

星期日的早上，一位评论家死在他的书房里，他胸部中了两枪，倒地而亡。因其是一人独居，尸体是早上佣人来打扫时才发现的。

亨利探长在现场了解到，附近的人没有听到枪声。他问鉴定人员："死亡的时间知道吗？"

鉴定人员回答："昨晚10点20分左右。"

正在鉴定人员答话时，挂在书房墙上的鸽子报时钟"咕咕咕"地响了，挂钟里的鸽子从小窗中探出头报了10点。

"没解剖尸体怎么知道得这么准确？"

"我们到这儿时，收音机正开着，录音键也按着。将磁带转到头一放，录的是那天巨人队和步行者队决赛的比赛实况。"

鉴定人员按下了桌上录音机的放音键，里面传出了比赛实况的转播声。亨利探长一边看着手表一边听着，然后他肯定地说："不，受害人不是在这个书房而是在别处被杀的。"

"那怎么可能呢？"鉴定人员疑惑地问。

"凶手是在别处一边录收音机转播的实况，一边枪杀受害人的，而且不光是将尸体，还将这台录音机也一块儿搬到这个书房里，伪装成是在这儿被杀的。"

"可是，探长，这盘磁带我听了两遍了，这样的证据在磁带里并没有啊？"

"那就请你再仔细听一遍，有一种声音录音中没有，所以书房绝不是杀人现场。”探长又打开录音机，放比赛实况播音给他听。

那么，你知道探长指的是哪种声音呢？

破案关键

在评论家的书房中，有一种可以叫的东西，而在录音机中却没有听到，你猜到是什么了吗？

NO 216. 火炉烤肉

哈利和妻子维雅有一座不大的农场，他们没有孩子，生活过得逍遥惬意。他们除了去城里采购食物或者签订农作物买卖合同，基本上很少外出。

一天，当妻子从城里采购生活必需品回到家时，发现哈利竟然死在了火炉旁，胸口插着一把匕首。

精神恍惚的妻子立即报警，警察杰里奇过来查看了现场：一个烤盆里有些无烟的炭块，上面烤着牛肉，托盘、刀叉、作料散放在一旁。杰里奇检查尸体后，确认比尔大约在一小时前被杀害。

根据农场的交通和人员居住情况，杰里奇立即展开了追捕，结果，在方圆10公里范围内只见到一个人。杰里奇将这个人带到了凶杀现场。那人说自己是个旅行家，肚子饿了正想找地方吃饭呢。他见到火炉上的烤肉，伸手就拿，张嘴就吃。

“先生，慢慢吃，我只问你一个问题，你一小时前在哪里？”杰里奇一边打量这个人一边问道。

"我在这里迷路了,不知道在什么地方。反正应该在这个农场里。哎,警官先生请等我吃完这块烤肉再跟你详细说。"说着他停顿了一下,从炭火中取出了一块烤肉,大大方方地放进了嘴里。

他的这个小动作被杰里奇看得一清二楚。杰里奇眼前一亮,然后把手铐拿出来说:"先生,你的演技太差了,请跟我去警署去一趟吧!"

杰里奇是如何看出这个人是凶手的呢?

破案关键

仔细观察他吃烤肉时的动作,会对你的思考有一定的提示!

NO 217.　音乐会上的阴谋

直到音乐会开幕的当晚,著名指挥家格雷对他的两个得意门生巴蒂和埃利谁将首次登台独奏小提琴,仍然犹豫不决,开幕前15分钟,他才告知巴蒂准备出场演奏,然后将这个决定告知埃利,埃利感到很遗憾。

10分钟之后,格雷去叫巴蒂准备出场,却发现巴蒂倒毙在小小的化妆间,头部中弹,血流满地,格雷慌忙敲开舞台侧门,将这一惨案报告尼斯探长。

探长见开场时间已到,就极力劝格雷先别声张,继续演出,然后他走进埃利的化妆室。埃利听到最后决定让他登台时,没有询问情由,便拉拉领带,拿起琴和弓,随格雷登台了。

当听众如痴如醉地沉浸在优美的乐曲中时,尼斯探长却拿起电话通知警察前来逮捕这位初露头角的青年小提琴手。

请问，探长为什么要逮捕埃利？

破案关键

当埃利得知要上台演出时，他是不是太镇静了呢？

NO 218. 真假遗嘱

汽车大亨库顿因心脏病发作抢救无效而去世。他的离世让库顿集团继任掌管者的竞争更加激烈。库顿的三个儿子米萨、吉尔斯和大卫都来到集团总部，等待律师宣布遗嘱，确定谁将最终成为这个庞大企业的总裁。

看到人都到齐了，律师当着兄弟三人的面，拆开了一份密封完好的文件，里面是老库顿的亲笔遗嘱："如果我因意外事件死去，库顿集团由吉尔斯掌管。"落款时间是 2001 年 11 月 30 日。

吉尔斯有些惊讶，而米萨恨得牙痒痒的，却也无可奈何。突然，小儿子大卫站起来说道："等一等，我知道父亲在这份遗嘱后面又重新订立过一份遗嘱，因此根据法律，遗嘱内容应该以最后一份为准。"

"哦？"米萨一下子来了兴趣，他连忙追问："后面一份遗嘱在哪里？"

"在家里客厅的保险柜里。我们现在就一起回去看看吧。如果两份遗嘱一致，那么公司就归吉尔斯管理。如果两份遗嘱不一致，那么我们就按照后面一份遗嘱的内容办。"大卫回答道。

于是，一行人驱车来到库顿先生的别墅。走进客厅，大卫取下挂在墙上的油画，顿时露出一个嵌在墙中的不锈钢保险箱。他打开保险箱，取出一份文件，同样是密封完好的。

大卫当着其他人的面打开文件，只见老库顿亲笔写道："我决定用这份遗嘱，推翻以前所立的一切遗嘱。我去世后，由大卫掌管库顿集团。"落款时间为 2001 年 11 月 31 日。

米萨的希望再次落空，他跳了起来说："不行，我不承认！你们一个买通律师，一个伪造遗嘱，我最老实，所以我最吃亏！"

大卫得意洋洋地说："不承认也没办法，父亲就是这样分配的，你觉得不公平可以自己去找他理论。"

这时，吉尔斯哈哈一笑，说道："大卫，知道为什么爸爸没把公司留给你吗？你很有经营头脑，可办大事的时候老是糊里糊涂，一看就知道这遗嘱是你伪造的！"

吉尔斯为什么这么说呢？你觉得大卫的遗嘱是真的，还是伪造的呢？

破案关键

问大家一个很简单，又是最容易忽视的问题。那就是——11 月有几天？

NO 219.　相似的车牌号码

午夜的街头冷冷清清，几乎见不到一个人影。这时，车祸发生了——一个红衣女孩被一辆疾驰而过的轿车撞出近 5 米远，然后重重地跌在地上。

轿车司机迟疑了一下，猛然加速逃离了现场。出租司机卡拉奇从后视镜中目睹了这桩惨剧，他立刻记下肇事车的车牌号码，然后拨打报警和急救电话。

等警察和医生赶到的时候，女孩已经因为失血过多死去了。卡拉奇把他记下的车牌号码 18UA01 交给警察。

警方立刻组织人手调查，查到了 18UA01 车车主的住址。他们把这个肇事的恶棍从床上揪出来，可他却满脸惊愕的表情，似乎受到了天大的冤枉。无论怎么盘问，他都不肯承认自己在一个小时以前开过车，更不承认还撞过人。

他打开车库，让警察随便调查取证。在车库里，警察们面面相觑：18UA01 号车子是一辆廉价的日本车，而不是卡拉奇说的昂贵的跑车。这辆灰色日本车没有任何刮擦的痕迹，看来是冤枉了好人。

随警察一同来辨认的卡拉奇非常惊讶。作为司机，他对记录车牌这样的事情非常熟练，他清楚地记得自己看到的车牌就是 18UA01，而且当时立刻就记了下来，绝不会弄错。

警察找到了 18UA81 号、18UA10 号、10AU81 号和 18AU01 号四个最相近的车牌认真分析，终于找出了真正的肇事凶手。

聪明的同学们，如果你是负责侦办这个案件的警官，你认为最可能作案的车应该是哪一辆？

破案关键

注意，当时出租车司机是从后视镜里看到的车牌！

NO 220. 美金不翼而飞

绑匪给富翁寄来了一封恐吓信:“如果你想让儿子平安归来,就在旅行袋内装上 60 万美金,让你的司机于明晚零时,在纪念塔旁边挖一个坑,将钱深埋于地下。”富翁接信后非常着急,他向警方报了案。警方请富翁照绑匪的要求去做。

第二天晚上,司机拿上装有现金的旅行袋来到纪念塔旁边。他挖了一个很深的坑,将旅行袋放入坑中埋好。在司机埋钱时,为防不测,远处有几名警察在树丛中把守,等埋好钱,司机提着铁锹离开那里,留下警察在远处监视着。

直到第二天中午,也未发现坑前有什么动静,而富翁的儿子却平安地回家了。警方甚为奇怪,因为并未发现绑匪取钱,为什么人质却被释放了呢?

他们立刻把埋钱的坑挖开,让人惊奇的是,旅行袋内空无一文,60 万赎金不知何时被取走了。负责监视的警察证实,绑匪不可能来过,而且也没有任何人靠近埋钱的地方。那么,绑匪是如何避过警察的耳目,巧妙地取走了赎款呢?

尼克探长很快就找到了答案,找到了 60 万美金,并抓住了绑匪。

你知道 60 万美金藏在哪里吗?尼克是如何破获此案的呢?

破案关键

钱袋里的钱没了,而谁接触过钱袋呢?

NO 221. 残留的蜡烛

布莱克探长到一个偏僻的小村子处理一个案件。村里有一对老姐妹，姐姐叫梅丽，妹妹叫丽曼，两人相依为命，靠开一家小店为生。日子过得非常俭朴，有一点积蓄。妹妹年轻时嫁过人，生了一个儿子叫马可。后来，她的丈夫不知去向，马可却长成了十足的无赖。

一天早上，邻居发现老姐妹家中遭到了抢劫。梅丽在窗前倒在血泊中，已人事不省。丽曼在床上，由于被刀刺中要害，已死于非命。

警察发现在火中有一把菜刀，刀把已被炉火烧掉，查不到指纹。尽管这样，警察还是把疑点集中在马可身上，因为他有谋财害命的杀人动机，有行为不端的杀人基础，还留下了杀人的证据——在丽曼的床上发现了他掉下的一粒扣子。

探长接到案情报告以后，赶到这个小村子，在拘留所里讯问了马可。马可说，那天傍晚去了母亲那里，先活剥了一只兔子吃了解馋，再将一件衣服脱给母亲，让她把扣子缝好。

母亲在缝衣服时，叫他打开抽屉，拿出一只皮包，清理皮包中的票证和现款。他办好这些事就回家了。后来听说两个老人一死一伤，他也感到非常吃惊。

“你姨妈对你怎样？当时她在干什么？”探长问。

“她一直嫌弃我，当时她也在场，不断地用白眼看着我。”马可回答说。

探长到了现场，梅丽浑身包扎着纱布躺在床上，僵直得像死人一般，只有两只眼睛注视着探长的一举一动。那只旧皮包还在地上，上面明显地留着马可的指纹。

里面的票证丢散在外，一些重要的借据和3万元钱现金却不见了。桌上有一支蜡烛，从残留的烛泪看，这支蜡烛昨晚曾使用过。

察看了现场后，探长脑子里很快产生了一系列的疑问。如果马可是凶手的话，他烧掉刀把消除指纹，为什么皮包上的指纹不加以消除？再说，他傍晚来时，还不需要照明，就是需要照明，屋里有灯也不需要点蜡烛，那么是谁点的蜡烛，为何要点蜡烛？

探长拿着那支蜡烛，顺着蜡烛流下的烛泪，他来到了连通房间的贮藏室。在那里的一只木桶发现了一滴烛泪。

这只木桶是一只用完了存货的油桶，全密封性质，只留下一个倒油的小洞。难道木桶中有什么奥妙？他想到失踪的3万元钱现金和部分重要借据，就一切了然于胸了。

于是探长断定凶手就是梅丽。那么，你知道探长是怎样推理的吗？

破案关键

如果马可是凶手，那么马可为什么要点蜡烛呢？要破此案，大家要留心梅丽对马可的态度。

NO 222.　荒唐的表演

贵妇人米兹尼太太闲得发慌，竟动起了难倒名探哈利的念头。

这天，凌晨 2 点，哈利接到米兹尼太太的男管家的告急电话，说“夫人的珠宝被劫”，请他马上赶来。

哈利走进米兹尼太太的卧室，掩上门，迅速察看现场：两扇落地窗敞开着，凌乱的大床左边有一张茶几，上面放着一本书和两支燃剩 3 英寸的蜡烛，向门的一侧流了一大堆烛液。一条门铃拉索扔在厚厚的绿地毯上，梳妆台的一只抽屉敞开着……

米兹尼太太说：“昨晚我正躺在床上借着烛光看一本侦探小说，门突然被风吹开，一股强劲的穿堂风扑面而来，于是我就拉门铃叫詹姆斯过来关门。不料，这时突然闯进来一个蒙面罩的持枪者问我珠宝放住哪里。当他将珠宝装进衣袋时詹姆斯走了进来。他将詹姆斯用门铃的拉索捆起来，还用这玩意儿捆住我的手脚。”她边说边拿起一条长筒丝袜。“他离开时，我请他把门关上，可他只是笑笑，敞着门走了。詹姆斯花了 20 分钟挣脱绳索来解救我。”

“夫人，请允许我向您精心安排的这一劫案和荒唐透顶的表演致意。”哈利笑着说。

米兹尼太太的漏洞在哪里？

破案关键

风吹向蜡烛的时候，烛液是逆风流淌还是顺风流淌呢？它就是米兹尼太太的漏洞了。

NO 223. 真假绅士

一天，霍桑侦探社来了个陌生客。客人是戴黑边眼镜、蓄胡子、年约50岁的中年绅士。他请人保护自己,因有人要暗杀他。

他已经结婚20年,夫妻恩爱,但有件鲜为人知的秘密——就是他在外面有一个二十出头的年轻小姐,彼此交往甚密。而该女子亦有一个法国男友,最近,法国男友得知自己的女朋友与中年人的密切关系后,非常妒忌,除派人跟踪他们外,更扬言要杀死那中年人。最近,他太太正外出旅行。就在昨晚,他加班回家,开启家门,只见屋内一片凌乱,心知不妙,特来请求霍桑帮忙。霍桑只得答应叫他明早再来研究对策。

第二天早晨,霍桑被报上的头条新闻所吸引:昨天一个绅士惨遭暗杀,霍桑细看照片,原来是昨天所见的男子。

霍桑急忙赶赴现场。发现尸体安放在床上,脸被毁容、无法辨认。警方凭死者指纹,配合现场环境,推测疑犯可能撬开窗户,潜入屋内,把熟睡中的户主杀害,并在书桌上发现一张法文的报纸。

于是霍桑把昨天陌生人到访他的事向警方做了陈述。于是警方登报通缉女子及她的情夫——法国男友。

不久,被害人的妻子旅游回来,知悉丈夫遇害,非常伤心,对于丈夫有外遇一事甚感奇怪,因为20年来,丈夫是个顾家、爱护妻儿的好先生。

此案一直没有破案的头绪。一天,当霍桑和助手在一餐厅吃饭时,突然听到邻桌有一个熟悉的声音,循声音看去,发现绅士妻子正与一陌生人谈话,而这个陌生人竟然是当初去请求霍桑帮忙的"被害人"。这时,他们才恍然大悟,知道是怎么一回事了。

请问,你知道这是怎么回事吗?

破案关键

如果凶手是法国男人，那他杀人后为什么要放一张法文报纸？这很显然是被人陷害。

NO 224. 敲门的窃贼

加利探长是个集邮爱好者，一年夏天，他到一个海滨城市度假。正巧，这儿有个集邮者聚会，他便参加了，聚会连续举行了好几天，每晚都要在协会成员中进行邮票交换活动，探长也像大多数到会者一样，在举行会议的旅馆三楼租了间房。

这是一幢四层楼的旅馆，大楼的三四楼全是单人房间，双人房间则在二楼。因为有很多集邮迷在旅馆过夜，他们放在旅行包里的珍贵邮票，就更有保管好的必要了。

在集邮爱好者共进晚餐时，探长回房间去取烟斗。当探长正在四处寻找时，响起了敲门声。探长没有在意，也没有吱声，过了一会儿门就被轻轻推开了，因为探长刚进来时并没有把门关死。

一个年轻人悄悄地进来，当他见到探长时，便止住了脚步，结结巴巴地说："对不起，我走错房间了！"

探长客气地说："没什么，这是常有的事！"

年轻人离开房间后随即上了楼梯。探长在后面注视着他，在年轻人的身影消失后，探长没做更多的思索和联想，就打电话报告了警察——他断定这是个贼。

15分钟后，警察赶到旅馆，在探长的协助下，很快就在作案现场逮住了这个年轻人。警察从他身上搜到了偷来的现钞、珍贵的首饰和好几本集邮本，还有私配的钥匙，这一切都证明了这家伙是个贼！

请问，探长根据什么立即断定这年轻人是贼？

破案关键

在侦破此案时，应考虑到旅馆的结构安排。三四楼全是单间，而这个年轻人在进门前却是先敲门，这显然有鬼。

NO 225. 跳车的姿势

一具男尸横在铁路旁边，头朝下，肢体扭曲，脖子都摔断了。警长勘查现场后初步认定，死者叫拉福特，是个诈骗犯，应该是从芝加哥开往洛杉矶的快车上跳下来的。这次列车是今天唯一从这里经过的火车。

随后赶来的尼克探长说："你根据什么说他是从火车上跳下来的？"

警长领着尼克探长顺路轨西行，走了100米左右，看到第一个旅行包，往前走300米左右，又看到另一个旅行包，包里有崭新的纸币，共5万美元。

警长说："钱是假币，看来是有人想抢这笔钱，拉福特便跳车要保住它。"

探长说："不，他是被人从火车上扔下来的。"

请问，探长是怎样做出这种判断的？

破案关键

如果福特是自己跳下来的，那么旅行箱为什么离他那么远呢？而且他的姿势也非常值得怀疑！

NO 226. 证据的反面

伦敦郊外有一所专门关押死刑犯的监狱，那里守卫严密，被押到那里的犯人一般都是最凶残的歹徒。

这天，波洛来到监狱看望当监狱长的好朋友加森，当他经过阴森狭长的走廊时，忽然听到有人大声叫唤："放我出去，我是无辜的，我没有杀人！"

顺着声音，波洛发现一个相貌清秀的金发青年眼睛布满血丝，声音嘶哑，正拼命捶打着牢门。

"这是怎么回事？"波洛问道。

"吉恩，杀人犯。"加森简单地回答，"他杀了两名在森林公园里巡逻的警察，结果被捉住了，这样严重的罪行，当然被判了死刑。"

波洛说道："可是他说他是无辜的，看上去他也不像杀人犯。"

加森笑了起来："我的大侦探，到这里的人有一半说自己是无辜的，有四分之一的人看上去不像小说里的标准坏蛋。"

波洛还是觉得有点不对，因为到了死刑监狱还坚持声称自己是清白的，其中一定有问题。他提出应该仔细核对一下吉恩的卷宗，加森拗不过,只好把吉恩的卷宗拿来。

根据卷宗的记载,3个月前森林公园里发生了一起惨案,在一个雨夜,两名巡警被人袭击,他们的尸体在第二天才被发现,当时已经天晴了。大雨清除了凶手留下的所有证据,警方在现场只找到一个陷在泥土里的鞋印。警方立刻搜查了整个森林公园,在1平方公里以内,只有吉恩一个人声称自己是被大雨困住了。警方马上把吉恩的鞋子和取得的鞋印石膏模型作对比,发现完全吻合。

虽然这种款式的鞋子有很多人穿,但是大小完全相同、又同时出现在犯罪现场的可能性非常小。因此,吉恩被逮捕,法院判他死刑,再过一星期就要执行了。

加森看完以后说道:"事情很清楚,现场只有他一个人,鞋印又完全吻合,他也没有不在场证据,这个案件没什么疑问。"

波洛气愤地站起来说道:"恰恰相反,这些糊涂警察!难道他们没有一点常识吗?他们的关键证据——鞋印,其实只能证明吉恩是清白的!"

你是否也为波洛的结论感到惊讶?为什么鞋印其实能够证明吉恩的清白呢?

破案关键

鞋印是在下雨天印下的,而警察发现时鞋印却是已经是第二天了。思考这两天的天气,你会有什么新发现吗?

NO 227.　悬崖边的足迹

博物馆新运到一批出土文物，在开箱清点时，发现一件珍贵的青铜器不见了。经侦查，发觉有两个人相当可疑。这两个人一个是瘦高个子，一个是小矮胖子，当他们发现有人跟踪时，就朝海边一座山上匆匆逃去。由于雨过初晴，他们走过的山间小路上留下了清晰的足迹。足迹延伸到一个陡坡边的乱草丛中消失了，之后又在坡上重新出现，一直到悬崖边上就不见了，望下去就是滔滔海浪。

警员仔细搜索，发现旁边草丛里丢着一个记录本，本子最后有字的一页上写的是："一切都将逝去，一切皆可抛弃……"

一位警员看罢后说："可能是畏罪自杀了。"

警长仔细查看了脚印，果断地说："人就藏在土坡附近，分头搜索！"

果然在坡下百米外一个茅棚里揪出了这两个罪犯。

在押回来的路上，警长悄悄地对警员说："脚印中的奥秘猜到了吗？你想想那现场：土坡以上大个子的步距比小个子的短；大个子的脚印是前掌使劲，而且大脚印有几次重在小脚印上，小脚印从来没有压上大脚印。故是个疑阵。"

警员恍然大悟道："险些被他们骗了！"

请问，两个罪犯布了些什么疑阵？

破案关键

请你仔细分析一下大个子和小个子留下的脚印，如果是两人正常走路的话，脚印会是这样的吗？

NO 228. 脚印之谜

这是一个雨后天晴的早晨。侦探和警长在公同散步时发现门球场地中心处有一年轻女子倒在地上，大吃一惊。

女子是背部被刺两刀致死的，尸体旁边丢着一把血淋淋的尖刀。

可是，被昨夜雨水冲洗过的地面上，只有被害人来现场时留下的高跟皮鞋的脚印，此外没有任何足迹。

“真怪，怎么没有凶手的脚印？一定是下雨前或正下着雨时杀了人逃跑的。”警长说。

“不，如果那样，被害人的高跟皮鞋印儿也该一块被冲掉的。尸体旁边还留着斑斑血迹，凶器尖刀上的血也没被冲掉，说明是雨停后在此杀了被害人的”。侦探断定说。

“那么，凶手怎么才能不留下脚印从这么宽阔的门球场中离去呢？难道是用手或扫帚销毁自己的脚印后逃跑的？”

“如果那么干，还是会留下销毁时的痕迹的。而现场的地面却是干干净净的，什么也没有。高跟鞋印很小，凶手绝不可能是踩着高跟鞋印逃走的。”

警长为此还特意将死者的高跟皮鞋脱下来与地面上留下的鞋印

核实比较过。高跟皮鞋印和鞋是一致的，肯定是被害人走着来的脚印。

“那么，难道凶手是无腿的幽灵？”

“我说警长，请不要做如此怪异的推理。”

“可是，我再也想不出会有其他的可能，难道凶手长了翅膀从空中飞来杀了被害人？”警长一筹莫展。

就算大名鼎鼎的侦探也颇伤脑筋。他看了看四周，无意中发现铁丝围墙的门口有一个存放物品的铁柜和洗手用的水龙头，水龙头旁边还有一截皮管。“原来如此，警长，搞清楚了。凶手用极简单的手段销毁了自己的脚印。”

脚印的谜终于解开了。

那么，凶手用了什么手段销毁了自己的脚印呢？

破案关键

雨水可以冲刷掉痕迹，水龙头和皮管是否可以起到同样的作用呢？

NO 229. 咖啡杯上的唇印

小酒店里只有小福卡一个顾客，一个修女和一个司机进了酒店。

小福卡说：“来，我请客。”两个人谢了他。小福卡和修女各要了一杯咖啡，司机要了一杯橙汁。三人随意谈论着，偶尔喝口杯子里的饮料这时，对面银行里响起了枪声，他们看到三个人从银行里跑出来，蹿过马路。小福卡走到前边的大玻璃窗前去看热闹。当他回到柜台边时，那个修女和司机已经走了。

酒吧招待已经把杯子收回去了，看到小福卡回来，就说："对不起，先生，我还以为你也走了呢。"

酒吧招待看了看刚刚收回去的两只杯子。把一只没有沾上唇膏的咖啡杯子递给小福卡。小幅卡盯着咖啡杯看了一会儿，叫起来："噢！这两个家伙是刚才抢银行的强盗的帮手！"说着便冲出酒吧，想要抓住那两个坏蛋。

你知道是什么引起了小福卡对那两人的怀疑吗？

破案关键

你知道修女是怎样一群人吗？去了解一下修女的相关资料，就知道是什么引起福卡的怀疑了。

NO 230.　店员的智慧

这天下午，巴黎一家珠宝品牌专卖店里来了一对夫妇，两人看上去都很有气质。丈夫礼貌地告诉店员，今天是他们的结婚纪念日，所以打算替夫人挑选一些首饰。他们出示了贵宾卡，这是极少数顾客才持有的卡，标志着顾客的品位和诚信。于是，店员为他们提供了单独的试戴间，根据他们的要求将珠宝送进去给他们试戴。

这对夫妇在店里待了一下午，几乎试过了一半的珠宝，最后他们决定买一个手镯和一对耳环。丈夫带着珠宝到收银台付款。收银员在为他们结账时，注意到站在丈夫身后的夫人好像很紧张的样子，捧着不锈钢保温杯的手在微微颤抖。

丈夫笑着解释说，夫人神经方面有点病症，大夫嘱咐每隔半小时必须吃一次药，所以才会随身带着杯子。他出示了口袋里的药物，又打开杯子给店员看，杯子里是满满一杯咖啡。

夫人这个时候也缓过劲来，她向店员微笑着表示歉意，吃下一粒药，同时喝了一口咖啡。店员有些迷惑，她总觉得什么地方有点不对劲。这对夫妻持有贵宾卡，要对他们进行搜查是不可能的。何况负责接待的店员没有发现珠宝被盗，要求检查更是毫无道理。

“小姐，麻烦你帮我们结账。”丈夫已经有点不耐烦了。

丈夫拿出信用卡，准备付钱。这时，店员忽然想到了什么，她毫不犹豫地报了警。警察在装咖啡的杯子里找到了4件珠宝，而这些珠宝都是夫妻二人用赝品替换下来的。经过调查，警察发现连贵宾卡都是伪造的。

你知道店员是如何看出破绽的吗？

破案关键

故事中有一个细节和丈夫说的“每隔半小时就吃一次药”的话是矛盾的，仔细分析一下！

NO 231. “杀人”的龙卷风

某市最近发生了一场龙卷风暴，风力大到连大树也卷到天上去。

暴风过后，某市警察局收到一宗离奇的伤亡报告，在郊区一排平房中，靠左的一间有一名男子死亡。

由于室内的杂物东歪西倒，所以警方进去时特别小心，死者就伏在厅中的一张沙发之上。

死者后来被证实是后脑重创致死，估计是他身旁的音响击中了他。

音响上有血迹，没有指纹，一时无法断定死者是被谋杀还是意外。

警察犹疑之间忽然想起：还有办法马上可以断定他是不是被谋杀。于是拜访了死者的邻居，结果如他所料，证实死者是被谋杀的。

警长想到了什么呢？

破案关键

警长拜访死者的邻居目的何在？如果真是龙卷风“杀”了人，那么邻居的家中和死者的家中应该有什么相同之处呢？

NO 232. 枯萎的玫瑰

威恩·海克特租用的房间只有一扇窗和一扇门，而且都在里面锁上了。警察们小心翼翼地弄开门，进入房间，只见海克特倒在床上，中弹死了。

警官打电话给海尔丁探长，向他报告了情况：“今天早上第 103 街地铁车站那儿卖花的小贩打电话报警，说海克特在每个星期五晚上都要到他那里买 13 朵粉红色的玫瑰，已经 10 个年头了，从未间断过，可这两个星期他都没去。那小贩有点担心出事,就给我们打了电话。初步看来。海克特像是先锁上了门和窗,然后坐在床上向自己开了枪。他向自己的右侧倒下去,手枪掉到了地毯上。开门的钥匙在他的背心口袋里。”

“他买的那些玫瑰怎么样了?”探长问道。

“它们都装在一个花瓶里,花瓶放在狭窄的窗台上,花都枯萎凋谢了。另外,据我们分析,海克特死了至少已经有8天了。”

“整个地板都铺了地毯吗?”

“是的,一直铺到了离墙脚一英寸的地方。”警官回答。

“在地板、窗台或者地毯上有没有发现血迹?”

“只有一点灰尘,没有别的东西。只在床上有血迹。”

“如此说来,你最好派人检查一下地毯上的血迹。”海尔丁说道。“有人配了一把海克特房间的钥匙,他开门进去,打死了正站在窗边的海克特,然后,凶手打扫清洗了所有的血迹,再把尸体挪到床上,使人看上去像是自杀。”

海尔丁为什么如此推断呢?

破案关键

枯萎的玫瑰仍在花瓶里,但整个地板、窗台和地毯上只有一点灰尘,没有别的东西,是不是不合情理呢?

NO 233. 名画失窃

马格热衷于收藏世界名画。前不久,他又收集到一幅荷兰画家的肖像画。他的朋友，画家力柯对此画也是爱不释手。力柯笑嘻嘻地对马格说道："你不怕被人偷去吗？""我已经保险了。"马格拍拍胸脯说。

几天后的一个晚上，探长戈迪从马格家门口经过。这时，一辆小车悄悄滑到马格家的后门。一个穿戴整齐的人匆匆从屋里走出来，塞给司机一个长筒形的东西，然后小车迅速开走了。这前后不到一分钟的交接，看来是预先有所安排的。

"不好。"戈迪探长快走几步来到门口，刚敲了一下门，马格就在里面问道："谁呀？"随后听说是戈迪探长，便说："请进，探长。"

戈迪推门而入，只见马格站在散乱的床边，右脚穿入裤腿，左脚还在外面。

"我听见响声，正要穿上衣服出去看看。"他有点惊慌，"发生了什么事？"

"你家可能失窃了。"

马格大吃一惊，马上穿好裤子，光着脚跟戈迪冲下楼。"啊，真的失窃了，那幅名家的肖像画被偷走了。"马格万分沮丧，"我要把它找回来。"

戈迪看着马格，若有所思地说："这画是你自己拿去的吧？"

"你瞎说什么呀！"

"不，我一点也没有瞎说。"戈迪探长说道。

戈迪探长的判断正确吗？

破案关键

你在生活中习惯用左手还是右手？在穿裤子的时候是先穿哪条腿呢？观察一下自己，再对比一下马格的动作，你就会有所发现。

NO 234. “捡来”的子弹壳

一件凶杀案的嫌疑人正在山里野营，警长驱车前往调查。在群山之间的一片绿茵上，进入嫌疑人居住的帐篷。在帐篷内一个吊床旁边，有两个金属制品在绿草地上闪着微光，是两颗步枪子弹壳，与杀害死者的子弹口径相同。嫌疑人却说这是他在山上捡到的，他在这个帐篷里已住了一个多月，根本没去市区。

警长说：“你需要重新编造谎言。”

警长看出了什么破绽？

破案关键

嫌疑人说他在帐篷里住了一个多月，如果是真的，那么帐篷下的草会有什么样的变化呢？

NO 235. 教堂前的尸体

初秋的一天早上，在B村的教堂前发现了一具尸体。尸体就在塔底之下，靠近墙边大约30厘米的地面上。这个教堂高约5米，在3米多高的地方有一窗口被打开。

B村的警察署长来到了现场，他检查过死者的尸体，法医签署了死因是由高处坠下而致命的证明。死者衣衫褴褛，看起来是一个贫穷的老人。警察署长说:“这是一起很普通的案件,死者由于无法忍受生活的痛苦,所以由塔上跳下来自杀。”

一个警员细心看了看周围的环境,又看了看死者的尸体,说道:“警长,我认为,死者是被人杀死后搬到这里的,不是自杀!”

警员接着讲出了理由,充分证明这是一宗谋杀案。

你能猜出警员的理由是什么吗?

破案关键

请你仔细琢磨“3 米高”、“30 厘米远”这两个数据,是否存在不合情理之处?

NO 236. 不慎摔死的假象

某天清晨,有人在一堵围墙外的一棵树下发现躺着一具尸体。树干旁有一双拖鞋。死者赤着脚,脚底有几条从脚趾到脚跟的伤痕,而且还有血迹。

“死者是想爬树翻入围墙,一不小心摔死了,他可能是想行窃。”有人这样推断。但是老练的警长仔细观察死者的伤痕一番后却说:“不,这个人不是从树上摔下来的,而是被人谋杀后放在这里的。凶手是想伪装成被害者不慎摔死的假象。”

警长判断的依据是什么呢?

破案关键

你爬过树吗?仔细观察一下爬树时双脚的动作,如果双脚不慎受伤，伤痕应该是怎样的？

NO 237.　车内的死者

某人死在自己轿车的驾驶座上。法医向警长介绍重要情节时说："当时车子停在停车场上，一颗子弹穿入了死者的右太阳穴。在汽车加速器踏板旁有一支手枪，车子内外毫无污痕。在车子周围20英尺以内的地面进行过搜索，仅找到两颗葡萄核和一只生锈的铁钉。手枪上只有死者的指纹，尸检证实枪伤周围有火药烧伤，他的嘴里和胃里都有鲜樱桃。"

警长听后说："我认为他不是自杀，而是在某地被害后，罪犯移尸到停车场的。"

警长这个结论的根据是什么呢？

破案关键

死者嘴里和胃里的樱桃说明了死者生前正在做什么？而平时你在吃樱桃的时候，只吃到樱桃肉吗？

NO 238.　婴　尸

私家侦探福尔接到好友摩斯的电话，告知在住家附近的溪边发现一具男婴尸体。

福尔听完电话，立即与助手赶抵现场。在摩斯居所的后山，一条杂花盛开、水流湍急的溪涧旁，果然发现了一名满身伤痕及鲜血的男婴尸体，估计约四个月大。

“从尸体的伤势显示，我猜想男婴已死了约两天，显然是被人虐待致死、然后抛到这里。”福尔的助手肯定地说。

“不！”福尔反驳道，“你只猜中了一半。从案发现场迹象显示，男婴是被虐待致死，这是毫无疑问的；但我肯定他不是两天前死的，而是刚刚才被害，凶手想利用溪水水流湍急毁尸灭迹。”

从以上两位侦探的判断，你觉得谁的正确呢？

破案关键

婴儿的尸体上仍有明显的鲜血，这是确定被害时间的重要线索。

NO 239. 林中惨案

秋日的森林中发现了一辆高级轿车，车上有少量落叶，一个衣着体面的人死在车里，手里还握着一瓶毒药。

“死者估计已经死亡两天。现场没有发现他杀痕迹，初步认定是自杀。”法医说道。

林地上铺满了落叶，看不到什么脚印。

警长仔细勘察了现场，沉思片刻，对大家说：“这不是自杀，而是他杀后移尸到这里。请大家排除自杀的主观印象，仔细勘查现场。”

警长为什么做出这样的判断呢？

破案关键

林地上铺满了落叶，而高级轿车上是怎样呢？是不是不合情理呢？

NO 240. 男人还是女人

利物浦的时装模特Y女，生活放荡，既是同性恋者，又同男士们谈情说爱。一个星期天的上午，有人发现她被可乐瓶击中头部，死在卫生间里。

据邻居反映："从昨晚起，就不断有人到Y女士房间里玩，今天拂晓听到争吵声，但分不清是男人还是女人的声音。"

探员亨利苦恼极了，对这位既有男情人又有女情人的女士，凶手的性别该怎样确定呢？

警官罗森指着盖子和坐垫都翻在上面的抽水马桶说："看一眼现场就知道凶手是男是女了。"

罗森是怎样判断的呢？

破案关键

想一想男人和女人上厕所的区别，你就能找到破案的关键了！

NO 241.　断水五天

年轻的历史教师米切尔查到一份资料，说离他们不远的一座小岛上藏着一批珍宝，是第二次世界大战期间德军留下的。于是，他约了体育教师斯科特一块儿去寻宝。

他们准备了一艘机帆船，带了一些水和干粮就出发了。不料，他们在海上迷失了方向，又遇上风暴。他们在海上漂流了五天，干粮吃光，水也喝得只剩下半水壶了。这半水壶水被斯科特抱着，不让米切尔喝一口。两人因此发生了争斗，米切尔被斯科特打死了。

两天后，正在海中搜索的警察巡逻艇发现了斯科特和机帆船。斯科特说："感谢上帝，你们发现了我！"他划动双桨，向巡逻艇靠拢。

斯科特蹒跚着钻进船舱，随手摘下软檐帽擦擦额头上的汗，露出被晒得满是斑点的秃脑门。率队搜寻他们的探长德里克，一直注视着斯科特的举动。他递给斯科特一杯水，斯科特一饮而尽，然后抹抹嘴巴，开始讲述他遭到的不幸，他说他们断水五天了，他因阻止米切尔喝海水而失手打死了他。

德里克听后，问斯科特："你们真的断水五天了吗？你是因为阻止米切尔喝海水而失手将他打死的吗？"

斯科特说："是啊，都怪我啊！"

德里克审视着斯科特，说："你在说谎！"然后把疑点说了出来。

这一番话将斯科特吓坏了，他瘫在甲板上，好半天站不起来。

德里克所说的疑点是什么呢？

破案关键

一个人如果断水五天，体内的水分会变得极少，斯科特进了船舱后的一个动作暴露了他的谎言，请你找找看。

NO 242. 安眠药

联邦密探正在调查奥森有无充当间谍的行为，在调查期间，警方发现莫森自杀身亡，有畏罪之嫌。但他死前坚称自己不是间谍，所以至今还未定罪。

莫森死在他的寓所之内，由于他喜欢花卉并有洁癖，家内井井有条，一尘不染。他死在床上，安然而又有条不紊地盖着一张床单。床头柜上是半杯牛奶和一个八十粒装的空安眠药瓶。联邦密探也曾检查过现场，发现并无半点可疑，只是觉得他没理由在定罪之前自杀，这等于"认"了罪。

终于一个微小的破绽使联邦密探恍然大悟，莫森被杀的可能高于自杀。你能找到破绽吗？

破案关键

死者虽然是吃安眠药死的，但是一口气吃下八十片安眠药，在药性发作的时候是非常痛苦的，而死者没有半点挣扎的痕迹，是不是非常可疑呢？

NO 243. 失踪的富家女

亨利应一位富家独生女之邀，和她的堂姐以及堂姐的未婚夫——一个外科医生，4 人一起到郊外的别墅野餐。

小巧轻盈的富家女双亲都已去世，由她继承了巨额家产。到达别墅后，他们在庭院的草地上野餐。

他们带了 3 个大篮子，篮中装满食物。吃饱后，篮子就收到别墅中。

亨利在与堂姐谈天时，富家女和外科医生一起进了别墅。好久也不见他们出来。堂姐进屋找他们，却发现里面空无一人。当亨利也想进屋时，外科医生从另一边的树林里出来了，他浑身泥巴，在摘野草莓。亨利问他富家女在哪里，他说在屋里。然而当他们 3 人进屋去时，却无论如何也找不到富家女，而且门窗都是从里面锁住的，亨利找来找去，只是在走廊上捡到一块防水布片。三人将别墅收拾整齐，医生抢着把大篮子放回车上，不让亨利动手，然后三人一起离开了。

后来警察又进行了仔细地检查，只在浴室里看到了一点血迹。

富家女到哪里去了呢？她被谋杀了吗？尸体呢？凶手又是谁呢？

破案关键

请你将这几个细节联系起来想一想：堂姐一人独自去别墅找人；走廊上的防水布片；临走时不让亨利碰大篮子，然后发挥想象，串联起这些线索，你就会找到答案！

NO 244. 完全相同的车

两名武装歹徒冲进一家银行，抢了钱后，立即乘一辆福特车逃跑了。一名银行职员记下了车子的号码。一刻钟后，布伦茨警长就带着助手赶到了现场。正在他们谈论案情时，突然发现了要找的那辆福特车，它刚从警车旁掠过，警官克勒姆叫了起来："这不可能，车子的牌号、颜色、车号都对。"他们驱车超到前面，将车拦下。

车中是一位年轻男子，名叫西格马尔。布伦茨警长对西格马尔进行了审问。虽然发现他跟这一起银行抢劫案有关，可是由于他不可能在现场，只能又将他放了。事后调查，歹徒从那家银行抢走了 75 000 新钞票。没过几天，又发生了一起银行抢劫案。案发不久，西格马尔开车通过一检查站径直往前开。警察拦下他说："你没有看见停车牌吗？得罚 10 马克！"

"下次一定注意。"西格马尔给了警察一张 10 马克的纸币。两天后，警方逮捕了他。理由是与银行抢劫案有关。

"不可能，"西格马尔说，"我不在现场！"

布伦茨警长佯笑道："但你是主谋。你找了两个朋友，弄了两辆完全相同的车。每次抢劫银行，你就将警方的注意力吸引到自己身上来，他们就趁机跑了。但是，这次你犯了个小小的错误，结果露了马脚！"

你能猜出西格马尔在何处露了馅吗？

破案关键

你见过整叠的新钞票吗？它们有什么特点？

NO 245.　死去的牧马人

夏天，夕阳西下，美国弗吉尼亚州的原野上，阿伯纳策马而行，奔往G城。途中的一株枯树上捆绑着一个死去的牧马人。牧马人的嘴被堵着，脖子是用三根牛皮条捆住的。显然是由于脖子被勒住后窒息而死的。阿伯纳解开绳子，把尸体放在马上，运到G城的保安事务所。

经检验，保安人员推断死亡时间是当日下午4点钟左右。第二天，保安人员逮捕了一名嫌疑犯。但是，经过调查，这个人从昨天中午到死尸被发现这段时间一直在G城。有人证明他一步也没离开G城。因为有人证明他不在场，所以，尽管嫌疑很大，也不得不释放他。保安人员十分为难。

"保安先生，所谓罪犯不在现场是一个骗局。"阿伯纳三言两语便真相大白。

你知道真相是什么吗？

破案关键

请你注意，当时是炎热的夏天，勒死死者的牛皮条在烈日的暴晒下会怎样呢？

NO 246.　登山者的尸体

在北阿尔卑斯山的惠高岳溪谷，一位女登山者的尸体被发现了。她背着背包，被埋在溪谷的残雪中。死者额骨凹陷，像是被落石击中，翻落溪谷身亡的。

死者死亡大概一星期了，左手带着的数字型手表至今仍走着。脸部埋在残雪中，几乎没有腐坏，非常素净，一点妆也没有，可能是一位不喜欢化妆的人；鼻梁挺直，是25岁左右的女人。

“每个山中小屋（为登山者所设）都没有接到求救信号。可以判定这位女性大概是一个人上山的。这么说，一定是登山老手。”年轻的救难队员说道。

“不！这可能不是单纯的意外事故，而是他杀。犯人可能故意带她前来此地，再制造山难身亡的假象。这个犯人也没有什么经验。”经验老到的登山老手、救难队长如此断定。

你知道理由何在吗？

破案关键

死者的死状表明了这极有可能是一起谋杀案，请你尤其注意“背着背包”，“鼻梁挺直”这两个细节。

NO 247. 丢失的钻石

豪华的“冰山”号大型游艇正在河上逆流而上，突然，身穿丧服的夏尔太太急匆匆地找到船长说：“糟了，我带的一只骨灰盒不见了！它里边不仅有我父亲的骨灰，而且还有 3 颗价值 3 万马克的钻石。”

船长听罢，立即对游艇上所有进过夏尔太太舱房的人进行调查，并记录了如下情况。

夏尔太太的女友弗路丝：9 点左右进舱同夏尔太太聊天；9 点零 5 分，因服务员安娜来整理舱房，两人到甲板上闲聊。

夏尔太太本人：9 点 10 分回舱房取照相机，发现服务员安娜正在翻动她的床头柜。夏尔太太恼怒地斥责了她几句，两个人争吵了 10 分钟，直到 9 点 20 分；9 点 25 分，女友弗路丝又进舱房邀请夏尔太太去甲板上观赏两岸风光，夏尔太太因心绪不佳，没有答应。

到了 9 点 30 分服务员离开后，夏尔太太发现骨灰盒已不翼而飞……

如果夏尔太太陈述的事实是可信的，那么，盗贼肯定是安娜与弗路丝两个人中间的一个，但是无法肯定是谁。正在为难之际，有个船员向船长报告说：“我隐约地看见在船尾的波浪中有一只紫红色的小木盒在上下颠簸。”

船长赶到船尾一看，果然如船员所说。于是，他当机立断，下令返航寻找。此时是 10 点 30 分。到 11 点 45 分终于追上了那只正在江面上顺流而漂的小木盒，立即把它捞了上来。

经夏尔太太辨认，这个小木盒正是他父亲的骨灰盒，可是骨灰盒中的3颗钻石却没有了。

这时，船长卫拿出了笔记本，细细地分析刚刚记录下来的情况，终于断定撬开骨藏盒窃取了钻石，然后将骨灰盒抛入大江的人。

破案的结果，同船长得出的结论是完全一致的。

你知道钻石是谁偷的吗？

破案关键

根据精确的时间和船顺流、逆流的速度，你可以试着计算出作案时间。

NO 248. 河底的望远镜

一天早晨，修女苏菲躺在修道院高高的钟楼凉台上死去了。她的右眼被一根很细的约5厘米长的毒针刺过。这根带血的毒针就落在尸体旁边，像是她自己把毒针拔出之后死去的。

钟楼台下的大门是上了栓的，这大概是苏菲怕大风把门吹开，在自己进来之后关上的。因此，凶犯绝不可能潜入钟楼。凉台是在钟楼的第四层，朝南方向，离地面约有15米。对面是条河，离对岸40米。昨夜的风很大，凶犯想从对岸把那根针射来，正好射中苏菲的眼睛是根本不可能的。

院长认为苏菲的死是自杀，又觉得自杀是违背教规的行为，虔诚的苏菲不会出此下策。院长为此专程去请来了老友——科学家伽利略。看过现场之后，他向伽利略介绍了死者的身世和爱好，苏菲家里有钱，她有个同父异母的兄弟。今年春天，她父亲去世了，苏菲准备把她应分得的遗产全部捐献给修道院，但遭到其兄弟的反对。她除了观察星象之外，别无爱好。据别的修女反映，不久前苏菲的兄弟曾送给姐姐一个小包裹，案发后整理她的房间时，发现那个小包裹却不见了。会不会是凶犯为了偷这个小包裹而把她杀了呢？

伽利略静静地思索了一阵，对院长说："如果把那条河的河底疏浚一下，或许能在那里找到一架望远镜。"院长照伽利略的建议做了，果然在河底找到一架望远镜。

可是，这和杀人有什么关系呢？

破案关键

苏菲上凉台是为了观察星象，那么必然要用到望远镜，而死者身边并没有反而在河里，为什么呢？

NO 249.　芝加哥时间

窃贼从芝加哥美术馆轻而易举地盗窃了一张世界名画，驱车上了高速公路向东逃往纽约。

进了纽约州后，窃贼在汽车餐馆吃了点儿东西，没想到却在那里碰上了侦探。

"哟，真是千里有缘来相会呀，没想到会在这儿相见了，是驾车旅行吧。"侦探凑到同一张桌上搭讪。

“是的……哎呀，怎么都这个时间啦！对不起，我失陪了。”窃贼看了看手表，慌忙起身要走。

侦探一把抓住他的手腕拦住了他：“那件事不是已经干完了吗，还是不必这么急着走吧。”

“啊，你指什么？”窃贼心里惦记着放在汽车后备箱里盗来的画，但表面依然故作镇静。

“刚刚电视新闻里说，昨天夜里芝加哥美术馆的一张名画被盗，难道那不是你的拿手好戏吗？我不是警察，你老实跟我说。”侦探盯着窃贼的脸，笑呵呵地说。

“你这是什么话！我这一个星期根本就没离开过纽约。”

“装傻也没用，你去过芝加哥，你手上的表已经告诉我了。”侦探直截了当地挑明了。

侦探的理由何在？

破案关键

手表告诉了侦探什么？东西海岸相距甚远的美国，虽是同一国家，却有 4 个标准时间，请你去查一查，芝加哥和纽约分属哪个标准时间呢，时差有多少？

NO 250. 消失的赎金

某董事长的孙子被人绑架了，犯人要求索取一百万的赎金。犯人以电话指定如下：“把钱用布包起来后，放进皮箱。今晚十一点，放在

M公园的铜像旁的椅子下面。”

为了保住爱孙的性命，所以董事长就按照犯人的指示，把一百万的钞票放进箱子里，拿到铜像的椅子下。

到了十一点左右，一位年轻的女性来了。她从椅子下拿了皮箱后就很快地离去了，完全不顾埋伏在四周的警察。那个女的向前走了一段路后，就拦下了一辆恰好路过的计程车。而埋伏在那里的警车，立刻就开始跟踪。不久后，计程车就停在S车站前。那个女的手上提着皮箱从车上下来。警车上的两名刑警马上就跟着她。女子把皮箱寄放在出租保管箱里，就空着手上了月台。其中的一位刑警留下来看着皮箱，另一人则继续跟踪她。但是很不凑巧，就在那个女的跳进刚驶进月台的电车后，车门就关了。于是无法继续再跟踪。然而，那个问题皮箱还被锁在保管箱里，她的共犯一定会来拿，刑警们这么想着，就更加严密地看守那个皮箱。

但是，过了好久之后，都不见有人来拿，于是警方觉得不太对劲，便叫负责的人把保管箱打开。当他们拿出箱子一看，里面的一百万元已经不翼而飞了。

你知道钱怎么不见了吗？

破案关键

请你仔细想想，女子在公园拿了钱之后，唯一接触的是谁？

NO 251.　电话占线

某日，名探明智小五郎到东京都内的一处公寓去拜访一位女画家，他看到房间里开着灯，敲门却听不到一点儿声音，就感到情况有些不妙，急忙找来公寓管理员，用备用钥匙打开了房门。进去一看，只见女画家浸在浴盆中死去了。据推断，死亡的时间大约是前一天夜里 8 点到 12 点之间。经过调查得知，前天夜里 9 点左右，住在同一公寓的人曾看到，已经和女画家分居的她的丈夫 M 先生，偷偷摸摸地从案发现场的房间里出来。于是，明智小五郎开始查找 M 先生的住所，得知他和他的情妇宿于横滨市的 F 旅馆。

明智小五郎来到那家旅馆，厉声问道："是您杀死了您的夫人吧？"

可是 M 先生说道："这是从何说起！昨晚我 10 点半来这里，11 点我想给妻子打电话，可是因为对方正在讲话，电话占线没有接通。这就是说，那时我的妻子还活着呢，电话是通过交换台要的，旅馆接线员可以作证。"

旅馆接线员证实，M 先生没有撒谎，接线员记下的电话号码，也确实是被害者的。

"和 M 先生住在一起的他的情妇，当时在什么地方？"为慎重起见，明智小五郎又询问了旅馆服务员。服务员回答说："你说的是那个女人吗，我看见她 11 点左右在走廊上的公用电话附近。"

明智小五郎立即识破了 M 先生的诡计，说道："说了半天，凶手还是你啊。你把尸体浸泡在水中，企图使人难以推断死亡的时间。然后和你的情妇狼狈为奸，妄图制造不在现场的假象。"

那么，M 先生和他的情妇身在旅馆，是怎样制造出被害者正在打电话的假象，并迷惑了交换台的接线员为其诡计作证的呢？

破案关键

M 先生的情妇在公用电话附近干什么？接线员打不通电话是因为电话占线，占线的原因除了对方正在接电话外，还有可能是什么？

NO 252. 饿死的乘客

游览用的小型直升机载着一个乘客在海上飞行时，遇到了气流，还没来得及发出 SOS 遇险信号就坠到了海里。幸好，靠机翼的浮力，飞机没有马上下沉，所以飞行员和乘客才得到机会吹起救生橡皮筏转移到了上面。

海面上风平浪静，橡皮筏是 4 人用的，所以两人用绰绰有余。筏上有 5 罐紧急用的罐头食品，其中两个是果汁，以此来代替饮用水。

“如果这样漂上两三天，大概会有搜索飞机来救助的，无需担心。”飞行员劝乘客放心。

可是，半个月后，一艘国际货轮发现这个救生筏时，飞行员和乘客已经死了。飞行员是被匕首刺死的，而乘客刚死不久，不知为什么用左手的一个手指抠住鼓起的空气管，趴在筏上饿死了。船上还有一把带血的匕首和 4 个空罐头盒，另一个罐头没动过，装在被绑在安全把手上的口袋中。

“这两个人是为抢夺最后的一盒罐头而用匕首互相残杀的吧！”

“可如果是这样，活着的凶手为什么不吃罐头而活活饿死呢？”货轮上的船员们感到不可思议。

那么,救生筏上到底发生了什么事呢?

破案关键

请你想一想,为什么乘客左手的一个手指要抠住鼓起的空气管?如果放开会怎样?

NO 253.　凶手的眼神

内华达州法院正在开庭审理一件预谋杀人案。琼斯被控告在一个月前杀害了约瑟夫。警察和检察方面的调查结果是:从犯罪动机、作案条件到人证、物证都对他极为不利,虽然至今警察还没有找到被害者的尸体,但公诉方面认为已经足够的证据能把他定为一级谋杀罪。

琼斯请来一位著名律师为他辩护。在大量的人证和物证面前,律师感到捉襟见肘,一时间瞠目结舌,无以为辞,便把辩护内容转换到了另一个角度上,说道:“毫无疑问,从这些证词听起来,我的委托人似乎确定是犯下了谋杀罪。可是,迄今为止,还没有发现约瑟夫先生的尸体。当然,也可以作这样的推测,便是凶手使用了巧妙的方法把被害者的尸体藏匿在一个十分隐蔽的地方或是毁尸灭迹了,但我想在这里问一问大家,要是事实证明那位约瑟夫先生现在还活着,甚至出现在这法庭上的话,那么大家是否还会认为我的委托人是杀害约瑟夫先生的凶手?”

陪审席和旁听席上发出几下窃笑声,似乎在讥讽这位远近驰名的大律师竟会提出这么一个缺乏法律常识的问题来。法官看着律师说道:“请你说吧,你想要表达的是什么意思?”

“我所要表达的就是这个意思。”律师边说边走出法庭和旁听席之间的矮栏,快步走到陪审席旁边的那扇侧门前面,用整座厅里都能听清的声音说道:“现在,就请大家看吧!”说着,一下拉开了那扇门……

除了琼斯,所有的陪审员和旁听者的目光都转向了那扇侧门,但被拉开的门里空空如也,没有任何人影,当然更不见这位约瑟夫先生……主审法官回过神,看到了眼神未动的琼斯,心下有点奇怪,未及思索,只见律师轻轻地关上侧门,走回律师席中,慢条斯理地说道:“请大家别以为我刚才的那个举动是对法庭和公众的戏弄。我只是想向大家证明一个事实:即使公诉方面提出了许多所谓的证据,但迄今为止,在这法庭上的各位女士、先生,包括各位尊敬的陪审员和检察官在内,谁都无法肯定那位所谓的被害人,确实已经不在人间了。是的,约瑟夫先生并没有在那扇门口出现,这只是我在国家法律许可范围之内所采用的一个即兴的心理测验方法。从刚才整个法庭上的目光都转向那道门口的情况来看,说明了大家都在期望着约瑟夫先生在那里出现,从而也证明在场的每个人的内心深处,对约瑟夫到底是否已经不在人间是存在怀疑的。”说到这里,他顿住了片刻,把声音更提高了些,并且借助着大幅度挥动的手势来加重语气:“所以,我要大声疾呼:在座这 12 位公正而又明智的陪审员,难道凭着这些连你们自己也存在疑虑的证据,就能裁定我的委托人是‘杀害’约瑟夫先生的凶手吗?”

霎时间,法庭上秩序大乱,不少旁听者交头接耳,连连称妙,新闻记者竞相奔往公用电话亭,给自己报馆的主笔报告审判情况,预言律师的绝妙辩护有可能使被告琼斯获得开释。

当最后一位排着队打电话的记者挂断电话回审判厅里时，他和他的那些同行听到了陪审团对这案件的裁决，那是同他们的估计大相径庭的：陪审团认为被告琼斯有罪！

那么，这一认定又是根据什么呢？

破案关键

故事里说道“主审法官回过神，看到了眼神未动的琼斯，心下有点奇怪”，法官在奇怪什么？

NO 254. 不怕暗杀的人

一战期间，华蒙托夫上校是同盟国军队的头号敌人，同盟国军队曾派出了许多身怀绝技的人去刺杀他，但华蒙托夫是拳击好手，去刺杀他的人不是被抓住，就是在其铁拳下丧生，华蒙托夫因此洋洋自得，自称是“不怕暗杀的人”。

一天傍晚，华蒙托夫和警卫们悄悄攀上一座山顶的悬崖，趴在悬崖边缘观察同盟围军队的部署情况。这座小山虽然不高，可是十分陡峭，山下有一条蜿蜒的小河，南方军队就驻扎在小河边。

过了很长时间，警卫们发现华蒙托夫还是趴着一动不动，轻声呼唤也没有反应，不由着急起来。他们把华蒙托夫拉起来一看，发现他竟然死了！

军医经过仔细检查，发现华蒙托夫全身一点伤痕都没有，平时体壮如牛的华蒙托夫怎么会突然死去呢？

负责案件的侦探皮特思索了一番后说："这是一个巧妙的杀人事件，如果我没有猜错的话，华蒙托夫的望远镜当时一定遗落或者丢失了。"

将信将疑的士兵赶到那座小山，果然在小河中找到了卡在河床上的望远镜。

华蒙托夫是如何死去的呢？皮特为什么知道河里有望远镜呢？

破案关键

华蒙托夫死在观察同盟国军队的时候，因此死前接触到的最后一件东西很可能是望远镜，而望远镜同样可以成为杀人利器！

NO 255. 五英里外的大杨树

贝利要出国办一件重要的事情，就把家里的珠宝放在一个盒子里交给好友拉玛保管。

半年后，贝利回来了，他要取回珠宝盒子，可拉玛说："什么盒子？我怎么从来没有听说过呀？"

贝利见他这样说，知道他是想抵赖，他只好请赫伯特探长破案。

拉玛见到探长后还是说："我一点也不知道他所说的什么珠宝盒子。"

探长便问贝利："珠宝有没有清单？"

贝利把清单的副本交给探长。

探长接着问："你是在什么地方把珠宝盒子交给拉玛的？"

"我是在一棵大杨树下给他的。"

拉玛哼了一声,说:"我从来没到过什么大杨树下。"

探长命令一位探员:"你马上到那棵大杨树下去一下,看看那里有什么线索。"

等了好久,那个探员还没有回来,探长不耐烦地说:"这探员真是会耽误时间。拉玛,那棵树离这儿到底有多远?"

"探长,还早呢! 那棵杨树离这里有五英里呢。"

探长说:"那我们就不用等杨树了,我断定,是拉玛拿走了贝利的珠宝盒子。"

你知道探长是凭什么判断的吗?

破案关键

拉玛脱口而出的"那棵杨树离这里有五英里呢"是探长判断的依据,想一想,这句话说明了什么?

NO 256. 悬赏启事

莫比一起床,就急着翻看报纸的启事栏,这是他昨天让助手去办的。启事登在中缝,标题为"找到怀表有赏"。全文如下:"祖传遗物怀表丢失,悬赏1 000美金找寻,有消息可告知。邮政编码:210045。"

莫比读完启事后很是生气:"这个笨蛋! 这样的启事有什么用!"

就在他要打电话训斥助手的时候,门铃响了。门外站着一个中年男子,他说:"我是来送表的。"说着,他从兜里掏出了一块手表。

莫比眨巴着眼睛，简直难以相信眼前出现的事情。

中年男子说："刚才我从报上看到广告，马上就给您送来了。"

莫比冷笑一下，趁男子不备擒住他，大声说："你这个小偷，是你偷了我的怀表！我要送你去警局。"

"你……你血口喷人，冤枉好人。"男子大声抗议，"你凭什么说我偷了你的表？"

"事实很清楚，没有比你更笨的人了，竟然自己送上门来！"

莫比是怎样识破男子的真面目的？

破案关键

请你仔细读一读悬赏的启事，漏写了什么？

NO 257.　圣诞礼物

汉克是主管哈奇的助手，一天中午午休过后，汉克去找哈奇，当他推门进去一看，发现哈奇自缢了。他急忙去摘绳子，发现哈奇已经死了多时。

汉克马上跑到秘书办公室，通知秘书埃米莉，埃米莉立刻拿起电话打给总经理："格兰杰先生，我是埃米莉，你能到 19 楼来一下吗？出事了！"

一会儿，总经理格兰杰来到了哈奇的办公室，见自己的下属上吊自杀了，十分悲伤，他马上让公司人员清理现场，同时，让秘书埃米莉通知哈奇的家人，并马上报案。

一直忙到下午 5 点，埃米莉提醒格兰杰："格兰杰先生，楼上还有一个圣诞聚会呢，是您已经安排好了的！"

格兰杰恍然大悟说道："对对对，我差点忘了 20 楼还有一个聚会呢。"

格兰杰来到 20 楼，房间里此时已有一些员工等在那里了，房间的角落里有一棵圣诞树，树下放着花花绿绿的礼物。因为出了事，屋里的气氛有些沉闷。为了缓和一下气氛，格兰杰开始为大伙分发礼物，从秘书到副总经理，全公司每个人都收到了一份礼物。

聚会很快就结束了，大家一个挨着一个地走出了会议室。汉克是最后一个走出会议室的，他看了一眼圣诞树下空空的地板，心中觉得似乎哪里不对劲儿，猛然间，他眼前一亮——哈奇绝不是自杀！格兰杰是凶手！

他马上下楼找到了警察，把自己的判断说了出来，警察根据他的判断，把格兰杰逮捕归案。

汉克是如何发现凶手的呢？

破案关键

空空的地板说明圣诞礼物已经派发一空，格兰杰给每个人都准备了礼物，唯独少了谁的？

NO 258. 森林里的谋杀案

密密的原始森林里，布兰特沿着巡逻路线，慢慢前进着。他是一名森林警察，他知道，每年到了秋冬季节，森林里变得特别干燥，这时候，最担心的就是发生森林大火。

正在他细心巡逻时，他看到东面的小路上好像有一只高跟皮鞋。他赶紧跑了过去，确实是一只红色的高跟鞋，不过，它穿在一个姑娘的脚上，姑娘躺在枯黄的叶子堆里，已经死了！她的裙子上有一条粘粘的污垢，亮晶晶的。布兰特知道，那是蜒蚰爬过的痕迹。死者的旁边放着一封遗书，上面写着："我患了不治之症，不愿意再连累家人，就来到这里自杀……"

布兰特拿起电话，向警察局报案："这里发生了谋杀案！"

姑娘的遗书上明明写着是自杀，布兰特为什么说她是被谋杀的呢？

破案关键

请你去调查一下蜒蚰这种生物，看看它喜欢生活在潮湿的地方还是干燥的地方？然后结合当时森林的气候状态，就能明白布兰特认为姑娘是被谋杀的原因了！

NO 259.　曝光的胶卷

20 世纪 80 年代初，探长沃尔夫接了一个案子，他因为有事不能去现场，所以派助手古德温拿着相机去拍摄这个案子的现场照片。沃尔夫办完事情后还不见古德温回来，非常着急，打电话也不通，只能在局里等古德温回来。

“你怎么这么晚才回来?”沃尔夫有点生气地说。

“回来的路上我遇到了车祸,就去看了大夫,做了全身的 X 光检查。”古德温回答道。

探长说:“哦,是这样。你去拍摄的照片怎么样了?”

“请放心,我已拍下了照片。”古德温说道,同时,小心地从上衣口袋里拿出照相机。

“很好,马上就去冲洗。”沃尔夫催促道。古德温立即到暗室去冲胶卷,但令人不可思议的是,胶卷已经全部曝了光,底片上一片空白。

“照片去哪儿了!”沃尔夫怒不可遏。

古德温瞠目结舌,困惑不解,好一会,才咕哝着:“这……真是邪门……”

这时候,名探勃朗正好回局里拿材料,听到这件事情后责备了助手几句,道出了胶卷曝光的真相。

曝光的原因是什么呢?你能猜出问题出在哪儿吗?

破案关键

照片曝光的原因和古德温去医院做检查有关,请你去查一查关于 X 光射线的相关资料!

NO 260. 电脑专家之死

托尼是位电脑专家,近来他的运气很差,连续几次开发软件都以失败告终,老板的脸色很难看,暗示他主动辞职。托尼感到心灰意冷,请了假独自躲到别墅去了。

他的手机不通，座机也打不通，担心他压力太大想不开做蠢事的老板就派人去别墅看他，结果去的人发现他死在自己的电脑旁，便立刻向警方报了案。

当警方人员来到别墅后，发现托尼的电脑开着，屏幕上显示的是一份遗书，桌子上还倒着一个喝过咖啡的杯子。经检验，咖啡里边掺了毒，另外还发现地上的电脑电源线没插，死者死亡的时间是在两天前。最后警方确定这是一起凶杀案件，并不是死者自杀身亡的。

那么，警方是怎样确定的呢？

破案关键

电源线没插的电脑利用哪种电源工作？这种电源可以支持多久呢？

NO 261.　温热的海水

最近，某市附近海域里的鱼突然大量死亡，环境部门派史密斯和卡尔专门调查这件事。

史密斯和卡尔走访了在海边居住的村民，村民们向他们反映，自从半年前附近建起了原子能发电站，海里的鱼就开始大规模地死亡，于是他们来到了原子能发电站展开调查。

接待他们的是原子能发电站的站长。史密斯问道："你们的废弃物都是怎样处理的？"

“噢，利用原子能发电，废弃物大多有比较强的放射性，我们是不会把它们随意弃置的。这可不是开玩笑，不信您来仔细看一看。”说着，带领史密斯和卡尔把发电站的各个角落都参观了一遍，在确认没有发现问题后，史密斯和卡尔才离开。

调查陷入僵局，史密斯和卡尔没精打采地来到海边，望着海里漂浮着的成片的死鱼陷入了沉思之中。卡尔走到海边，想捞条死鱼察看一下，可却发现这里的海水是温热的，“哦，这下我明白了！”卡尔把自己的想法告诉了史密斯，史密斯连连点头，

第二天他们又来到了原子能发电站，说出了发电站引起海鱼死亡的原因，这让站长不得不承认是自己的责任，并给政府和渔民缴纳了赔偿金。

破案关键

所有的生物都需要依靠氧气生存，海里的鱼也不例外，只不过它们利用的是海水中含有的氧气气泡。如果水温升高，海水变成温热的，鱼儿会怎样呢？

NO 262.　球星签名的足球

1992 年 7 月 18 日，大毒枭兰地连闯四国，马上就要将价值一百万美元的海洛因带进毒品价格最高的美国了。他把毒品藏在一只新足球内，足球上有十几个来自不同国家的世界著名球星的英文签名，看到这样的足球，谁还会贸然剖开足球检查呢？

然而他在纽约机场遇到了反毒专家——警官康纳利，康纳利甚至没有掂一掂足球的分量，仅是看了看网兜里的足球就说："先生，请你到毒品检查站来一趟，你的足球有问题。"

兰地急坏了，大声说："球星签名的足球有什么问题呀？"

你猜猜康纳利看出了什么问题？

破案关键

球星来自十几个不同的国家，他们的签名却都是英文，是否有不合情理之处呢？

NO 263.　撒谎的安全员

在墨尔本开往堪培拉的列车上，500 万元待销毁的旧纸币被抢劫一空。案发时间在半夜 2 点左右，负责押运的安全员贝尼头被打破，脸被划伤。

经验丰富的施纳格警官奉命登上了列车，在案发的第四节 8 号包厢里，除了发现两支吸了一半的香烟外，再没有其他任何可疑迹象。

施纳格询问案发时的情况，贝尼说："后半夜 2 点左右，忽然有两个人闯了进来，他们一高一矮，戴着面具和手套，只露出眼睛。没等我开口，那个高个子就一拳把我打倒在地，我昏了过去，等我醒来时，就发现钱箱不见了。"

施纳格听完了之后，拿起那两个烟头问道："这是你抽的吗？"

"不，是他们抽的。他俩进来时每人嘴里叼着一支香烟。"

施纳点点头，又问："那么你脸上的划伤是怎么回事？"

贝尼答道："这是高个子强盗打我时他手上的戒指划破的。"

施纳格听完后立刻指出贝尼在撒谎，将贝尼抓了起来，并说出了原因，贝尼只得乖乖地低下头。

施纳格认定贝尼撒谎的依据是什么？

破案关键

贝尼对案情的描述漏洞百出，"每人嘴里叼着一支香烟"，"高个子强盗打我时他手上的戒指划破的"都有它自相矛盾的地方。

NO 264. 钓鱼迷

韩国的一位高利贷主李光健是个钓鱼迷，有一天，他照例起得很早，收拾好钓具放到车子里，准备去海边钓鱼。正要出发时，金子民却突然冒了出来——他从李光健这里借了不少高利贷。

"你借的那笔钱明天就到期了，可别忘了呀。"李光健提醒说。

"能不能再宽限一个月。"金子民说。

李光健低头考虑的时候，金子民从身上取出早已准备好的铁扳手，照着李光健的头部猛地砸去，李光健哼也没哼一声就断气了。

金子民将李光健的尸体用毛毡裹好塞进小车后排座位，驱车朝汉江上游奔去。他顺着汉江支流开到偏僻的远离村庄的清流河滩上，从车上卸下尸体，把死者口袋里的现金及手表等值钱东西全部掏光后，将尸体连同钓具一起扔到了浅水滩上，以此造成李光健钓鱼时遭到歹徒袭击而被害身亡的假象。

金子民伪装好现场后，将李光健的汽车也留在那里，自己乘公共汽车回到首尔市内。

不久，李光健的尸体被发现，负责办案的警察也是个钓鱼迷，他将丢在河滩上的钓具查看一番后，便果断地说："死者并不是在此河滩被害的，是出来钓鱼前被杀而后尸体被转移到这里的。凶手大概是对钓鱼一窍不通的外行。"

请问，凶手金子民到底留下了什么破绽？

破案关键

你喜欢钓鱼吗？去海边钓鱼和去河边钓鱼，需要准备不同的钓具吗？

NO 265.　不肯救人的救护车

福森特探长办完案子准备回警局。一路上都很畅通，眼看就要到达目的地了，却发现前方大堵车，根本无法前行。

探长跳下警车一打听，原来刚才有个男子不遵守交通规则，乱穿马路的时候被卡车撞得头破血流，正好此时有辆救护车路过，人们就把救护车拦下来，想把伤员送到医院去。可是救护车上跳下来一个医生，说他们要赶着去救另外一个病人，不肯救这个男子，于是在马路上争吵起来，造成了拥堵现象。

福森特探长马上对医生说："救死扶伤是你们医生的责任，再耽搁下去，病人就要没命了。快把伤员送到医院！”医生没有办法，招招手，救护车又跳下来个医生，把伤员抱上担架，推进了救护车，关上车门，拉响警笛开走了。

探长继续开车，可是脑海里总出现救护车关车门时看见的情景：伤员的头朝外，脑袋上还在流着血。忽然，福森特探长大叫一声："我们上当了！"他马上掉转车头，追赶那辆救护车。

福森特探长为什么要追赶救护车呢？

破案关键

你见过救护车救人吗？探长在救护车关车门时看到伤员头朝外安放，与你所见的一样吗？

NO 266.　酒吧命案

一间酒吧里发生了人命案，福伦警长接到报案，马上就赶到了现场。

他看到一张桌子前趴着一个中年男人，身体很强壮，头发乱糟糟的。桌子上淌着一大摊血，在昏暗的灯光下，显得特别恐怖。男子的左耳朵后面有一个弹壳，子弹是从这里射进了脑壳，中年男人当场死亡。

开枪的人叫比克，他是酒吧的老板。比克脸色苍白，紧张地回答着福伦警长的询问。比克说："我这里的顾客，南来北往的很复杂，一些流氓经常来这里捣乱，为了防止坏人抢劫，我准备了一把手枪，这是在警察局备过案的。”

福伦警长说:“这些我都知道,你就说你为什么开枪杀人吧。”

比克点点头,继续说:“就在10分钟前,酒吧里只剩下一个顾客,趴在桌子上一动不动,我以为他喝醉了,就跑过去,问他是不是不舒服,谁知道他一下子蹦起来,举起一把尖刀,要我把钱箱交给他!我急忙逃回柜台,拿出防身的手枪,他举着尖刀迎面扑上来,我只好开枪,我这是正当防卫啊!”

福伦警长等比克说完了,嘲笑地说:“可是,你编的谎话里忘了一个细节。”

是哪一个细节,使福伦警长发现比克在撒谎呢?

破案关键

子弹从哪里射入导致男子死亡?请你结合当时比尔开枪的情景——“对迎面扑上来的人只好开枪”,其中有何不合理之处?

NO 267. 博物馆里的小偷

国家博物馆里正在举办国际文物展,售票处的窗口前天天排着长长的队伍。

博物馆越是热闹,博物馆保卫部门越是高度紧张。为了加强保卫工作,警卫们全部取消休假,彻夜巡逻放哨。

这一天下午,天正下着大雨,有一个盗窃犯买了门票,走进了博物馆。他似乎对每个展品都很感兴趣,看得非常仔细,待了很长时间,实际上，他是在查看地形。博物馆关门的铃声响了，游客们纷纷离开，盗窃犯却悄悄躲进厕所里，爬到上面的水管上。到了半夜里，他从厕所里出来，摸清了警卫巡逻的规律。他乘警卫两次巡逻之间的空隙溜到一个展架前，那里面放着一只象牙杯子，那可是非洲的一件国宝啊！他用工具打开橱窗的锁，拿走了象牙杯子，换上了一只假的，然后逃回厕所里。

第二天早上，博物馆开门了，参观的人群蜂拥而入。盗窃犯从厕所里出来，混在参观的人群里。过了一会儿，他假装参观完了，跟着人群向门口走去。外面还在下雨，他打开了雨伞，这时候，一个警卫拦住他问："昨天晚上，你躲在博物馆里干什么？"

警卫为什么会看出他躲在博物馆里呢？

破案关键

警卫是因为雨伞而看出小偷昨晚躲在了博物馆，你知道小偷的雨伞和当日进来的游客的雨伞有什么区别呢？

NO 268.　黄色碎布片

拉克斯通摩托车大赛是英国最引人注目的比赛。经过几天激烈预赛，夺魁呼声最高的是开麦基和乔纳费希摩托车队。

决赛前夕，整个营区万籁俱寂，只有四个摩托车队的营地里还透出暗淡的灯光。他们是紧挨在一起的格拉迪科队、开麦基队、苏扎基队和在他们上游处、与他们相距 200 米的乔纳费希队。就在这时，一个黑影窜进开麦基队的车库里，不一会儿，一声脆亮的金属落地声惊醒了开麦基队的汤姆。他刚要蹑手蹑脚去抓，只见那黑影从通风管爬出，眨眼工夫直奔河边，等汤姆赶到河边，黑影早就无影无踪了。不过汤姆还是有收获的，他在通风管口捡到一块黄色的碎布片。

半小时后，警长莫里斯赶到现场。他召集来四个车队的队长，指着碎布片对格拉迪科队队长说："这是从你们车队的人穿的工裤上撕下来的，这不会错吧？"

格拉迪科队队长点点头，说："这里一定有鬼，前几天我们多余的工装裤全给偷了。"

正说着，从门外走进一个瘦个子，他左手提着各种渔具，右胳膊上挂着一捆湿淋淋的东西，说："有人要我把它交给莫里斯警长。"

莫里斯接过来打开一看，是一条黄色工装裤，裤腿上有一个破洞，与那块布片正好吻合。

"先生，你是从哪儿弄来的？"莫里斯问道。

"我是乔纳费希队的杰克，我在靠近我们队营地的河边钓鱼拾到的。"

"什么时候？"

那人想了想说："15 分钟前，我正在甩鱼钩时，忽然看见这玩意从开麦基队营地方向漂过来。"

格拉迪科队队长一听，说："明显的栽赃，这是开麦基队惯用的方法。"

开麦基队队长气得满脸通红，说："我们疯了？自己给自己拆台？"

莫里斯警长制止了他们的争吵，说："罪犯就在我们中间，我已经发现了他。"说完，犀利的目光直朝他射去，那人无可奈何地低下了头。

你知道罪犯是谁吗?

破案关键

乔纳费希队的杰克说自己看见碎布片从开麦基队营地方向漂过来,这可能吗?

NO 269. 旅馆大盗

皇家大旅馆经理贝克斯刚要下班回家,助理苏顿匆匆走进他的办公室,向他汇报说:"刚接到警方通知,旅馆大盗'幽灵'已经来到本市,也可能住进我们的旅馆,让我们提高警惕。"

贝克斯一惊,说:"你要多加防范。昨天电影明星格兰包了一个大套间,她戴了那么多钻戒,肯定会是个大目标。大后天早晨还有8位阿拉伯酋长来住宿,你派人日夜监视,千万别出差错。"

"是的,我已经采取了措施。根据国际刑警组织提供的报告,我们旅馆有4个单身旅客有嫌疑。第一个是从耶路撒冷来的斯坦纳先生,经营水果生意;第二个是从伦敦来的勃兰克先生,行踪有些诡秘;第三个是从科隆来的企业家比尔曼;第四个是从里斯本来的曼纽尔,身份不明。"

"这么说,其中每个人都有可能是旅馆大盗?"

"可能,但您放心,我一定不让窃贼在这儿得手。"助理苏顿胸有成竹地答道。

过了两天,8位阿拉伯酋长住进旅馆。苏顿在离服务台不远的地方值勤，暗中观察来往旅客。只见斯坦纳先生从楼上走到大厅门口，在沙发上坐下，取出放大镜，照旧读他从耶路撒冷带来的《希伯来日报》。10 点，勃兰克和曼纽尔相继离开了旅馆。到了 10 点 10 分，电影明星格兰小姐发现她的手镯、珠宝都不见了。

苏顿顿时紧张起来，一边向警察局报案，一边思考谁是窃贼。这时，他把目光落在了斯坦纳身上。斯坦纳好像根本不知发生了什么事，仍正襟危坐，聚精会神地借助放大镜看他的报纸，从左到右一行一行往下移。突然，苏顿眼睛一亮，立刻把斯坦纳带到了保卫部门。

一审讯，果然是斯坦纳作的案。

苏顿是怎样看出斯坦纳的破绽的？

破案关键

中文是从左往右书写的，但希伯来文不同，你知道它是怎样的吗？

NO 270.　157 页和 158 页之间

居住在洛杉矶的洛克是一位大富翁，他不幸去世后，律师准备按照遗嘱把他名下的公司和上亿元的股票及文物给他两位姐姐的孩子。但是，就在洛克去世的第二天，洛克弟弟的孩子，也就是洛克的侄子罗伯特来到了律师行。

罗伯特对律师说：“我知道洛克先生曾留了一份遗嘱，不过，我要告诉你，我现在手里的这份遗嘱才是有效的，因为它的时间要比你手中的遗嘱的时间还要晚，这份遗嘱上写的遗产继承权是由我来继承的。”

律师查看了罗伯特拿来的文件，发现上面所写条款以及签名、盖章都没有错。律师想了想，说道：“罗伯特先生，你的这份遗嘱是如何拿到手的呢？”

“我是在洛克先生家的《圣经》里找到的。那天，我去洛克家看望洛克，他已经不行了，便用最后的力气告诉我在《圣经》的 157 页和 158 页之间夹着他的遗嘱。”

“你在说谎！”律师怒不可遏地怒斥道。罗伯特顿时怔住了，在听完律师的分析后，只好交代了自己是在撒谎。

律师为什么说罗伯特在撒谎呢。

破案关键

请你去翻翻任何一本书的 157 页和 158 页，看看它们之间为什么不可能藏有遗嘱？

NO 271.　衣架上的大衣

在冬天快要结束的时候，艾玛·惠勒在她家开了一个聚会，宾客来了很多，一直玩到凌晨。这时，艾玛突然发现价值连城的中国明代花瓶没有了，而花瓶原先就放在入口大厅的桌子上。

警察赶到时，宾客们都聚集到了客厅里，艾玛正站在前面，情绪激动得活像一条愤怒的牧羊犬。警察搜查了整个房间及客人们的汽车，没有找到花瓶，于是开始询问宾客。

菲利浦·麦克斯走上前说:“我和朱莉·贝克尔一样,是最早一批到达的客人。我始终没有离开过房间。若是其他人没有注意到我,那是因为有一半时间我都待在卧室里看电视转播的棒球赛。”探长记录了菲利浦的话,然后让他走了。

罗德·史洛威茨第二个接受讯问。“我必须得回家了,”他先道歉说,“要是两点钟我还没喂我的双胞胎孩子吃饭,我妻子会打我的脑袋的。”罗德也声称从未离开过房间。“哦,我曾出去一趟,上了二楼阳台,外面很冷,一会儿就回屋了。”

朱莉·贝克尔第三个接受讯问。她也声称从未离开过房间,也没有看到什么异常现象。她说:“我一直在跟不同的人说话,还品尝桌子上丰盛的食物。”探长也让她走了。朱莉走进入口大厅,从挂满衣物的衣架顶端取下了自己的大衣。

“我想,我已经知道了嫌疑人,她就是朱莉·贝克尔!”

为什么探长认为朱莉·贝克尔是嫌疑人呢?

破案关键

朱莉·贝克尔的大衣所在的位置是不合情理的,你发现了吗?

NO 272.　男扮女装的杀手

穆摩是警方的污点证人,被安排住进修道院——警方认为最安全的地方,谁知在第二周穆摩就被枪杀了。探员们在三楼穆摩的房间找到了她的尸体,然后询问修道院院长知道些什么。

“我不知道凶手是如何在不被人发觉的情况下，进来杀了人又逃走的。”修道院院长颤抖地说。

“也许凶手既没有进来过，也没有出去过。”麦科马克探员说，“近来有新的修女加入这个修道院吗？”

“有三个！”院长回答道。

第一个修女玛丽来到探长面前，说：“枪响时我在二楼，听到枪声后我赶快藏到了一个阴暗的角落里，害怕极了。几秒钟后，我看到朱莉安娜修女从三楼下来。她没有看见我，但我清楚地看到她手里拿着枪。”探长注意到她说话时脖子上紧绷绷的硬领子随着她咽唾沫一跳一跳的。

第二个是朱莉安娜修女，她是从新泽西州转院来到这里的，她承认她当时拿着一支手枪：“当我哥哥听说我要来这个修院后，他让我带着枪防身，看来哥哥是对的。我听到枪响后，拿着枪下了楼，我什么也没看见。”

第三位是厄休拉修女，当时她正在三楼的洗手间里，说自己除了听到枪声外没发现任何异常。

听完三个修女的描述，麦克马克探员马上就指着玛丽修女说道：“你就是凶手！”

麦克马克探员为什么说玛丽就是凶手呢？

破案关键

玛丽修女说话咽唾沫时脖子上的硬领子一跳一跳的是怎么回事呢？请你大胆猜测一下！

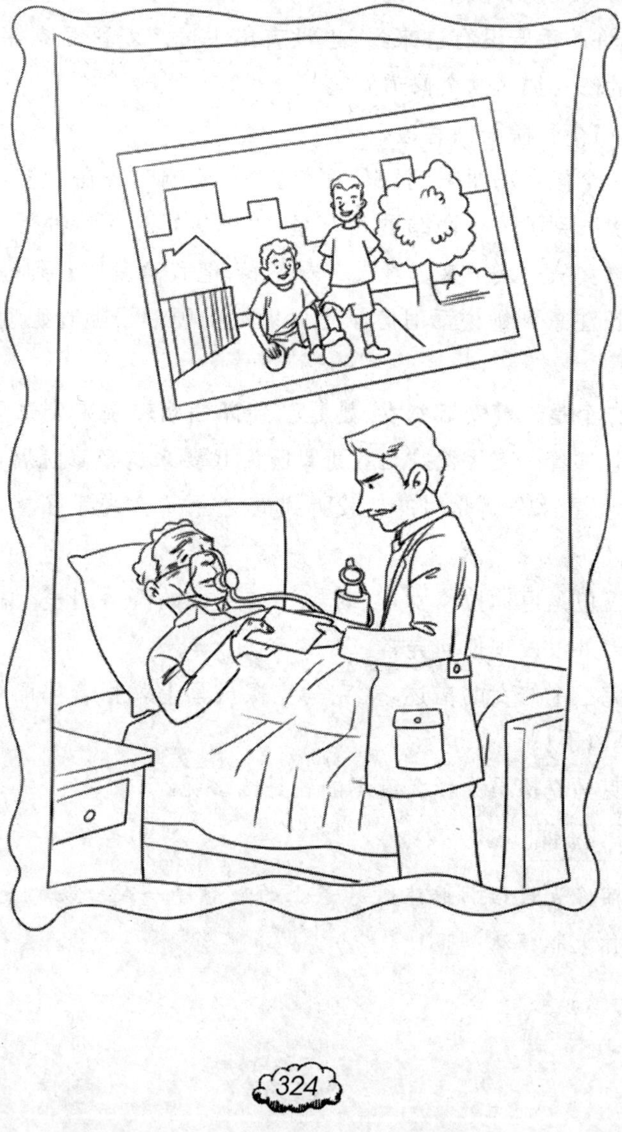

NO 273.　不配合的邻居

一天,皮特被人杀死在他的家里。巡警听到报案,立即赶到了现场。皮特的尸体就在他家后院的地上,身上满是刀伤,现场有搏斗的痕迹,血迹溅得到处都是。巡警立刻询问周围的邻居。

第一个是弗鲁姆。弗鲁姆刚刚刷完家里的门廊,看上去是一个友好的年轻人,在与探长握手之前,他把手在自己十分干净的牛仔裤上擦了擦。弗鲁姆说:“整个上午我都在外面刷门廊,这活儿很费事。我什么也没听见,什么也没看见。”

探长接着又找到了奥尔森。他的花园与死者的花园只有一墙之隔。“我一直在除草、种花,进进出出屋门好几次。”他的手上指甲缝里满是泥土,“杀人案一定是我在屋里的时候发生的。抱歉,我不能提供什么情况。”

探长找到了的第三个人,名叫肯尼。这是个大肚子中年人,他对探长说道:“我当时正在梯子上擦窗户。”探长发现他的 T 恤还是湿的,而且从肯尼的院子里可以俯视死者的院子。肯尼说:“我从来不往皮特家的院子里看。我当时在考虑别的问题,什么也没看见。”

三个人全都不配合,但聪明的探长却马上对其他的巡警说道:“我已找到犯罪嫌疑人,这个人就是弗鲁姆!”

你知道为什么吗?

破案关键

弗鲁姆说自己在刷门廊，可是他的牛仔裤是干净的还是脏的？像是在刷门廊的样子吗？

NO 274. 宝石展销会

埃默里夫人举办了一场宝石展销会，但会议一开始，就令埃默里夫人很失望，她本以为珠宝商们应该知道如何穿戴，但来的人好像都不知该如何打扮。波士顿来的罗德尼穿着一件20世纪70年代流行的衬衫；亚特兰大来的朱利穿着一身运动装，脚上穿着胶底跑鞋；杜塞尔多夫来的克劳斯是新入行的，也是打扮最不合时宜的，他的袜子竟然一只是褐色的，另一只是蓝色的。

尽管对来宾颇为失望，但埃默里夫人还是认真地向来宾介绍着展销的宝石："我的宝石的品质非常好，请大家仔仔细细地观看，绝对没有次品。"

埃默里夫人一边介绍着，一边在心里琢磨着：今年行情不好，只要能把我精心准备的一块精美的绿宝石售出去就可以了，所以她特意把这块绿宝石放在一些普通的蓝宝石、石榴石、鸡血石中间，希望能衬托出绿宝石的光泽。

就在她介绍时，突然间外面的街上发生了非常强烈的撞车声，一下子把正听她讲解的人的注意力全部吸引到了街上，仅仅几秒钟，等埃默里夫人回过头来，发现桌子上所有的东西——包括不值钱的石榴石和那颗珍贵的绿宝石,全都不见了。

埃默里夫人马上报了案,探长里尔带着助手就立刻来到了现场,里尔查看了一番现场,和几个珠宝商谈了谈,然后对埃默里夫人说:“这么短的时间行窃,窃贼一定是来参展的珠宝商,我想,我知道是谁了。”

你知道窃贼是谁了吗?

破案关键

窃贼为什么连不值钱的蓝宝石、石榴石、鸡血石都偷呢?

NO 275. 谁在放哨

在一个极冷的一月的夜晚,格里利巡警刚巡视到市里一家商店的门口时,发现柯林斯珠宝店橱窗里有手电筒的光线闪过。格里利立即请求支援,警方迅速赶到,封锁了商店的前后门。但为时已晚,盗贼逃跑了。格里利做这一切迅速且悄无声息,按理说不可能让店里面的窃贼发现,只有一个原因——有人在店外报信给盗贼。

很快,他的判断得到证实。警官们在珠宝店的地板上发现一部步话机,看来是盗贼丢掉的。“快!”格照利说,“刚才我看到有三个人在外面游荡,其中一定有那个放哨的!”

警察们迅速行动,搜查了街区,逮捕了三个闲逛的人。

“我正在等公交车,”第一个人拄着白手杖,戴着墨镜,“我是一个盲人,在柯林斯珠宝店隔壁做会计,今晚我工作到很晚,听到了街上有动静，但我看不见。”

第二个人是一个妇女，她对警官说道：“我的车坏了。走出来找修车铺，你们可以检查我的车，现在它还是坏的。”

第三个人是一个无家可归的酒鬼，他手中拿着喝了一半的威士忌酒瓶，瓶中的酒在零下的温度中已经有部分结冰了。“我正想着自己的事情，”他含糊不清地说，“想找一个暖和的地方睡觉。”

格里利听完三人说的话后，对身边的警察说，“我知道谁是放哨的了，就是那个酒鬼。”

格里利为什么说酒鬼是放哨的呢？

破案关键

“瓶中的酒在零下的温度中已经有部分结冰了”，这瓶酒是格里利判断的依据，请你想想，酒会结冰吗？

NO 276.　三个气球

保罗是个喜欢画画的14岁学生，一天，他独自一人来到郊外的山上写生。他画了一幅又一幅素描，画夹子里已经有了厚厚的一沓作品。

就在这时，一个黑脸大汉从后面将他抱住，然后把他带到了山坡上的一所小房子里。绑匪把保罗往屋子里一推，就命令保罗给家里打电话，让家里拿10万元美金来赎人，否则就撕票。保罗按照绑匪的意思给家里打了电话。

"小子,你还算合作。就委屈你暂时在这里住着了,我出去办点事。"绑匪说完锁上门就走了。保罗一个人坐在黑暗的房子里,琢磨着怎么逃出去。

保罗发现房子很结实,密不透风。要想逃跑是不可能的,怪不得那绑匪连自己的手和脚都不用捆就那么放心地出去办事去了。百无聊赖的保罗翻着口袋,想找个可以玩的东西来打发时间,谁知只找到了三个气球。

突然,他的脑子里灵光一闪,高兴得他跳了起来,很快地他把气球吹好,然后扯了毛衣上的线,将气球放在了房子的外面,等候着有人能看到,通知警察来救自己。

傍晚的时候,一个森林警察巡山时发现了气球。他将气球取下来,心里还在想是谁这么捣蛋将气球放在人家房子旁边,不料竟然在上面看到求救信号,于是他马上通知了山下的警察,警察立刻将保罗救了出来。

保罗是如何发的求救信号呢?

破案关键

你见过被捏成各种形状的气球吗?通过放气和调整,气球可以被捏成各种形状,比如老虎、小狗、木马之类,保罗就是利用这个方法发出的求救信号。

NO 277. 神奇的眼睛

麦琪是一名演员。一天晚上演出结束之后,她就回家了。回到家之后，她先洗了个澡。当她洗完澡出来之后，发现自己的钻石戒指不见了。她立即打电话给自己的私家侦探大卫。

大卫接到电话后，立即驾车来到麦琪的住处。

麦琪对大卫说："我刚刚洗完澡出来，就发现戒指找不到了。我的门是锁好的，只是窗户是开着的。"

大卫仔细检查了屋内的所有东西，没有发现任何作案痕迹。如果门是锁着的，那小偷只能是通过窗户进来的，但是窗户是被铁栅栏包围着的。栅栏是由很粗的铁丝做成的，而且栅条之间的距离很窄，人是不可能钻进来的。

大卫在房间仔细地搜寻着，突然，他在梳妆台上发现了一块硬纸片，纸片上隐约地有一个"V"字形的压痕。他转身询问麦琪："这个纸片是你的吗？"

麦琪小姐看了下那张纸片，回答道："我房间里从来没有这种纸片啊！"

大卫想了一会儿，明白了，小偷并不是人而是鸟。"V"字形压痕就是鸟嘴压出来的。小偷让鸟夹着纸片是为了不让小鸟发出声音。

于是，大卫询问这里是否有人养鸟。麦琪想了一会儿说："一楼有个人养了两只鸽子，三楼有一个人养了两只鹦鹉，五楼的史密斯养了一只猫头鹰。"

大卫听完之后，就说："小偷就是史密斯。"

于是他打电话给警察，警察经过调查和演习后，史密斯终于承认了自己的罪行。

大卫怎么知道小偷是史密斯呢？

破案关键

首先,大家要注意作案的时间,其次大家想一想鸽子、鹦鹉、猫头鹰都有什么样的生活习性?

NO 278. 猫头鹰帮凶

夏季的一天下午,著名昆虫学家法布尔正在院子里观察蚂蚁的生活环境。巴罗警长走了进来。他摘下帽子擦着汗说:"法布尔先生,你知道吗,大财主格罗得先生把他那只心爱的猫头鹰杀了,并且剖开了腹部。"

"昨天晚上,格罗得先生家里来了一个巴黎客人,他叫巴塞德,也是位钱币收藏家,是来给他鉴赏几枚日本古钱的。正当他们在书房互相谈论自已的珍藏品,相互鉴赏的时候,巴塞德发现带来的日本古钱丢了3枚。"警长接着说。

"是被人盗走了吧?"

"不是的,书房里只有他们二人,肯定是格罗得先生偷的,巴塞德也是这么认为的。但追问格罗得时,格罗得却当场脱光了衣服,让巴塞德随便检查。当然没有搜到钱币,在书房内搜个遍也没有找到。"这位警长仿佛自己当时在场一样绘声绘色地说着,法布尔仍在埋头观察蚂蚁的队列。

"格罗得偷他古钱的时候,巴塞德没看见吗?"

"没有,他正在用放大镜一个一个地欣赏着格罗得的收藏品,一点儿没有察觉。不过，那期间格罗得一步也未离开自己的书房，更没开过窗户，所以，偷去的古钱不会藏到外面去。”

“那么，当时他在干什么？”

“据说是在鸟笼前喂猫头鹰吃肉。”

“那古钱究竟有多大？”法布尔先生走到警长跟前坐了下来，看上去他对这个案件也产生了兴趣。

“长3厘米，宽2厘米，共3枚。再能吃的猫头鹰，也不可能把这种东西吃进肚里吧。但是，巴塞德总觉得猫头鹰可疑，一定是它吞了古钱。主张剖腹查看，而格罗得却反问，如果杀掉还找不到古钱又怎么办？能让猫头鹰再复活吗？”

“这可麻烦了。”

“被他这么一说，倒使巴塞德为难了，当夜也没再说什么，上二楼客房休息了。谁知今天早晨一起床，格罗得就将那只猫头鹰杀掉并剖开了腹部。”

“可是，连古钱的影子也没见到。”警长接着又说了下去。

“那么，是不是深夜里换了一只猫头鹰啊？”

“不，是同一只猫头鹰。巴塞德也很精明，临睡前，为了不被格罗得掉包，他悄悄地在猫头鹰身上剪短了几根羽毛。并且在今天早晨还对照检查过，认定了没错。”

“真是细心呀。”

“如果猫头鹰没有吞食，那么，三枚古钱到底还会掉到哪儿呢？又不能认为在猫头鹰肚子里融化，真是不可思议。巴塞德也无可奈何，最终还是报了案。所以，刚才我去格罗得的住宅勘察时，也看到了猫头鹰的尸体。”

“先生,你对这个案件是怎么想的?”警长接着说。

法布尔慢慢站起身来说:“回答很简单,格罗得巧妙地藏了古钱。”

“可是他藏在哪里呢?”警长疑惑地问。

请问,你知道古钱藏在哪里吗?

破案关键

请你去研究一下猫头鹰在吃东西时的习惯,就能找到答案了!

NO 279.　杀人的狼犬

多柯和卡特尔都是出了名的赌徒,一天,两人在一赌场相遇,因为都知道对方是厉害角色,所以第一把就押上了所有的钱。然而,意料之外的事发生了,多柯轻松获胜,而卡特尔瘦长的脸阴郁得好像有暴风雨要来临,他喃喃地说道:“年轻人,你会付出代价的,一定会的!”

多柯并没有太在意,他带着赢来的钱买了加州一座看得见海景的别墅,邻居玛利亚小姐是位医生。

这天,玛利亚小姐敲开了多柯的门,她告诉多柯她要离开一段时间,请多柯帮忙照看她的狗——一条彪悍的狼犬,多柯愉快地答应了玛利亚小姐的请求。

第二天,佣人来帮多柯打扫别墅,发现多柯被狼犬咬死在电话旁。警方找到了玛利亚小姐,她说这条狗是卡特尔送来的,同时还给了她5万美金,唯一的条件是请她说服邻居多柯收养这条狗。

警方迅速传唤了卡特尔,他并不否认狗是他的,可是他辩解说案发时自己身在旧金山,无论如何不可能给狼狗下达咬死人的命令,因此,这是一桩纯粹的意外事件。

警方经过调查试验,终于发现了卡特尔杀人的方法,法院最终判定卡特尔谋杀罪名成立。这可奇怪了,远在数百里以外的人,如何控制自己的狗呢?

破案关键

按照条件反射学说,给狗喂食的时候敲打饭盆,时间一长,只要一敲饭盆狗就以为要喂食了。只要遵循这个道理,就可以让狗在数百里外杀人。

NO 280.　狗帮了大忙

有一个狡诈的杀人犯,叫做马克,他在半个月的时间内连续疯狂作案,杀死了2名无辜的公民,并且抢走了50万美元。警方撒下了天罗地网,终于在一家饭店的客房内将他逮捕归案。

被打入死牢的马克并不死心。他心想只要拼死越狱,逃到国外去,或许还能有一线生机。

一天,趁着夜色马克不知从哪里搞来了一根锯条,他慢慢地割断了窗棂。夜色越来越浓,单人牢房铁窗上的栏杆被一根根地据断。马克逃跑了。

探长林斯顿接手了这个案子,他知道这个家伙非常狡猾。但他肯定还没有逃出国境。因为出国要钱,他肯定会找他的母亲要钱的。

一连过了半个月，马克还没有出现，林斯顿密切监视着他母亲的住宅，但没有任何异常的情况出现。林斯顿真有些沉不住气了：这家伙怎么还不露面呢？难道已经远走高飞了？

一天，林斯顿终于等来了消息。将近中午，马克拨通了给母亲的电话："妈妈，我没钱了。快送钱到第五大道的广场来，让我逃出美国。我已化了妆，你认不出来我。你在广场来回走动，我来找你。"说完电话就挂断了。

林斯顿把这一切听得清清楚楚，怎么能抓住马克呢？突然，林斯顿家养的一只狗冲他叫了起来，林斯顿心生一计，带领众人很快地在人山人海的站前广场上抓到了化妆了的马克。

你知道林斯顿是采取什么办法捉住马克的吗？

破案关键

人化了妆模样会变，但是会有一样东西不会变，那就是他身上的气味，而谁能准确地闻到马克身上的气味呢？

NO 281.　骑马的盗牛贼

有一天晚上，盗牛贼出现了。但不巧得很，却让牧场主人发现了行踪，盗牛贼见形迹败露，只得落荒而逃。牧场主人骑快马追赶，没想到小偷跑得比他还快，不一会儿，就消失在茫茫麦田里。牧场主人下马一看，田埂上尽是牛蹄印。

"岂有此理，这个小偷原来是骑牛来的，难怪找不到人的脚印。

啊，不对啊，他若真是骑牛来的，那我怎么会追不上呢？”

牧场主人百思不解，第二天就去请私家侦探克莱调查。克莱循牛蹄印前行，不久折回后道：“小偷是骑马逃走的。”克莱见牧场主人欲言又止，明白了他心中的疑惑，于是继续说道：“地上虽是牛蹄印，那是因为在马脚上装上了牛蹄的缘故。”

“你又没有逮到窃贼，怎么知道是马呢？”

侦探克莱随即在口袋里拿出一包东西，然后打开给牧场主人看，只见他看后捧腹大笑，又不断地点头，表示克莱的判断十分正确。

想象一下，这个纸包里，究竟是什么东西呢？

破案关键

不管是马还是牛，在现场，除了会留下蹄印，还有可能留下什么呢？

NO 282.　被枪杀的梅花鹿

有一天，亨利探长到郊外去度假。忽然，他听到有枪声。于是他顺着枪声追了过去。还好，死的是梅花鹿而不是人，真是不幸中的大幸，但是枪杀国家保护动物也是犯法的。

不远处有一个人走了过来，这个人穿了一身牛仔，戴了一个帽子，抽着香烟。亨利探长问他：“嗨，老兄，你看见是谁开枪杀死了这只鹿吗？”

“哦，我看见一个大约30多岁的人朝北边跑了，他带着枪，我真为这只可爱的小鹿表示难过，我听到了他的哀鸣之后，才马上赶了过来。”

“我为你的卑鄙行径和愚蠢行为感到遗憾。举起手！”亨利探长拔出了枪。

请问，亨利探长是怎么知道那人在撒谎的？

破案关键

请你去查一查梅花鹿的生活习性，你就会发现那人所说的话中有明显的破绽！

NO 283.　单峰骆驼

国际刑警拘捕了大毒犯罗拔。警察审问道：“上个月的15号，你在非洲的撒哈拉沙漠中带领一队人偷运海洛因，是否有这回事？”

“警官先生，你弄错了吧，上个月15号我在中亚细亚的戈壁沙漠。”

“是吗？有何证据？”警察追问。

“当然有。”罗拔说，他由口袋中取出一张照片，那是他骑在一只单峰骆驼之上，“这就是我的蒙古向导帮我拍摄的，不信的话，你可以去找他查问。”

警察看了照片，猛一拍桌：“你撒谎！”

警察是从哪里看出罗拔在撒谎的？

破案关键

单峰骆驼和双峰骆驼在世界上的分布情况是不同的，明白了它们的区别，就能够明白警察为什么说罗拔撒谎了。

NO 284.　死神的微笑

玛莉美丽热情，她是动物园的驯兽师，负责训练狮子和老虎等猛兽。这些平时非常凶猛的猛兽，一看到玛莉就变得温顺听话。在玛莉的调教下，老虎和狮子学会了钻火圈、滚球等节目，成了动物园的大明星！

每次动物园举办表演，最后一个压场节目都是由玛莉和老虎来表演：老虎张开血口，玛莉把头伸进老虎嘴里。

这天，正是动物园举办表演的日子，游客们从四面八方赶来，观看玛莉的驯兽表演。老虎和狮子在玛莉的指挥下既机敏又驯服，让观众们发出啧啧的赞叹。

终于，最后一个节目来了，玛莉要像往常一样把头伸到老虎嘴里去。观众的心都提到了嗓子眼，玛莉却一点也不慌——她和老虎已经配合了不知道多少次，是不可能有危险的。

在玛莉的指挥下，老虎顺从地张开了大口，玛莉优雅地给全场观众鞠了一躬，然后返身弯腰，把头伸到老虎嘴里，观众席发出了潮水般的掌声。

就在玛莉把头抽出来的一刹那，老虎嘴角上翘，做出了微笑一般的恐怖表情。接着,老虎将嘴一合拢,玛莉顿时倒在血泊之中!

观众们顿时惊呆了,老虎好像也受惊了,它吐出玛莉,不停地用舌头舔她的脸。其他驯兽师飞快冲上去把玛莉救出来,但玛莉因为颈部血管破裂,失血过多,已经死了。

动物园园长无论如何不能相信这样可怕的事实,最有天赋的驯兽师玛莉竟然被自己驯养多年的老虎咬死!这是完全不可能的!

他强烈要求警方调查,可是警方说事情已经非常清楚,玛莉被老虎咬死,全场观众都亲眼目睹,这有什么好调查的呢?无奈之下,动物园园长找到布莱尔侦探,请他来解决这个离奇的事件。

布莱尔静静听完了事情经过,问道:“当天老虎喂饱了吗?老虎的情绪很差吗?”

园长肯定地答复道:“老虎在表演前绝对喂饱了,情绪也非常好!何况就算饿着肚子或者心情很糟,它也不会袭击玛莉,他们之间有很深厚的感情。”

这就奇怪了,布莱尔心想。他继续问道:“那么,还有什么其他特别的事情吗?”

“倒是有一件事情。”园长说,“不知道重要不重要。有观众告诉我,老虎在合嘴以前,露出了微笑一般的表情。”

微笑?真是莫名其妙!布莱尔琢磨着。可是,老虎为什么在合上嘴前笑一笑呢?忽然,他想到了什么,大声说道:“我明白了,玛莉是被人害死的,这个凶手真是太聪明了!”

“是吗?”园长连忙问道,“那么凶手到底是谁呢?”

布莱尔胸有成竹地答道:“很可能就是玛莉的发型师!”

聪明的读者,为什么布莱尔能根据老虎的微笑推测出凶手呢?

破案关键

玛莉的头放在老虎的嘴里，而老虎的"微笑"并非是真的微笑，很有可能是什么气味刺激到了它。

NO 285.　小船上的疑点

夏天的一个早晨，人们发现某湖面上漂浮着一叶小舟，里面躺着一个金发女郎的尸体，是用刀刺死的，船底都是血迹，还有一些海螺。

警察对所有怀疑对象进行细细排查，不久找到了一个重大的嫌疑犯。这个是单身汉，他住的镇子离发现尸体的湖泊处有100多千米，但此人有当时不在现场的证明，案发时间前后有邻居看到他在海岸边自己的家里。

警察经过详细调查，发现他极有作案的可能。于是，就对他进行了审讯。

"我有不在现场的证据。"嫌疑犯强调。

"可是，即使你有不在现场的证明，那也是毫无意义的。"警察在反驳，"因为作案现场不是那个湖泊，是在你家的这个海岸上。你是在小船上把她杀害的，夜里把装尸体的小船放到汽车上运到湖边，再把小船放到湖里的。这样就造成了被害人是在小船上被害的那个现场。你还有什么要说的?"警察一针见血地揭穿了他的阴谋。

"你到底是凭什么证据做出这样判断的?"嫌疑犯不解地问，他本来认为是天衣无缝，现在怎么会露出破绽?

“要证据吗？就是那小船的底部！”警察解释，“这是因为你的疏忽而造成的漏洞，这也是你失败的原因。”警察冷笑着回答了他。

破案关键

想一想警察在船底发现了什么？

NO 286.　蚂蚁提供的线索

一天夜里，希腊某市的一家糖果厂的仓库门被撬开，仓库内刚进来的芝麻全部被窃。警察接到报警电话，马上赶到现场，进行侦察。

狡猾的盗窃犯应该是做好了充分的准备，竟没有在现场留下任何明显痕迹，警员们进行了大量的调查，忙活了十多天，毫无结果。

不过，罪犯盗窃了那么多的芝麻，无疑是要出售的。于是，警察局派警员在码头、车站和交易市场上进行拦截和搜索，结果也无济于事，案情没有半点进展。

无奈，工厂主只好求助于大名鼎鼎的私人侦探皮克得。

半个月后，皮克得打电话告诉工厂主：“已经侦查确定，被盗窃的芝麻藏在某村的一个地下仓库里，速请警方派人前往处理。”

警察局接到电话，带了几名警员赶往皮克得所说的村子。果真在一户农家贮存马铃薯的地下仓库里找到了大量芝麻。

经审讯得知，地下仓库的主人供认了与另外三名罪犯合伙盗窃芝麻的事实。这三名罪犯中，有一名是糖果厂的工人，他做内应，他们是趁着天黑，里应外合作案的。

出于好奇心，警察局长特地去拜访皮克得，问道："不知你是怎么查到赃物的？"

"这是我的助手们的功劳。"皮克得得意地说，"它们的名字叫蚂蚁！"

哈哈，原来是蚂蚁提供了侦破线索。你知道蚂蚁提供线索的依据吗？

破案关键

多关注蚂蚁的生活习性，你就能找到答案了！

NO 287. 郁金香与珍珠

一天中午刚过，私人侦探萨姆逊应推理小说作家霍尔曼的邀请，来到阿姆斯特丹郊外的一所住宅。令人吃惊的是，霍尔曼正在送停在门前的一辆要发动的警察巡逻车。

"先生，到底出了什么事儿？"

"喂，萨姆逊先生，你来晚了一步。刑警勘察了现场刚走。本想让你这位名侦探也一同来勘查一下的。"

"勘查什么现场？"

"进来了溜门贼。详细情况请进来谈吧。"

霍尔曼把萨姆逊侦探让进客厅后，马上介绍了事情的经过：

"昨天早晨，一个亲戚家发生了不幸，我和妻子便一道出门了。今天下午，我自己先回家看看，一进门发现屋里乱七八糟的。肯定家里没人时进来了溜门贼，是从那个窗户进来的。”霍尔曼指着面向院子的窗户。只见那扇窗户的玻璃被玻璃刀割开一个圆圆的洞。罪犯是把手伸进来拨开插销进来的。

“那么，什么东西被盗了?”

“没什么贵重物品，就是照相机及妻子的宝石之类。除珍珠项链外都是些仿造品。哈哈哈……”

“现场勘查中，刑警们发现了什么有力的证据没有?”

“没有，空手而归。罪犯连一个指纹也没留下，一定是个溜门老手干的。要说证据，只有珍珠项链上的珍珠有五六颗丢在院子里了。”

“是被盗的那个珍珠项链上的珍珠吗?”

“是的。那条项链的线本来是断的。可能是罪犯盗走时装进衣服口袋里，而口袋有洞漏出来的吧。”

霍尔曼领着萨姆逊来到正值夕阳照晒的院子里。院子的花坛里正开着红、白、黄各种颜色的郁金香。

“喂！先生，这花中间也落了一颗珍珠哩。”萨姆逊发现一株黄色花的花瓣中间有一颗白色珍珠。

“哪个？哪个……”霍尔曼也凑过来看那个花朵。

“看来这是勘查人员的遗漏啊。”

“你知道这花是什么时候开的吗?”

“大概是前天。黄色郁金香总是最先开花，我记得很清楚。”霍尔曼答着，并小心翼翼地从花瓣中间轻轻地把珍珠取出。

这天晚上，霍尔曼亲手做菜。两人正吃着鸡素烧时，刑警来了电话，并且把搜查情况通报给霍尔曼，说是已经抓到了两名嫌疑犯，目前正在审讯。

两个嫌疑犯中一个是叫汉斯的青年。昨天中午过后，附近的孩子们看见他从霍尔曼家的院子里出来。另一个是叫法尔克的男子，他昨天夜里10点钟左右偷偷地去窥视现场，被偶尔路过的巡逻警察发现。

“这两个人中肯定有一个是罪犯。但作案时间是白天还是夜里，还没有拿到可靠的证据。两个人都有目击时间以外不在作案现场的证明。所以，肯定是他们中的一个那时溜进去作案的。”刑警在电话里说。

萨姆逊从霍尔曼那儿听了这番话以后，便果断地说：

“如果如此。答案就简单喽！罪犯就是XXX了。先生，如果怀疑我说的不对，请来看看花坛中的郁金香吧。”感到吃惊的霍尔曼立即拿起手电筒半信半疑地来到院子里查看。

因院子里的长明灯灯泡坏了，所以，花坛那儿很黑。霍尔曼查看后，返回屋里笑眯眯地说：“的确，你的推理是对的，真不愧是名侦探啊。我马上告诉那位刑警，听说他喜欢读我写的书，这样也好保全我这个推理作家的面子嘛。”

那么，请问，你认为萨姆逊所认定的罪犯是哪一个？

破案关键

在回答这个问题之前，大家先要知道郁金香的开花时间。如果知道了这一点，我想这个问题的答案就迎刃而解了！

NO 288.　火神的秘密

南美洲有一个小岛，岛上覆盖着浓密的热带雨林，而生活在热带雨林里的,是一个神秘而原始的部族——火族。

火族人认为火焰是自己的保护神,可以帮助部族摧毁任何最强大的敌人。说也奇怪,每次有其他部族入侵,雨林就会神秘地自己燃烧起来,敌人不是被大火烧死,就是被乘势赶来的火族人俘虏。

一次,水族人决定趁火族人不注意的时候偷袭他们。为了保证偷袭成功,水族人在身上涂满绿色的颜料,花了三天时间慢慢接近火族人位于湖泊中央的村落。可是,就在他们快要发动进攻的时候,一道火光从天而降,四面的林木在瞬间被点燃,在地上匍匐前进的水族人被这突如其来的大火惊呆了,被烧伤的人满地乱滚,没有受伤的人则落荒而逃。在湖对岸,猛然惊醒的火族人迅速组织起来,他们手持长矛、弓箭,把来偷袭的水族人几乎全部消灭了。

从那以后,附近的部族再也不敢踏上火族居住的岛屿,而关于火族保护神的强大威力,更是被传得神乎其神。

后来,很多年过去了,一晃到了19世纪。当时强大的法国凭借自己的火炮,派出远征军征服了南美洲的许多国家。

当地很多人说火族人有火神庇佑,任何试图侵犯他们的人都会被烧死。法国人听了哈哈大笑,他们从不相信有这样的事情。于是法国远征军在水族人的岛屿上休息了两天,便向火族人居住的岛屿进发。

他们小心翼翼地排成战斗队形,在茂密的原始雨林中摸索前进。一些士兵担心地摸着胸口的十字架,四处张望,唯恐火神降临。可是,一路上别说是大火,连火族人也没出现一个,倒是不时有小动物蹦出来,让士兵们虚惊一场。

就在士兵坐下啃干粮的时候,远征军上校弗朗士忽然闻到一股烟味。他猛然回头,只见身后的草丛里冒出一团火光,接着,火势开始蔓延，远处传来了火族人的叫喊声。法国远征军士兵吓得扔下干粮武器就跑，他们跌跌撞撞，一路跑到海边。回头一看，岛屿中央已经升腾起一个巨大的火柱，冒出滚滚浓烟。

弗朗士上校总觉得这事有点不可思议，难道真的有火神存在？他下定决心揭开这个秘密。于是，他带上了牧师和几个士兵，潜伏在海边，每天用望远镜观察雨林里的情况。他发现，就是在平时，雨林里时而也会冒起青烟，但是一般过不了多久，就会被火族人扑灭。难道这是火神出来逞威风吗？

一天，弗朗士注意到自己的裤子上有难以洗掉的油脂，他仔细回忆了一下，雨林里树木会分泌树脂，一种叫“看林人”的小花香味扑鼻，遍地都是，最后就是大片大片的草地，自己一定是在什么地方不小心蹭到的。忽然，他好像想到了什么，紧皱的眉头舒展开了。他高兴地拉住牧师，指着自己的裤子说：火神的秘密解开了！

聪明的读者，你知道这究竟是怎么回事了吗？

破案关键

想知道火族岛“火神”的秘密，要先弄懂“看林人”这种神奇的小花。还等什么，快去查找资料吧！

NO 289.　花盆露馅

收藏家胡克家里收藏有大批珠宝。一天，他外出旅游，把家中值钱的东西都拿到银行里存一起了，只有一颗宝石还在家中。他认为自己把东西都放到了银行,一颗钻石不会引起他人的注意,谁知,怕鬼就有鬼,当他回来的时候,房子地下密室里的钻石被盗。这可是一颗价值不菲的钻石呀!

斯克探长接到报案,马上前来调查。现场没有留下任何痕迹,指纹和脚印都被偷盗者给处理了,看来是作案高手,具有很强的反侦擦能力。不过斯克探长可是大名鼎鼎的探长,破案很有一套。他通过综合调查,一个罪犯嫌疑人浮出水面。于是,来了个果断措施,到他家进行搜查。门铃按响,一个秃顶的人开门,一看是斯克探长,脸色一惊,马上笑脸相迎:"是客人,斯克探长有请。"同时做了一个有请的姿势。

斯克探长的助手把搜查证一亮,说:"有个案子牵扯到你,请你配合。"

"应该的,应该的。"秃顶皮笑肉不笑地说。

助手在房间里搜查起来。在冰箱里,还有柜子里,查了个遍,哪有宝石的影子。

探长紧锁着眉头走到阳台查看起来。阳台上有三盆花,都是些名花。

哎,怎么中间的一盆花的花朝房里面开呢?斯克探长感到与众不同。他略加思索,说:"宝贝藏在这里。"在一边看的秃顶顿时傻眼了。

助手过来把花向外一拔,在下面有一个塑料包,他急忙拿出来一看,一颗巨大的宝石在闪闪发光。

探长严厉地说:"你还有什么可说的吗?"

秃顶把头耷拉了下来。

斯克探长怎么会感到有问题呢?

破案关键

你们的家里养花吗，植物的花朵一般是向哪个方向开放呢？

NO 290.　向日葵的秘密

有一个富翁，妻子早亡，撇下一个女儿。富翁又娶了一个妻子，但妻子还带有一个儿子。儿子叫彼德，女儿叫曼丽。曼丽是个美丽可爱的姑娘，善解人意，很得父亲的疼爱。她的爱好是在家中的盆里种植向日葵。彼德好吃懒做，但喜欢看书。

有一天，彼德从书中看到植物夜间会释放出二氧化碳。他心里想出一条毒计，企图谋杀曼丽。

这天，彼德一切准备妥当，趁继父晚上不在家吃饭的当儿，在曼丽不在的时间，偷偷在曼丽喝的汤里放上了许多安眠药。饭后不久，曼丽感到瞌睡就到卧室里睡觉去了。彼德又偷偷把100多盆的向日葵搬进了曼丽的卧室，再把门关上。

结果，曼丽因吃了过多的安眠花再也没有醒来。

第二天上午，富翁见爱女很晚了还没起床，就去敲门。女儿没有应声，他推门进去一看，女儿还在睡觉，他感到有一种不祥的感觉，急忙试女儿的鼻孔，竟早不呼吸了。

警察接到报案很快赶到现场，不久彼德就被传讯。

“房里的那些花是你搬进去的吗？”警察问皮特。

“是啊！”皮特回答。

“凶手就是你！”警察肯定地说。

“怎么会是我，是花啊！”皮特惊讶极了！

“呵呵，想用花来给你顶罪，真是笨蛋！”警察笑着说。

彼德想借用向日葵来造成曼丽是被植物杀死的假象，结果还是露出了马脚。你知道警察判断的依据是什么吗？

破案关键

请你调查一下，花释放的二氧化碳达到什么程度时能够将人致死？

NO 291. 遇水收缩的龙舌兰

威勒是著名的植物科学家，他这次率领一支考察队来到了荒无人迹的原始森林。

森林里非常阴暗和闷热，考察队员小心翼翼地行走着。走在最前面的是科学家伍德，他挥舞着柴刀，砍掉碗口粗的野藤，为后面的队员开路。考察队里有个小伙子是刚刚毕业的大学生，名字叫罗纳，他是第一次参加考察活动，由于紧张，罗纳“咚”地一声绊倒在一丛植物上，手上刺得很疼。伍德赶紧把他拉起来，指着这些植物说：“这是龙舌兰，遇到水就会猛烈收缩，当地人用它做绳子，绑东西很派用场呢！”

中午 11 点钟，大家坐下来吃午饭。11 点半，威勒队长和伍德去前面查看地形。12 点钟，威勒队长回来了，这时天上下起了雨。威勒说：“山洪就要来了，我们回营地吧！”可是大家点人数的时候发现伍德不见了。

威勒队长说："罗纳，你到前面去看看，伍德怎么还不回来。"罗纳跑到前面，发现伍德被人捆在一棵大树上，脖子上还勒着一道绳子，已经断气了。考察队里的医生立刻赶来进行检查，查明伍德是在12点钟死的，便问威勒："12点钟的时候，你在哪里？"威勒说："我和大家在一起呀。"医生仔细看了捆绑伍德的绳子，发现是龙舌兰，于是对威勒说："我敢肯定凶手就是你！"

威勒当时是和大家在一起的，他怎么会有作案时间呢？

破案关键

捆绑伍德的绳子是龙舌兰，龙舌兰有什么特性？结合当时的天气情况，威勒绝对有作案的时间。

NO 292. 花盆下的珠宝

电视演员W小姐在外出旅行时，常将珠宝藏到自家卧室窗边的花盆底下。因为放到保险柜里反容易引起注意。可是，某春天的夜里，在她外出旅游时，窃贼悄悄溜了进来。他站在院子里借着手电筒的光，隔着窗玻璃打探着黑乎乎的卧室。

"哎，那盆郁金香可真怪，一定是盆假花。该不会是盆里藏着什么宝贝吧。"窃贼看到一盆郁金香花瓣合在一起，而另一盆却开着花。窃贼比较了一下，认定出一盆是假花，便潜入室内不客气地将花盆里面的珠宝全部盗走。

窃贼怎么知道假花盆下有珠宝的呢？

破案关键

夜晚的时候，郁金香的花瓣应该是张开还是合拢的呢？

NO 293. 月下美人

某夏日的中午，人们发现一位女作家在自家院子里被杀害。她是被刀子刺中背部、腹部，倒在草坪上死去的，连身边放着的几盆花卉都溅上了血迹。被害人单身一人居住，且现场又是与邻居相隔的独门独院，所以死后许久才被人发现，验尸官来验尸时已经过了三天。

“未解剖尸体，还无法推定确切的死亡时间，但看起来是8月9日中午到夜里12点之间被杀害的。”验尸官含糊地将作案时间推定在12个小时的范畴。

刑警在观察到花盆上溅有血迹后断定说：“如此说来，被害人被害时间一定是9日晚8点到12点之间。”

这个刑警观察的是仙人掌类植物“月下美人”，茎端开着白兰似的花，花瓣的内侧也有血迹。此时，花已经完全凋萎了。

请问他是怎么推断出如此准确的作案时间呢？

破案关键

请你去了解一下“月下美人”的开花时间，你就知道如何推断作案的时间了。

NO 294. 三种血型

在大雨滂沱的夜晚，丘尼独自驾车从莱克里镇返回纽约。四处漆黑一片，眼看已经晚上 9 点，离纽约还有一百多英里，丘尼面对这鬼天气，心情糟糕透了。

丘尼用左手握住方向盘，用右手在工具箱摸烟盒，想抽支烟平定一下情绪。就在他的手指碰到烟盒的时候，刺目的远光灯光下忽然出现了一个农夫！这时候，这个农夫闪躲已经来不及了，农夫只有呆呆地张大了嘴，发出惊恐的号叫。

丘尼拼命踩下刹车，同时往左边猛打方向盘，他根本没想到路上有行人，所以车速很快。刹车皮死死咬住车轮，响起刺耳的刮擦声，可大雨和惯性却让失去了动力的汽车继续飞速前进，接着，丘尼听到一声沉闷的响声，汽车又朝前滑了近百米，才停了下来。

丘尼慌忙下车，只见那个农夫已经被撞得血肉模糊，呼吸心跳都没有了。想不到自己竟然撞死了人！吓得他顿时手足冰凉，这时一道闪电从天际划过，丘尼恍惚看到农夫坐了起来，正冲自己冷笑……他吓得连滚带爬地回到汽车上，开到最大马力，慌不择路地开始逃窜。

一开始，他还沿着公路飞奔，后来，在一个转弯处由于车速过快冲出公路，车子开到了路边的牧场里。丘尼好像发了疯一样狂奔，眼前只有农夫惨白的脸，耳边不断响起沉闷的嘭嘭声，他完全不辨方向，车子将牧场里的草碾得七零八落也完全不管。

这样不知道过了多久，直到汽油耗尽，丘尼才停下来。天亮后，他发现远处飞来了警方的直升机。原来，警方发现农夫被撞死后，根据汽车留下的痕迹，很快就找到了丘尼。警方竟然还在他的汽车轮胎上找到了 A、B、O 三种血型，而死去的农夫是 B 型血，也就是说，丘尼很可能还撞死了另外两个人！

丘尼惊呆了，他虽然因为害怕而几乎陷于半疯狂的状态，但还是清楚地记得自己只撞了一个人，但警方根据轮胎上的血型检验报告，准备起诉他三项过失杀人罪。聪明的读者，你觉得这件事情的真相到底是怎样的？究竟是丘尼在慌乱的状态里连续撞了三个人，还是他只撞了一个人？如果他只撞到一个人的话，为什么轮胎上会有三种血型呢？

破案关键

"调查"一下，除了人以外，植物有没有"血型"呢？

NO 295.　变色苹果

有一天，哈利探长接到一位研究所所长的电话，说是接到一个人的恐吓电话，要他把一份绝密的研究成果交给他，否则，要他的老命。探长安慰他说，不要惊慌。这位所长说他很害怕，就要探长晚上去他家里，再详细谈一谈对所长的保护措施。

晚上 7 点钟，哈里探长按时赶到所长的家，按了门铃后却不见回音。他见房间里有灯光，无意转了一下门的把手，咦，门竟然开了。探长往里一看，啊，所长竟然昏倒在沙发上，旁边有一块手帕。

探长拾起手帕一闻，竟有麻醉药物的强烈刺激性气味。

探长扶起老所长，老所长慢慢睁开了眼睛，本能地摸了摸自己的衣兜，失声地叫起来："完了，那份绝密研究成果被人抢走了！"

探长一听，忙问："什么人？什么时间？"

老所长伸手看了看手表，说："大概是30分钟前，我一边看电视，一边吃苹果，忽然听到门铃响，我认为是您来了，就急忙去开门。不料，竟闯进两个陌生人用刀逼住了我，开口就向我要这份绝密文件，我佯装不知，一个人立即用手帕捂住了我的嘴巴，我憋得够戗，不一会儿，我就什么也不知道了。"

哈利探长看到一个苹果滚到了茶几下面，便弯腰拾起了地上的苹果看了起来，说："所长先生，罪犯是在30分钟前抢了你的秘密文件，你记得清楚吗？"

老所长深深喘了一口气，说："是啊，当时我看的表时间不会错。"说完一脸肯定。

"所长先生，别演戏了，你在说谎。"哈利探长看了看手中的苹果，把果肉颜色没有任何变化的苹果扔给了他。所长一看，脸色都变了，不得不交代自己的犯罪事实，把藏在冰箱里的大包美金给交了出来。承认自己是贼喊捉贼，自己把秘密文件卖给了另一伙犯罪集团。

哈利探长怎么凭着口咬的苹果就可以断定所长是在说谎呢？

破案关键

大家想一想，吃了一半的苹果放在那儿会有什么变化呢？

NO 296.　水的语言

这天早上，著名特工杰米泡在夏威夷的哥纽伦酒店的浴缸里，在温水中边洗边思考问题。洗完后，他拔掉浴缸里的橡木塞，看着带着蒸汽的水由左向右打着旋涡缓缓下降。

“真有意思！”杰米笑着说。杰米穿上米黄色的大衣、戴上便帽准备出门，这时门外传来了敲门声。

“谁呀？”杰米问道。“是我，埃理。”门外的人说道。埃理是当地最有名的家具店的老板，可是杰米和他没什么来往，他怎么会不请自来呢？杰米带着疑惑打开了门，却看到一个满脸大胡子的男人，手持长柄猎枪，一脸阴沉地说：“跟我们走一趟吧！”

在杰米犹豫的一瞬间，大胡子身后忽然蹿出来两个黑衣男人，他们飞快地绕到杰米旁边，一人捂住杰米的嘴，并给他套上头套，另一个则用手铐铐住他的手，不到 30 秒钟，杰米就完全无法动弹了。

这些人把杰米迅速抬到一辆汽车上。在以后的好几天里，杰米什么都看不到，只能隐约听到车辆行驶的声音。接着，他好像上了船，在海上航行了很久，然后又下了船，重新开始坐汽车。

目的地终于到了，杰米被关到一个灯光刺眼、铁门密闭的没有窗子的房间。铁门上的喇叭里传来一阵刺耳的声音：“亲爱的杰米，你耐心在这里等着吧。我们组织的首领被你们抓起来了，现在我们要拿你去换他。”

杰米怒吼起来。可任凭他怎么发火，喇叭里都没有一点回音。

杰米开始清点自己的装备：身上所有的东西都被收走了，只有鞋子还在，鞋跟上一个微型通讯器能够让他联络到总部，可是自己现在身处哪里呢？

杰米仔细分析，绑架他的人只可能来自加拿大或者新西兰，要是能确定方位该多好啊！他环顾四周，一点光线都没有，更别说弄清楚自己身在何处了。百般无奈，他只好先走进浴室，想好好泡个澡。

泡在浴缸里的时候，杰米好像忽然想到了什么，他拔开浴缸塞子，看到水流开始以从右向左、逆时针方向的旋涡下降，不由咧嘴笑了起来，因为，他现在知道自己身在何处了！

聪明的同学们，你知道杰米是如何判断出来的吗？

破案关键

水的旋涡和人所处的位置有关系，受到地球自转的影响，明白了这一点，就找到了关键所在。

NO 297. 暗 语

在一列火车上，旅客们有的在睡觉，有的在看报，还有的在下棋，进行着各种形形色色的活动。

在这列火车的一个车厢里，有 10 个在全国各地分头作案的嫌疑犯，他们彼此互不认识。每个人分别有一个代号，即：1、2、3、4、5、6、7、8、9、10。他们按照大头目的指令，在列车的酒吧车厢里聚集。探长提前得到了情报，来到了酒吧车厢，果然发现有 10 个人正围在一张圆桌旁，他估计每个人的座号一定就是他们的代号。

很快，就餐的时间到了。嫌疑犯们开始用暗语对话。用餐后，就分成了四组向列车的前方和后方散去，圆桌旁仅剩下两个人坐着不动，继续就餐。这两个人的位置正好是面对面。

这时，菲里德探员走进来对阿顿探长说："根据情况提供的特征，这两个面对面坐着的人就是他们行动组的头儿。"

"好，我看时机已到，立即逮捕他们！"阿顿探长下令道。

立刻，两个头儿便被探长给逮捕了。

菲里德探员问："你们的代号是多少？"

一人闭口不言，瞪着愤恨的目光；另一个人却挑战似地说道："我只知道 4 组人中每组座位号数之和，等于我们其中一个的座位号。"

菲里德有些恼怒，阿顿探长却非常开心地说道："你以为你很聪明吗！我现在已经知道你们的代号了！"

这两人的代号是多少呢？

破案关键

大家想一想，其中一个号一定是偏大的，会是哪个呢？然后用排除法再找出另一个号！

NO 298.　情报电话

一天，福特探长来到金冠大酒店，他发现在这里喝酒的一伙人正是国际刑警组织在缉捕的一伙在逃走私犯。由于这伙罪犯不知道探长的真实身份，所以谁也没注意他。

为了迅速捉拿这些人，探长便用电话通知警方。探长装着和女朋友通电话，这伙人听到的电话内容是这样的："亲爱的罗莎，您好吗？我是福特，昨晚不舒服，不能陪您去夜总会，现在好多了，全亏金冠大酒店经理上月送的特效药。亲爱的，不要生气，我们会永远在一起的，请您原谅我的失约，我的病不是很快就好了吗？今晚赶来您家时再向您道歉，可别生我的气呀！好吧，再见！"这伙人听了大笑不止，可是5分钟后，警方突然出现在他们面前，他们不得不举手投降。

请问，福特是如何向警方提供情报的？

破案关键

在探长通话的过程中，看似他说的是喃喃的情话，但情话当中却隐藏着关键的情报。

NO 299. 特工的密函

法国某保安局少尉裴齐亚捉到一名亚尔赛斯特的间谍，从他身上搜到了一份密函。密函全文如下："B老师，就援助贵校球队出外比赛一事，明天5时请与领队到我家详谈。"受过特工训练的裴齐亚少尉，很快就破解了间谍携带的这份密函。

你可知它的真正内容是什么吗？

破案关键

在这封密函的字里行间藏着真正的内容，请你试着按规律抽取文字来读一读！

NO 300.　国际反恐组织的难题

国际反恐组织得到消息，制造了多起恐怖事件的“黑鹰”组织首领伯德和另外一些核心成员，一年前躲避到G国来了。现在他们频繁接触，似乎在酝酿新的恐怖计划。

国际反恐组织G国反恐负责人亚伯拉罕觉得这是个难得的机会。平时这些恐际分子都散布在全球各地，要把他们一网打尽简直比登天还难。而现在，这样的机会就在眼前。G国是个岛屿众多的国家，小岛之间不通公路，只能用水上飞机和游艇来做交通工具。据可靠情报了解到，恐怖分子散布在不同的岛屿上，定期到伯德的住所碰头。亚伯拉罕换上蛙人的衣服，潜水到伯德的住所外面观察动静。整整一个星期，他才完全弄清楚绑匪的活动规律，给行动组带回了一个好消息和一个坏消息。

好消息是，“黑鹰”组织的7名主要恐怖分子头目都在小岛上，他们和伯德保持着固定的联络；坏消息是，恐怖分子很谨慎，他们是这样碰面的——

第一名伯德的助手隔一天去伯德那里一次，协助他处理事情；第二名恐怖分子隔两天去一次，第三名恐怖分子隔三天去一次，第四名恐怖分子隔四天去一次——以此类推，第七名恐怖分子要每隔七天才去一次。为了避免打草惊蛇，把恐怖分子们一网打尽，亚伯拉罕决定等到7名绑匪都碰面的那天再行动。

这个决定遭到了组织一些成员的质疑。他们说，这些人的活动是如此神秘，以至于好像永远不会有 7 人同时出现的时候。另一些人则说，虽然这些人可能同时出现，但是这必定是在一个遥远的日期以后，比如 10 年或者 20 年后，所以计划是完全不可行的。

说来说去，没有一个人能说清楚，恐怖分子究竟会不会同时出现，而如果同时出现的话，又将是在什么时候。

你能解决这个难题，帮助反恐组织抓住所有犯罪分子吗？

破案关键

从第一个恐怖分子开始去的那个晚上计算，如果 7 个恐怖分子头目能同时碰面，他们之间间隔的天数一定能够被 2、3、4、5、6、7 整除，而这个数是什么呢？

答　案

NO 1.　雪地足迹

团侦探看到院子留下的罪犯胶鞋脚印清清楚楚，就知道谁是真正的罪犯了。因为那个院子很潮湿，所以像昨天夜里那样的低气温照理会结霜。所以如果罪犯是昨天夜里潜入室内作案的话，鞋印肯定会因霜而走样变得不清楚。与此相反，鞋印清楚得连花纹都清晰可见，这说明是天亮之后也就是霜融化之后作的案。这样，真正的罪犯就是今天上午11点半左右在现场徘徊的小村明彦。黑木和也因从深夜一点到中午过后有不在现场的证明，所以是清白的。

NO 2.　深深的脚印

教授很瘦小，但是脚印却很深很深，这是非常矛盾的，所以他在说谎。

NO 3.　没有护手的日本刀

去掉护手的日本刀可以被当作弓箭射死被害人，这就是凶手的作案手段。

NO 4.　掩盖脚印的花招

黑川美和子是倒着走出运动场的，现场上留下的高跟鞋印是黑川美和子犯罪后从现场离去的脚印。黑川美和子和山本幸男来到运动场时，谎称脚痛，求山本幸男背着她从值班室来到运动场，到运动场中心时，她将小刀刺进了山本幸男的颈部，将他杀害。因此，在现场只留下了山本幸男的木屐脚印。

NO 5. 心理学家之死

井上发现酒杯里的冰块经过两个小时后，还在杯子里没有化掉，说明这杯加冰威士忌是在青木死之后放在房间里的。这就说明女佣在说谎，而说谎的目的就是在掩饰她的杀人行为。

NO 6. 线索

小岛虽然擦去了中村留在房中的指纹，但却忘了擦去中村留在门铃上的指纹。而小岛竟然还装做很久未见中村，就可以推测小岛就是凶手。

NO 7. 驯马师之死

枝子自称血迹是“刚才在他身上蹭的”，实际上那时驯马师已经死了 8 个小时。他的血已经结成冰，不可能会蹭到她的袖子上去。

NO 8. 4 公里差距

一般汽车的里数表，都是根据后轮或前轮（看汽车由哪个轮驱动）的转动次数来计算里数的。向前转则里数表显示前进的里数，向后驶时里数表会倒过来走。山野当然不可能将汽车倒行 4 公里，但他利用汽车泵把汽车的后轮抬起（假设车子是由后轮驱动的），把车轮向反方向逆转，于是改变了里数表的读数。

NO 9.　能融化的子弹

经探长在研究，他认为这不是一般的子弹，而是用坚硬的岩盐做成的。岩盐是天然存在的氯化钠，能溶解于水，产于炎热干燥地区的盐湖和海滨浅水盐湖中，是重要的化学工业原料，可供食用。岩盐的特点是像石头一样坚硬，用它制作的子弹，即使穿着衣服也足够射入人的体内，由于体内的温度和水分，所以能很快地将这两颗子弹融化掉。

NO 10.　带"松"字的凶手

凶手缠着黑头巾，恰恰暴露了他想掩盖的自己的最明显特点——光头！所以松助是凶手。

NO 11.　异常的声音

狗不叫就是证据。如果真的有强盗潜入，受过严格训练的狼狗就会大声吼叫。然而，西边邻居家准备考试的学生只听到了汽车的声音，这说明凶手是狼狗熟悉的人，也就是狗的主人晴川。

NO 12.　深海命案

江山是说谎者，他也是枪杀高森的凶手，因为研究所在水下 40 米的地方，大约有 5 个大气压，要想从这样的深度游向地面，必须在中途休息好几次，使身体逐渐适应压力的改变，如果只用 15 分钟游到地面，那么一定会患潜水病。

NO 13.　卧轨的女人

罪犯本不在车上，他先用安眠药使妻子睡着，再把妻子弄到 R 车站之后的铁路线上，然后赶紧折回 R 车站方向，把塑料模特放在 R 车站之前的铁路线上。当列车紧急停车后，他趁乱上了火车，并且在刚刚过了 R 车站就询问列车员轮船的时间，目的是让列车员做自己的不在场证人。

NO 14.　宋朝瓷瓶

女佣说她亲眼所见每张日元的面值都是一万元，如是真的，那么一千万日元就有一千张纸币，皮夹子里怎么能放得下？这显然是谎言。

NO 15.　谁在点火

警官看到煤油炉还在燃烧就产生了怀疑。假如川崎文子是在自己房间里猝死的，那么死后四十五六个小时，煤油炉里应该是早已油尽火灭了，而事实是煤油炉还燃烧着，这不合逻辑，因为死人是不能点火的。

NO 16.　被杀的兄弟

熊本一郎家里有三个兄弟，毛利小五郎到金田村刚家调查时，根本没有告诉他死者是谁，而金田村刚却一口说出死者是熊本一郎，这说明金田村刚事先必定知道。毛利小五郎抓住这个破绽，从而打开缺口，一举破获了此案。

NO 17.　小偷的智慧

世界上最坚硬的物品是钻石，而案件中愚蠢的警察却忘记了。小偷可以用钻石划开玻璃，轻松逃走。而小偷威胁警察说用花岗石砸碎钻石更是不可能的，钻石要比花岗岩坚硬得多。

NO 18.　恶魔滑稽师

恶魔滑稽师已事先潜藏在房中，他将沙发椅掏空潜藏在里面。其助手从窗户外见松下从保险柜中取出了王冠，便拉下电闸造成停电，并以此为信号，指示另一同伙朝天开枪。当屋内的人都拥向窗边时，恶魔滑稽师趁机从沙发椅中悄悄钻出，拿到王冠后再回到沙发椅中，然后等待警戒解除后，再悠然地钻出沙发椅逃走了，这就是王冠从密室消失之谜。给松下打的电话也是滑稽师手下的人干的，告诉松下“锁在保险柜里很不安全”，是对松下的一种巧妙的心理诱导。上当的松下害怕起来，于是主动从保险柜中取出了王冠。

NO 19.　砸碎钻石

铁虽然比钻石软，可是钻石怕热怕碰撞，铁锤这样的冲击力是可以把钻石砸碎的，其道理就像皮球在用力投射后可以打碎坚硬的玻璃一样。

NO 20.　公园自杀案

大岛完池身上的弹孔中流出的血的形状给出了答案。如果他是在大风中自杀的话，伤口的血迹不会是在脸上形成一条血线，而且已经干硬了。风会使血迹污染面孔，衣服，以及周围。由此判断大岛完池不是自杀，而公园也不是第一现场。

NO 21. 黑乎乎的银簪

银簪发黑就是证据。患皮肤病的幸吉的手因涂硫磺剂进行治疗，再用涂药的手握银簪时，就使银簪的柄发黑。这是银接触硫磺后发生的化学反应。

NO 22. 水乡杀人案

在北半球，月亮和太阳一样在天空的南部东升西落。嫌疑人如果坐在东西流向的河流南岸，那么它就是面朝北面，如此他就不可能看到河水中的月亮的倒影。

NO 23. 犬证

警官是根据小狗来戳穿江户的谎言的。小狗抬后腿小便是公狗，母狗是不抬后腿小便的。因为是长毛狗，盗贼从外表上分辨不出狗的性别，江户把小狗当成母狗，并叫了母狗的名字，如果他真的是这家的主人，他绝不会这样做的。小狗和江户嬉戏，极有可能是因他潜伏在那家室内期间喂过它好吃的东西，又抚摸过它。

NO 24. 椰子杀人案

椰蟹又称八卦蟹，是现存最大型的陆生节肢动物。它是一种寄居蟹，能用钳子弄破椰子的外壳，以吃其中的椰子果肉为生，并且因此而得名。椰蟹白天钻进海岸的洞穴内，几乎不出来，只有在夜里才会出来活动。因此，绝不会发生白天被害人在椰树下睡觉而椰蟹爬到椰树上把椰子剪掉的事情。

NO 25.　飞来的小偷

有些鸟儿，如喜鹊、松鸡等，它们喜欢闪闪发光的东西，有时会把这些东西衔回窝里，动物学家根据这点，怀疑是鸟类干的，只要在别墅四周的树上看一下鸟窝的里面有没有，就很容易破案了。

NO 26.　毒蜂谋杀案

这架微型录音机里放出的音乐开头是轻松柔和的华尔兹乐曲，可就是这部乐曲中突然插了一段节奏紧张，刺激性强的现代音乐。毒蜂在听到轻松柔和的乐曲时表现得很老实，而当其听到强刺激的音乐时，便兴奋起来，野性大发，罪犯就是趁被害人睡午觉的时候，利用毒蜂的这种习性，用录音机里装的磁带，让毒蜂袭击了他。

NO 27.　当心蝮蛇

采春天的山野菜是旧历的正月，此时还是冬季。日本属于温带气候，那里生活的蛇类是靠冬眠度过漫长而寒冷的冬天，所以，冬季里的蛇是不会出来袭击人的。

NO 28.　天窗上的蜘蛛网

龟田拆下仓库天窗的两根铁栅栏后，从那里潜入盗走箱子，然后在窗口放了几只蜘蛛，只要三只蜘蛛，就足够在第二天清晨织上网，因此即使铁栅栏缺了两根，仓库仍好像处于密封状态。

NO 29.　两个牡蛎

牡蛎是一种雌雄同体的生物，也就是说牡蛎这个生物体存在着两种生殖功能，他会因时间的不同来改变自己的性别。由此，矢村便断定了谷村手中拿着牡蛎就是在指证杀害自己的凶手是总在歌舞剧中扮演女主角的小林山夫。

NO 30.　大红龙虾

龙虾只有煮了以后才会变成红色，老板怎么会把已经煮熟的龙虾再煮一次呢？显然这个人在说谎。

NO 31.　作伪证的牵牛

这个案件中，熊本试图用牵牛花的开花时间来为自己作不在场的证据，可这恰恰暴露了他心虚的一面，开花的时间可以方便地改变，最简单的方法是，用一个纸罩套住花蕾，开花的时间就往后延期了。熊本纵火后迅速回家摘掉纸罩，拍下开花的过程，想用这样照片来证明自己不在场，可他凌晨为花拍照片是不是很反常的行为呢？反而会引起别人的怀疑。

NO 32.　两颗痣

在灯光昏暗的情况下克林顿是看不到歹徒眼角有痣的，而克林顿的解释就更加得离谱。人的眼睛突然被强光照射的时候会暂时失明，那时将什么都看不到。更别说看到歹徒的面部细节了！所以，迈克大胆地做出结论：关于强光电筒，大胡子和眼角的痣，都是克林顿一手导演出来的，他说了假话。

NO 33. 被揭穿的假话

在极其暗淡的光线下，红色是完全看不出来的，所以证人不可能在当时的情况下看清殷红的鲜血和红色的衬衣。

NO 34. 青铜像之案

真正的凶手正是埃夫文。此案的关键是青铜像，埃夫文称，西斯蒙扔掉东西在岩石坡上撞了几下，在黑暗中划出一串火花，并说这是西斯蒙的作案凶器。这是谎言，因为青铜在岩石上不会撞出火花，这是青铜像的物理性质所决定的，因此西斯蒙不是凶手。

NO 35. 心中有鬼

詹姆斯和戴安娜共同说谎，说明他们两个人就是盗贼，按照正常的逻辑：说真话的人心中没有鬼，反之，说假话的人，一定心中有鬼。

NO 36. 列车劫案

他们俩说自己呼救和用脚踢门的声音因为火车行进时的声音太大，没有人能听得见，那为什么琼斯却听见了隔壁车厢轻轻的敲门声呢？这显然就是自相矛盾，由此可以断定琼斯和罗蒙是在编造谎言。

NO 37. 总裁之死

案发现场铺着厚厚的土耳其驼毛地毯，秘书不可能从电话里面听到凶手逃走时的脚步声，所以秘书在说谎。

NO 38.　合适的汽车轮胎

罗宾让店主打电话报修，并没有告诉他轮胎的型号，可是工人却拿了合适的轮胎来，说明店老板在抢劫现场，知道车胎的型号。实际上，店老板就是拦路抢劫的蒙面人。

NO 39.　叶下古币

汤姆从他叔叔尸体上找金币的事实证明他涉嫌谋杀。假如他是无辜的，探长说的“金币就藏在叶子下面”，汤姆就会将“叶子”理解为手中的茶叶罐，而不会想到三叶形徽章，立即去翻他叔叔的尸体。

NO 40.　室内温度

当时天下着雪，外面的温度很低。史留斯先生是深夜 3 点接到伯顿夫人的电话的，40 分钟后才赶到现场，而伯顿夫人声称自己在发现丈夫被害的同时，就发现窗户大开。但是，史留斯赶到现场时，发现伯顿夫人还穿着睡衣，屋子又很暖和，因而判断她并没有说出真相。

NO 41.　说谎者

哈波特说他今天开了这辆黄色的轿车 12 个小时，如果真是这样的话，汽车的引擎就应该是非常烫的。而刚才那个小男孩儿光着脚丫子在上面爬来爬去，说明车的引擎是冷的。这样可以肯定哈波特在说谎。

NO 42.　冰冷的椅子

这个答案很简单，达尔西在坐在那把椅子上时，他感觉很凉，这说明这把椅子长久没坐过人了。所以露丝说自己坐在椅子上做针线活是假话。

NO 43.　冰湖命案

当时的气温在零下，而现场和旅馆有一公里半之远，那个声称为救朋友而跳进湖里的人，在这种气温下走了这么多路，按照常理来说，身上的衣物早应该结冰了。可是他确实全身湿漉漉的，说明他只是在旅馆附近才故意弄湿自己衣服的，以此掩饰自己谋害朋友的罪行。

NO 44.　半罐可乐

从冰箱里取出的可口可乐接触室温后，罐外凝聚的水珠会掉落，弄湿压在下面的信纸，而纸上并无水湿的痕迹，所以这半听混有氰化物的可口可乐肯定不是取自冰箱。

NO 45.　沸腾的水壶

如果波克朗的情妇说的是真话的话，炉子上的开水不可能从昨晚10点到今天中午仍在沸腾，应该早就烧干了。

NO 46.　不甚高明的花招

秘书害死了卡恩博士之后，用电热毯包裹住尸体，造成博士刚刚死亡的假象。

NO 47. 硬邦邦的巧克力

巧克力在28摄氏度以上就会变软，而当时的气温高达34摄氏度。梅丽莎的巧克力硬邦邦的，这说明她刚从有空调的地方出来，而且必须是待了一段时间，因为短时间内巧克力不会立刻变硬。如果是接人的话，不可能提前很多时间前来，所以即使候车室有空调，也不足以让巧克力变硬，解释只有一个，梅丽莎是乘坐的有空调的火车刚下站，她在撒谎。

NO 48. 作家杀人案

斯汀娜说家里停电三天了，可是实际上只停了一个晚上，冰箱里的汽水还是冰凉的，福森特探长喝了以后便知道她是在撒谎了。

NO 49. 屋中的尖叫声

如果唐纳确实是10分钟前开车回到家的，车底下的沙土地应该是湿的，然而情况恰好相反，这说明他3个小时内根本没有出去过。

NO 50. 毕加索失窃案

帕森尼小姐在门窗紧闭的浴室里淋热水浴，镜子被蒸汽熏得模糊，根本不可能看清盗贼在镜子里的面容，所以萨勒认定她报的是假案。

NO 51. 贼喊捉贼

偷窃这条名贵项链的正是某国大使的夫人自己。因为这条项链没有挂钩，如果有人将项链扯断，珍珠肯定撒得满地都是，只有她自己才能将项链脱下。

NO 52.　左侧的弹壳

如果真像她讲的那样，歹徒是在门外朝她丈夫开枪，弹壳就不会落在房间里，也不会落在左侧，因为从自动手枪里飞出的弹壳，应该落在射手的右后方几英尺处。

NO 53.　公园里的枪声

约尼尔说的话自相矛盾，他说听不见河对面两个人说些什么，那么，他怎么可能听到说话的声音轻和响呢？

NO 54.　背部中弹

议员见到伤者时，他已经换上新衬衣，而且吊着手臂，如果议员是第一次见到伤者，那么必然不会知道他是背部中弹。可是议员却脱口而出，可见真正的凶手是议员，因为只有凶手才知道伤者伤在哪里。

NO 55.　电话机在哪里

基米说他没有来过戈里的家，可是他却熟悉电话机在哪里，说明他在撒谎。而他，就是杀人凶手。

NO 56.　格雷的破绽

虽然格雷伪造了自杀现场，小心翼翼地编了他从未到过此地的谎言，但是他在顶楼上却知道开门的响声来自后门，这无异于是不打自招。

NO 57. 古堡凶杀案

无底洞内漆黑一片，立昂还没有去看死者是谁，就说是 306 房的人自杀了，可见他就是凶手。

NO 58. 失窃的名画

霍德斯的话里露出了和逻辑常识不相符的破绽：油画从来不用玻璃框，而是用木框或者专用的画框装饰。霍德斯对油画真是个彻头彻尾的门外汉。

NO 59. 作家之死

一切迹象都暗示霍金先生似乎是自杀，但是，当警方在达森的屋子里找到完整的新作稿本以后，真相就大白了。除了霍金没有自杀的动机之外，警方从他的合伙人里克的证词中，知道那所谓的遗书，正是霍金先生新作的最后一页草稿。霍金早就把结论告诉过里克先生，那一页上肯定会有签名和时间，而且和许多作家一样，霍金从不给最后一面编上页码，这就给了凶手可乘之机。达森想把书稿占为己有，于是杀害自己的主人，伪造了自杀现场。

NO 60. 纵火者的谎言

水比油要重，因此如果是油着火的时候用水去浇，反而达不到灭火的效果，而在锅着火的时候迅速倒上一桶油，正在着火的油会因为缺氧而停止燃烧。德雅丽说倒上油导致整个厨房都着火，显然是在说谎。

NO 61.　说出真相的旧挂钟

房内的旧挂钟需要经常上发条，报案人说他单身，而且出差了一个月，若是真的，那么挂钟应该早就停了，不可能还在走，所以他是在报假案。

NO 62.　监守自盗的店员

布莱克最后走的时候拿走了钻石戒指，然后用钻石戒指去划破橱窗玻璃，制造假象，迷惑警方。

NO 63.　说谎的秘书

如果真相是秘书说的那样的话，当时的斯塔霍应该是歇斯底里、无法控制地拉开抽屉拿出了手枪，那么，他绝对不会先把抽屉关上，然后再开枪。而秘书说他没有动过任何东西，所以抽屉必然是本来就关着的，这一点非常不合情理，足以说明秘书在撒谎。

NO 64.　酒窖里的机械表

由于酒窖四周无窗，阿必特如果真的失去知觉，醒来后就无法知道外面是白天还是黑夜，就是有老式手表，他也无法知道到底当时是近中午 12 点还是晚上 12 点。而按照波衣德平时的习惯，总是在中午 12 点到家的，这样阿必特听到波衣德回来时就会以为是中午，而不会催波衣德到车站去追赶午夜列车。

NO 65.　画家之死

凶手是K先生的秘书。秘书预先在短剑的柄上系了一根长而粗的橡皮筋，使它悬空在竖坑里吊着，正对电梯的通风孔。当K先生乘电梯从4楼下降时，由于橡皮筋的弹力，短剑就像箭似的落下，刺中坐在手摇车上的画家。在狭窄的专用电梯上，手摇车上的人只可能坐在固定的某一位置上，凶手就能使短剑落在预定的目标上。

NO 66.　骗取保费的老板

皮鞋店老板说他一直脸朝着墙壁，怎么会看到劫匪衣服身后的特征呢？说明他遭到抢劫的事是编造的，他即将破产，就想编造故事来骗取保险公司的赔偿。

NO 67.　奔驰的保险金

世界上有少数国家规定车辆靠左侧行使，右侧超车，日本就是这些国家之一。所以斯蒂尔听克里夫人说那辆客货两用车从他的左侧超车，便知道她在说谎。

NO 68.　银行抢劫案

歹徒使用的是六响手枪，雷顿说歹徒向他连开两枪，他夺过枪又打死了5个歹徒，这样就从六响手枪打出了7发子弹，这就是破绽所在。

NO 69.　谁要了魔术师的命

警长丹尼尔找来一杯醋，拿了一个鸡蛋放进去。过了一会儿，鸡蛋在醋里冒泡了。他把蛋拿出来，蛋壳竟然变软了，针很容易就插进去了。鸡蛋在空气中放了一段时间后，蛋壳很快又变硬了。鸡蛋上的针孔也自动封上了，肉眼基本看不出来。所以道具师是凶手。

NO 70.　停电时的投毒案

投毒的是贝拉，他的作案工具是那支吸了毒液的钢笔。

NO 71.　暴毙的杰姆

凶手是给杰姆白兔的山姆。虽然兔子活蹦乱跳的，可是体内含有毒素。要做到这一点也不难，只需要喂它一段时间有毒的食物即可，因为兔子是一点点吸收毒素，所以不会死亡。

NO 72.　杀人的特工

凶手是男侍者。他把毒药放在第一杯水中，当给死者第二杯水的时候，偷偷换了一个没有毒的杯子。

NO 73.　巧妙的毒杀

医生用了胃吸管。该医生在妻子吃了有毒的感冒药死后，悄悄溜回来用医用吸胃导管插入死者的胃里，将融化的胶囊和氰酸钾吸出来。并且，又以同样的方法将威士忌巧克力的溶液里也掺了氰酸钾。这样，即使解剖尸体的胃，里面残存的只有未经消化的威士忌酒心巧克力，所以被误认为是吃了掺有氰酸钾的酒心巧克力致死的。

NO 74.　酒精中毒的影星

洗洁剂中含有一种无色无味的四氯化碳，麦克尔用这种洗洁剂擦拭领带上的污迹时，吸入了足量的四氯化碳有毒气体，尤其是饮酒过度时，一旦吸入，就会导致死亡，其死因不留明显的证据，所以，往往被误作酒精中毒。史密斯为了让麦克吸入这种气体，故意在他的领带上溅了调味汁。

NO 75.　被毒害的富孀

这起投毒杀人案的同谋犯就使B夫人的保健医生，他受麦吉的重金收买，成了这一罪行的帮凶。在每周的定期检查时，将无色无味的毒药涂在体温计的前端。因为体温计是口含的，所以每次都有微量的毒素通过嘴进入了B夫人的身体，日积月累，终于有一天达到了致死的剂量。

NO 76.　中毒死去的伙伴们

刘易斯和伙伴们在生火的时候还关紧了门窗，这就让燃烧木柴产生的一氧化碳不能及时排到室外，室内的人就会因一氧化碳中毒而死亡。一氧化碳毒气无色无味，非常难以防范，所以无论何时何地都要记得燃烧炭炉的时候要保持空气流通。

NO 77.　棉花团作案

用推理的方法，可以得出答案。猫咪尾巴上的棉花团可能塞住煤气管的缺口，凶手需要的是在自己走以后让煤气泄露出来。所以，他先给猫咪注射麻醉剂，再把猫咪尾巴上绑上一个棉花团然后塞住管子，等到深夜麻醉效力消失的时候，猫咪爬起来走开，煤气就开始泄露，因为只有劳伦斯一个人来过，所以说作家就是被管理员杀死的！

NO 78.　毁灭证据

尤利先放了满屋的煤气，再打电话惊动左右的邻居，目的是想制造混乱，当人在逃生时，下意识中都会呼唤左右熟悉的人一起逃生，只要一按门铃，尤利的目的将会达到，因为电铃的火花是点燃煤气的好工具，若屋内发生爆炸，证据必然尽毁。

NO 79.　电话作案

嫌疑犯可以先在老人的电话机上安放一个能使电话线短路的装置。然后，他让老人吃下安眠药，等老人入睡以后，他就打开煤气灶的开关，让煤气跑出来，他就乘车到那饭店去。当他估计老人房间里已充满煤气时，就在饭店里打电话到老人家。这时电话机中有电流通过，却遇到电话线短路，就溅出火花，引起煤气爆炸。电灯线和电话线是不同线路的，尽管电灯停了电，可电话还是通电的。

NO 80.　煤气惩凶

其实煤气比空气轻，可是它在空气中并不是呈一股直线上升的。由于空气对流的影响，煤气会首先在空气中扩散，然后和空气混合在一起。期待煤气在空气里笔直上升到楼上，只是桑切斯一厢情愿的想法，这个歹徒的想法使他最终葬送了自己的性命。

NO 81.　奇怪的爆炸事件

罪犯趁着被害人外出家里没人的时候，悄悄地溜进了屋里，在玻璃杯里放入了掺了氨溶液和碘的混合物的火药。如在氨溶液里面加入碘，在湿着的状态时是安全无害的，但一干燥其敏感度甚于 TNT 炸药，哪怕是高音量的震动也会产生爆炸。所以，被害人在用小号吹奏高音曲调的一瞬间，声音震动了烧杯里的炸药，引起了爆炸。

NO 82.　起火的吉普车

烧毁的吉普车上，油箱的指针正指在零的位置，表明吉普车油箱里已经没有油了，怎么可能引起大火呢？这恰恰暴露了这是人为制造的假象。

NO 83.　空中惊魂

既然气压炸弹是在海拔 2 000 米以下爆炸，那么只需选择海拔 2 000 米以上的高原着陆，就能挽救全机乘客的生命。比如墨西哥城，海拔高达 2 300 米，飞机选择在那里降落是安全的，不需要采用另外的防护措施。

NO 84.　牙病患者

虽然加百列宣称不曾见过一位伊曼纽尔医生，可是却又知道这位医生是位牙医，这便露了马脚。

NO 85.　遗憾的错误

如果安格莉卡不认识哈里希，能说出哈里希的全名吗？这就是她犯下的遗憾的小错误！从这一点可以看出，安格莉卡在撒谎。

NO 86.　枪击

凶手是佩奇。假如佩奇是无辜的，他就不可能知道他妻子是被敲死的。他看到了杀人凶器——手枪，本应认为其妻子是被枪杀的。而事实，凶手正是他。

NO 87.　谁是贩毒者

第三个人很聪明，但他却聪明得过了头，因为他知道道格、帕特尼是两个人。

NO 88.　露馅的假警察

阿克塞原先说不知道匪徒的人数，后来又说漏了嘴，说是两个坏蛋，露出了马脚！

NO 89.　老约翰之死

探长告诉老二他父亲是被手枪打死的，一般人的第一反应是被枪杀，结果老二的回答中说“我有那么大的力气吗”，只有凶手才知道老约翰不是被枪杀，是后脑被重击而死的。

NO 90.　冒牌英雄

一个优秀的“侦探”必须拥有全面的知识，包括历史知识。在1911年的时候，俄国还在沙皇统治下，当时的列宁格勒叫做圣彼得堡，星巴克的父亲不可能在那个时候就开一家名为“列宁格勒”的木材店。

NO 91.　伪造的证件

“丈夫”说在死亡消息传出的第二年，即1911年，“把自己的商行转卖给列宁格勒的一个大商行”，这是谎言，1911年列宁格勒叫圣彼得堡。

NO 92.　三幅壁画

这位青年一点常识都没有，那些所谓的古人类壁画一看便是伪造的，因为恐龙不可能被古人类追赶，地球上的人类是在恐龙绝迹数千万年后才出现的。

NO 93.　林肯的演讲稿

林肯的手迹是伪造的，漏洞在于其中“国歌”二字。美国国歌《星条旗永不落》在林肯时代是一首很流行的美国歌曲，但直到1931年才正式被定为美国国歌，所以林肯执政时期美国还没有国歌。

NO 94.　卖画

既然是零下几十度，那么木屋里的墨水早就冻成了冰块，怎么能拿来作画呢？这不是自相矛盾的说辞吗？

NO 95.　不值钱的古金币

公元纪年是全世界公认的纪年方式，公元元年是耶酥降生的那一年。金币上刻有“公元前 7 年”，试想，在耶稣出生前 7 年的人，怎么知道这样来划分年份？所以明显这枚古币是伪造的。

NO 96.　吹牛的吉米

在水中如果看到人的倒影，那么水中的影子除了自己外，就是比自己更接近水塘的人。

NO 97.　一场闹剧

在黑夜里，那位女士是不可能迎着汽车前灯的灯光辨认出谁在开车，所以这显然是个有预谋的圈套。

NO 98.　露出的马脚

雪特点燃了壁炉里的干柴，烟囱必然冒烟，而屋里没人烟囱却冒烟这一现象，必然会引起巡警的注意。

NO 99.　盲人之死

看更人知道安妮的习惯，安妮因为双目失明的关系，所以每晚都是走楼梯，停电与否对她影响不大，上下楼梯是轻而易举的，根本不用人帮助，所以看更人一听便知道那男子在说谎。

NO 100.　伪造的遗书

如果是仰面朝上用圆珠笔写字的话，在纸上写不了几行，圆珠笔就不出油了。

NO 101.　牧羊犬麦克

因为所有的狗都是色盲，所以，牧羊犬麦克不可能知道信号旗或秋衣是红色的。其实就是狗能分辨颜色，它不知道火车的危险信号旗是红色的。

NO 102.　名牌电视机

如果嫌疑犯当时确实是在家看电视，那么一定会留意到荧屏发生变化——当客机飞过上空时，会使电波受到干扰，导致电视出现波浪形的画面，任何电视机都是如此，名牌电视机也一样。

NO 103.　意外之财

如果这座纯银的烛台自从 1960 年就放置在那里，那么它该被氧化而发黑，绝不会“闪亮”。所以，这明显是一个骗局。

NO 104.　吹牛的肯特

在圣诞节前一天，肯特是无法利用太阳光在北极圈内生火的，因为从当年十月到大约第二年三月期间，北极圈里是没有阳光的。

NO 105.　斗牛开场仪式

葡萄牙的斗牛开场仪式一般是在复活节的第二天举行,而复活节又总是在四月,从来不在三月。另外,里斯本的斗牛并不溅血,因为葡萄牙的法律明文规定,在斗牛中禁止将牛杀死。由此可见,库特迈在说谎。

NO 106.　呼救的白布

白布和旗子一样,没有风绝对不可能飘起来。白布不飘起来,人们当然也就无法看清楚上面的字。鲍里金正是在这个问题上露出了马脚。

NO 107.　照片识谎

上午 10 点市内正下大雨,而哈克的照片是在晴朗的阳光下照的。这证明这张照片不是这天照的,哈克说了假话。

NO 108.　山顶的照片

嫌疑人自称“自拍下了开启啤酒的一瞬间”,但是照片上的他开啤酒的时候并没有泡沫,这就可以断定照片是伪造的,因为在海拔 3 500 米的山顶上气压较低,啤酒一打开,泡沫就会冒出来。

NO 109.　赛马场的照片

照片中的莉达从右侧上马是不对的,在西方,哪怕是左撇子也必须从马的左侧上马。莉迭的照片为了把上午 10 点钟弄成下午 2 点钟，就有意将底片翻过来洗.却忽略了上马的位置。

NO 110.　画室命案

这个案件的巧妙之处是，凶手达森前后两次留下了物件放在现场。第一次是杀人丝袜，第二次是贴身的墨水笔。

警方是如何破案的呢？主要是从伯加的最后两幅作品中观察出来的，第一张是未完成的苏珊画像，她去了哪里是问题的关键。第二张是伯加费了7个小时绘成的现场凌乱不堪的写真，显眼的丝袜被绘在其中，可是事后警方找不到丝袜，但找到了墨水笔。此笔却在画中不曾出现过，由此一来一回，一有一无，警方便推敲出整个故事来，玛丽的男友达森，即墨水笔的主人也就成了破案的焦点。

NO 111.　画上露出的破绽

探长根据画上的半枝莲看出了漏洞，半枝莲是白天开花，至午后凋谢，只有阴天至傍晚开始凋谢。因当天有太阳，不可能是傍晚还有开放的半枝莲花。

NO 112.　没有字的遗嘱

库恩的妻子为了保住遗产，故意把没墨水的钢笔递给库恩。由于库恩和简恩都是盲人，自然也就没有发现，没有字的白纸最终被当成遗书保存下来。可是，虽然没有字迹，但钢笔划过白纸留下的笔迹仍然存在，如果仔细鉴定是可以分辨出来的，所以尼克探长说遗嘱仍然有效。

NO 113.　沙漏的秘密

狡猾的厂商代表利用的是热胀冷缩的道理，使沙漏里的沙子漏得更快，沙漏被放到壁炉旁边以后，受热膨胀，虽然只是微小的变化，但足以让通过小孔的沙子数量增加，从而增加了计时的时间。因此，杰姆斯实际用的时间远远小于9分钟，他应当得到这份酬金。

NO 114.　遗产继承人

既然“照片上是两个男孩，摄于60年前，当时两人都是12岁”，那么可以看出两人是双胞胎。虽然柯南没有见过富翁的弟弟，但是他认识富翁，知道富翁的容貌，所以很容易就认出了他的弟弟。

NO 115.　冒充新娘

那位珠光宝气的浅黑肤色女士。她的结婚戒指戴在左手，这是美国风俗；而那位金发女士的结婚戒指戴在右手，这是德国风俗。康拉德·布朗斯的新娘子是德国人，所以金发女士才是真正的新娘。

NO 116.　不翼而飞的陶罐

“唯一最恰当的地方”就是斯尼特认为不能长草的地方，这就意味着吉祥物埋在枫树下，因为枫树的表层系发达，将草的养分都吸走了，使草无法生长。

NO 117.　杀人犯的疏忽

指纹是判断案情的重要依据，现场留下指纹应该是正常的，而没有指纹却是值得怀疑的。既然遗书是林德先生在自杀前打印的，那么打印机上一定会留下林德先生的指纹。可是班杰斯为了毁灭证据，竟然擦去了所有指纹。这样的一个小线索让警方完全能够判定，打印机上没有指纹是极不合逻辑的，所以，林德先生的死绝不是自杀，而遗书一定是伪造的。

NO 118.　清晰的指纹

根据口供，露丝和卡罗喝的都是冰镇饮料，而刘易斯喝的是白开水。在炎热的天气里，冰镇饮料会让杯子迅速结出一层水露，这样死者留下的指纹就应该是模糊的。而常温下手触碰杯子后留下的指纹应该是清晰的。所以，死者最后见的人是刘易斯，由此推断凶手是喝了白开水的刘易斯。

NO 119.　不翼而飞的指纹

苏珊的手指指纹部分也涂上了指甲油，所以没有留下指纹。

NO 120.　有指纹的手表

盗窃犯动过的表区别于橱柜里其他表的唯一特征是它在走动。别的表即使停业前有人看过，上过弦，这时也早该停了。

NO 121.　超完美自杀案

乔泰里特在化学品商店购买了大块干冰，然后踩在干冰上自杀了。干冰是固态的二氧化碳，受热不会融化，而是直接气化，生成的二氧化碳由换气扇排出去。当尸体被发现的时候，二氧化碳早就排光了,干冰也消失得无影无踪,乔泰里特真是用心良苦啊!

NO 122.　劫匪的圈套

管子只有不足2厘米宽,却有三米长,这样狭窄的空间根本无法完成空气交换,米勒吸入的正是他自己呼出的气体,所以在井水里溺死了。杰克想借此机会除掉米勒,自己独吞劫款,可他的奸计还是被聪明的探长识破了。

NO 123.　劫杀?自杀?

富豪用橡皮筋缚着手枪的一端,开枪以后,枪被橡皮筋的弹力弹出窗外,等蜡烛烧尽橡皮筋后,现场看起来就像是富豪被杀了。

NO 124.　"意外"死亡

多丽丝将掺有安眠药的白酒让奥利弗饮入,然后再把昏睡的奥利弗放入热气腾腾的浴缸中。在此种情况下,死者会发生心脏麻痹致死。

NO 125.　祖母绿失窃案

封条上的糨糊是刚刚刷上去的,如果揭开,一定会沾到手上,而糨糊的主要成分是淀粉,碰到碘酒会变成蓝色。乔治正是利用这个简单的科学原理,轻而易举地让偷窃者交出了祖母绿。

NO 126.　让窃贼自首

威廉按詹姆的吩咐,以一个化学家的身份用充满人道主义的口吻写了一段声明，他说自己是化学家，失窃那天晚上，放在桌子上的那瓶酒是有毒的液体，谁喝了，不出 5 天，必定中毒身亡。他要求爱好那幅画的朋友尽快到威廉家来服解药，否则生命危险。窃贼看了声明信以为真，第二天，便带着那幅画自首了。

NO 127.　一次索赔案

根据德曼索赔书的陈述，他是向后仰倒在车厢。可是倒车时，乘客由于惯性应该是向前倒。德曼显然在说谎。

NO 128.　纵火幽灵

玻璃凹槽在盛满了水的时候，就变成了一面凸透镜。太阳光通过这一排凸透镜聚焦到干草上，不着火才怪呢！看来，詹姆雷斯不需要找什么幽灵凶手，而应该让为他设计玻璃房的设计师好好反省一下。

NO 129.　愚蠢的盗贼

保险柜里的那一小堆灰就是那颗大钻石。钻石是地球上最坚硬的，其成分是碳元素的纯结晶体，如果温度超过 850℃就会燃烧。氧气切割机火焰温度高达 2 000℃，用如此高温的切割机切割小小的保险柜门，致使保险柜中的钻石燃烧，变成了二氧化碳。

NO 130.　火车站谋杀案

火车进站的时候，由于车速很快，所以会在火车周围形成强大的低气压，但是这样的气压不会将人向后吹倒，反倒会把穿宽大衣服的人吸过去。因此，贵妇显然是在说谎。而且她送父亲到曼彻斯特治病，竟然没有携带任何行李，这更让人怀疑她早有预谋，治病只是个幌子而已。

NO 131.　寻找赃物

干的泥土渗水一定很快，但是放在铁箱的土地，渗水速度则会慢，而积水多的地方，颜色会相对的深。这就是探长找到赃物的正确方法。

NO 132.　被风吹走的邮票

海鸥是逆风起飞的，海鸥起飞时足迹的方向证明风是从大海上吹来的，而不是从陆地方面吹来的，所以那张邮票决不会被风吹进大海。

NO 133.　雪崩

凶手拿着录音机作为凶器，在上游某个积雪处开大音量引发雪崩，死者在下面没有防备，就被雪给吞没了。

NO 134.　被炸死的助理

艾肯利用专业知识，在一个厚厚的玻璃瓶中放满了水，密封后放在化学实验室的玻璃大口瓶中，再在密封的玻璃瓶四周放满了干冰和酒精。大口瓶上盖上盖子，盖子上又压了一大块的石头，并且用钢丝牢牢地将石头扎紧在瓶盖上。在轮到汉森值班时，艾肯偷偷地把玻璃瓶放在值班室内的书架上，干冰和酒精掺在一起，温度能降到零下 80 度，密封着的瓶中的水也会结成冰，其体积会迅速膨胀起来，就会发生爆炸，连同实验室用的大玻璃瓶的碎片就能像炸弹片一样飞出来伤人。

NO 135.　没有爆炸的炸弹

因为成田机场正在下雪，飞机在高空雪中飞行的话，即使是柔软的雪花，也会像坚硬的沙子一样发生摩擦，由于雪的这种摩擦，镶嵌在机翼上的塑料炸弹和导电涂料像是被锉刀锉掉了一样都脱落了。

NO 136.　罪犯的汽艇

汽艇开得越快，其接触水的面积就会越小，引起的波纹就会越小，由于警察的汽艇比罪犯的开得快，所以警察汽艇后面的波纹就比罪犯汽艇后面的波纹小。

NO 137.　故意纵火案

放火的是画家，他把猫关在密闭的房子里，只给了猫很少的食物。饿得没办法的猫就去抓书架上的金鱼缸，鱼缸倾斜落了下来，洒出来的水正好浇在生石灰上，生石灰遇水产生强热变成熟石灰，然后熟石灰的热能燃着了书架上的书籍和席子。

NO 138.　数学家之死

笛生在死前抓住一根铁丝，捏成一个圆。这证明杀人犯和这个圆圈有关系。大家都知道，圆周率约为3.14，所以，他的意思是凶手住在314房。这就是数学家特殊的思维方式，而聪明的警察经过思考，破译了他的“密码”，侦破了此案。

NO 139.　数字密码

7月、8月、9月、10月、11月的字头连起来正好是J－A－S－O－N，根据这条线索，探长断定Jason(加森)就是绑架者。

NO 140.　“6801”的含意

这4个数字是阿丽娜小姐被凶手勒住脖子后，绝望地利用手中的口红在身后的墙壁上写的。由于她的手是背着写的1089，在这种情况下写的数字从正面看恰好是上下颠倒的，结果1089就成了6801。

NO 141.　律师的推理

记账员被逼到门前的时候是背着门站立的，他拿笔的右手绕到背后，在门板上写下凶手姓名的头两个字，因此写出的字上下左右都会反过来，于是NW就变成WN了。

NO 142.　简单的算术题

1015＝505，“505”在计算器液晶显示屏上就像紧急求救信号“SOS”，教授用这种办法表示自己出事了。

NO 143.　遗产在哪里

富翁的遗产其实就是信封上的两枚价值10万元的邮票。

NO 144.　疑犯的手段

那几封信上的邮票就是10万英镑的所在！疑犯只需要把价值连

城的邮票贴在信封上，就能够很好地掩人耳目了。

NO 145.　集邮家之死

霍金斯审视过桌子上的物品后，发现集邮者常用的放大镜并不在，而死者死时正在进行估价，必然是要用到放大镜的，那么放大镜怎么会不翼而飞？可能的解释是——放大镜是凶器，凶手行凶后仆人立刻就进门了，由于时间仓促来不及擦掉放大镜上的指纹，放回原处，所以就把放大镜带走了。霍金斯就是通过这一点判断那位福尔摩斯先生的扮演者是凶手的。

NO 146.　聪明的女孩

这支枪不是真枪，如果是真枪被枪打死的人就不会复活。此枪也不是玩具手枪，因为玩具手枪是打不死人的。这是一支麻醉枪，这个女孩儿是动物园的驯兽员。

NO 147.　救命的闹钟

细心观察对“侦探”来说是最重要的，有时能够挽救自己的生命！闹钟一般都在指针上涂有荧光粉，方便晚上醒来的时候察看时间。如果长期不用的话，荧光会非常暗淡，甚至看不到，而刚刚被台灯光线照射过的荧光则非常亮，所以凯乐一进门，看到荧光很明亮，就知道有人来过了。

NO 148.　聪明的对话

温克小姐是单身，哪里来的丈夫呢？所以当斯库尔听温克小姐说自己的丈夫从华盛顿刚刚演出回来时，他就知道一定是温克小姐是用这句话来暗示她家里来了一个男人，她被人威胁只能撒谎。

NO 149.　列车上的讹诈案

乘警赶到海顿先生的包厢，发现海顿先生正在悠闲自得地抽烟，香烟上还留着一段很长的烟灰。如果在三四分钟前，海顿先生企图强奸，那么必然会与女子发生剧烈争执，香烟上还可能留很长的烟灰吗？因此是女子在讹诈海顿先生。

NO 150.　弹琴的牧师

深夜突然出现激昂的琴声，必然会打扰附近的居民睡眠，肯定会有人气不过，前来看一看是怎么回事，如此便能抓住窃贼了。

NO 151.　决定性证据

决定性证据就是刺客的指纹和唾液。马洛将保险柜的钥匙和刺客用过的玻璃杯放进保险柜，那只玻璃杯上留有刺客喝威士忌时的唾液和左手的指纹。

NO 152.　飞机的呼救信号

马克在上空一边盘旋一边等候着潜艇时，是按照三角形路线飞行的，每两分钟向左飞行划一道，这就是航空求救信号。当飞机在飞行中发报机出现故障不能收发报时，就用这种飞行方法求助，这样，基地的雷达就会发现，马上会派出飞机紧急前往搜索。

NO 153.　火车上的诈骗犯

琼斯觉得金发女人眼熟．终于想起这是个通缉在逃的诈骗犯。在厕所里，他装作聋哑人，让诈骗犯把自己要钱的话写在纸上。于是，他以此为证据抓住了这个诈骗犯。

NO 154.　钓鱼线

凶手先是把保险盒拉开，使屋内处于停电的状态，然后把电扇的开关置于“ON”的位置，把系在电风扇转轴上的钓鱼线穿过房门上的插销槽，系在插销柄上，他人在门外，从门缝中伸进手去，将钓鱼线与插销系在一起。然后，悄悄地关上门，合上保险盒，于是电风扇旋转起来，钓鱼线随之卷进扇轴里，拉动插销柄，使之落进插销槽内。随着拉力的增强，钓鱼线从插销上脱落，被卷进风扇的轴里看不见了。这样一来，犯罪现场也就成了一间完完全全的密室。

NO 155.　逃走的秘密

怪盗朗班从别墅骑上马飞奔到 S 车站，并在 S 车站附近下马，把马放开，自己奔向 S 车站乘上 21 点 16 分的夜班车，回到伦敦自己的住处。放在那儿没有人管的马自己回到了马棚。因为马棚的门由外向里是可以推开的，所以马可以自己走进马棚。

NO 156.　名画被盗

被盗的名画就放在两艘拖船上，所以在“尔尔赛号”上无论怎样寻找也是找不到的。一到了港外，菲米就将名画从拖船上搬到“凡尔赛号”上，瞒天过海了。

NO 157.　“金”发女郎

这个金发女郎把黄金制成的金线混在头发里，自然不容易被察觉，但还是被聪明的缉私队员发现了。

NO 158.　眼皮底下的金块

车体本身就是用黄金制作的。因为涂上了涂料，所以刑警们全然没有注意到车身会是用黄金制成的。由于纯黄金很软，所以能随意加工成各种形状，可以加工成 0.000 1 毫米薄的金箔，也可以拉成细丝线，还可以做成壁纸一样……因此其非常便于隐藏。

NO 159.　走私者的秘密

就算老保罗把轿车拆开来，也是找不到走私品的，最明显的东西最容易被忽略，德马克走私的就是宝马轿车，他 15 年来每次都开一辆宝马轿车过境，而老保罗总是以为走私品在车中，可是却没有想到眼前的轿车就是走私品。

NO 160.　被偷走的戒指

清洁地毯的小时工可以利用吸尘器把戒指吸出来。

NO 161.　偷车贼

窃贼只需要开一辆拖车，假装拖车人员，然后就可以明目张胆地把这辆没有缴费的名贵汽车用拖车拖走了。

NO 162.　跳伞的劫匪

劫匪所用的降落伞事前已经被警方弄破，所以就算劫匪能够离开机舱，也没有生还的可能。

NO 163.　出现在医院的女杀手

这位所谓的女杀手其实就是医院的女护士，她凭借特殊的身份知道了H公司的经理得了心脏病，并且知道他最多能活3个月，等到H公司的经理一死，这位女子理所当然得到了丰厚的酬金，而可怜的杰克成了“冤大头”！

NO 164.　成功接头

另一个犯罪集团的成员就是问讯处的女职员，她所做的寻人广播只是掩饰而已。

NO 165.　爆炸的直升机

那架直升机上的驾驶员，两个都是同真人一模一样的机器人，实际是在地面用无线电遥控操纵的直升机，并使其在安全的荒郊野外坠落。因为是夜里，驾驶室又被门隔开，所以恐怖分子没有察觉到驾驶员是机器人就急忙登上了飞机。

NO 166.　不堪一击的防弹玻璃

犯人是制造防弹玻璃的人。这种钢化玻璃尽管很硬，但是只要上面有一个小小的裂缝，再照着那里用点巧劲儿，它就会像瓷碗一样碎掉。知道这种常识的人不多,而且这明显是有预谋的,普通人不知道,知道也不会去砸这种玻璃。而知道这种常识,又能制造这种漏洞的人,就只有玻璃的制造者了。

NO 167.　尸体旁的钻戒

凶手是4月生的模特儿,因为大富豪洛明喜欢在女友生日的时候送一枚含有象征意义的戒指,钻石是4月生的人的幸运石,而现场遗有一枚钻石戒指,由此推断,凶手是那位模特儿。

NO 168.　盲人与小偷

平常盲人进房时听惯了座钟的“滴答”声,现在听不到了,说明小偷恰巧挡住了座钟,所以,他向座钟方向开了枪。

NO 169.　巧妙的定时装置

009是这样做的:他将点燃的香烟夹在火柴的纸板之间,这样一来,烟火燃到火柴磷火处就会引燃汽油。香烟燃尽需要七八分钟,趁这工夫,009号就能够顺利逃脱。

NO 170.　越狱

锉刀是鸽子运来的。囚犯萨姆每天在铁窗上撒面包渣儿,在监狱外,其妻放出信鸽,信鸽见到面包渣儿便向萨姆的牢房飞来。这样反复进行几次,等信鸽记住了单人牢房的位置后,其妻就在信鸽的腿上绑上锉刀,然后放掉信鸽。于是,萨姆就顺利地搞到了锉刀,鸽子可以通过监狱的高墙飞进飞出,而且监狱的看守也不会注意鸽子的。

NO 171. 床下的炸弹

006 号用打火机将闹表字盘的外壳烧化，因外壳是塑料的不耐热，很快就像糖一样熔化出一个洞，再用胶带从洞处伸进去将表针固定住，这样表就停了。

NO 172. 被制服的劫机犯

正在劫机犯讲演时，机长操纵机体突然下落了大约 50 米，紧接着又上升了 30 米左右，造成“空中陷阱”的现象，由于劫机犯站在过道上没有系安全带，所以头重重地撞到了机舱顶部，倒下昏倒了。

NO 173. 狡猾的窃贼

翠希使了个“调包计”，她把珠宝藏在福纳蒂夫人的衣箱内，因为她断定侦探们不会检查受害人的衣物。等她可以脱身的时候，警察已经懈怠了，她再偷偷用一只一模一样的衣箱调换了福纳蒂的衣箱，珠宝便到了翠希的手里。

NO 174. 一无所获

萨莉事先在车里已经准备好了潜水衣，在被黑帮追赶的时候就已经换好衣服，然后故意翻车入海。在海里她逃出来之后，带上金砖，潜水逃向远处的救生船。因为是在夜晚，所以黑帮一伙很难发现她。

NO 175. 绝妙的圈套

首先，用铁钳把手枪固定在二楼书房窗边的桌子上，枪口瞄准院子里的大松树下。只要哈丽小姐一站到松树下的指定位置上，枪就会对准她。为此，罗麦洛大使装着照相的样子让哈丽小姐站到松树下的位置，大使夫人故意将酒杯摔到地上为暗号，麦克鲁一听到酒杯的破碎声便扣动扳机，子弹自然就击中了哈丽小姐。尽管看不见目标，但因为手枪是固定的，只要一动扳机就行了，射击完后，把手枪从铁钳上卸下来放在桌子上便大功告成了。

NO 176.　厕所里的线索

杰克侦探是从厕所的手纸上发现凶手名字缩写字头的。被害人逃到卫生间后，把手纸拉出几米长，用自己的血写下凶手名字的大写字头，然后再把手纸卷好。这样即使凶手拉开卫生间的门，也不必担心那血写的字母被发现。过后谁用手纸时就会发现血书而报告警察。

NO 177.　失踪的丈夫

安娜的丈夫理查德其实是个骗子，他是该观光客轮的一等水手。为了骗取安娜的2万美元，他使用假名，隐瞒船员身份，和她闪电结婚。在码头上，他同安娜一起上舷梯时，二等水手以为是一等水手回来了，怎么也不会想到他是安娜的新郎，所以在安娜向他们询问的时候说了那样一番话。如果是船上的一等水手，那么在船舱的门上贴上假的号码，更换房间也是有可能的。第二天早晨，打电话把安娜叫到甲板上并企图杀害她的也是他。

NO 178.　高出2厘米

罗尔警长马上打开轮胎的气门，放掉了些气，让轮胎瘪一点儿，卡车就降低了高度,能穿过立交桥底下了。

NO 179. 偷手提箱的贼

如果男子如他所说是拿错了手提箱,那么他应该赶快回到车厢拿回自己的手提箱,而非急着往出口走,显然他是偷手提箱的贼。

NO 180. 千钧一发

尼克用闪光灯对着保安的眼睛猛闪,便让保安人员的眼睛暂时失明,他就可以趁机逃走了。

NO 181. 惯盗的阅读计划

亚当斯的阅读计划是“每天读一行左右”,这样读完《圣经》就需要几百年,等于取消了对他的死刑。

NO 182. 挖出来的土

莫斯每天上厕所时,将挖出来的土一点一点地从厕所中冲走。

NO 183. 借钱的证据

纳斯列丁要哈桑给商人写封信,要他“马上”归还借去的“两千五百”金币。那商人接到信后马上回了一封亲笔信,信中写道:“你可能搞错了,我们商定的借期是一年,我不能现在就还款给你;说到借款的数目,我只借了两千金币,绝不是两千五。”

NO 184.　体操运动员之死

“神枪手”可以趁伊里杰夫练习倒立的时候，从 2 楼阳台往上射击。

NO 185.　男爵之死

夜晚趁男爵在床上熟睡之际，4 个印度人爬上练身房的屋顶，卸下采光窗上的玻璃，从铁栏杆之间放下 4 根端系着钩子的绳子，分别钩住床的 4 只脚，然后把床连同睡在床上的男爵高高吊起。男爵有恐高症，被吊起来后惊吓而死。

NO 186.　密室凶杀案

在离开落地灯时，斯蒂芬是“跨过他舅舅的身体”回到门口的，那么，在他去开灯时，他肯定也要跨过他舅舅的身体才行。但是只有当他事先知道地上有尸体时，才能在伸手不见五指的黑暗中去开灯而不被绊倒。

NO 187.　被窃的藏室

栏杆又粗又结实，并没有折断或割断后又用速干胶粘上去的任何痕迹，而且栏杆之间的缝隙只有 10 厘米宽，人是无法钻过去的，要想偷盗成功，只有一种可能——装的栏杆使用的是记忆合金，而能做到这一点的就是装修店店主了。所谓记忆合金，是在一定的温度下可以记忆其原来的形状，其特性在于温度比其低时，不管形状怎样改变，一旦到了一定温度就会复原。当 K 氏委托装修店店主更换换气窗的铁栏杆时，黑老大就收买了店主，在更换的时候用了记忆合金，这样去行窃的时候，只要用打火机烤一下，栏杆就会变成弯曲状，加大了间隔宽度，再从中间钻进去打碎玻璃拨开插销进屋。

NO 188. 日式别墅谋杀案

凶手是利用日式房子的建筑特色，从榻榻米下面的通道逃走的。

NO 189. 消失的凶器

凶器就是挂在墙上大钟内的长针。因为长针是用铜片制造的，前端锋锐，可以刺穿喉咙。只要凶手杀人后，将针上血迹擦去，再把它放回原位便可。

NO 190. 打破橱窗的凶器

犯人是用同样材质的玻璃打破的橱窗。

NO 191. 吐出来的证物

凶器是装有菠萝的罐头盒子。腹部受到猛击的萨姆，由于剧烈的疼痛而呕吐，他吐出来的是尚未消化的菠萝。萨姆正是用菠萝罐头猛击被害者的头部，使其当场毙命的。为了毁灭证据，他打开罐头，把里面的菠萝狼吞虎咽地全部吃光，还把罐头踩扁，使之成为一个看似没有杀伤力的空盒子。

NO 192. 鉴别血迹

人体血液中盐的含量远远超过动物血液中盐的含量，西科尔以他敏感的舌尖分别品味了一下两行血迹中的血就能鉴别出来。

NO 193.　被害人的血型

一个人有两种血型是有可能的，这是极特殊的事例，称为血型嵌合。另外，双胞胎的一方也常有两种血型，称为血型嵌合体。

NO 194.　两瓶牛奶

凶手是送牛奶的工人。因为只有知道金姆森太太已经遇害，他才不再到这里送牛奶，而送报纸的工人显然不知道这件事，每天仍然准时地送报纸过来。因此，送报纸的因为这点排除了嫌疑。送牛奶的工人作案后，显然没有想到这桩凶杀案在十多天以后才被发现，他停止送奶的行为恰恰暴露了自己的罪行。

NO 195.　油轮上的怪案

凶手是报务员维柯。在杀人案件中，只要把尸体藏好，犯罪就不成立。在印度洋航行的船上，周围是一望无际的大海，只要将尸体扔到海里就行了。正因为如此，凶手这样有意将尸体留在甲板上，因为不能让受害人下落不明，也就是说失踪。如果这种失踪不足一定期限(一般情况的失踪为7年，战场上的特殊失踪为1年)，在法律上是不能承认死亡的。那么在此期间，继承人是不能继承遗产的。所以，维柯为了早日得到叔父的遗产，就有意将尸体留在甲板上。而森姆只是借了钱，尸体就算找不见，也不会有人向他讨债，他的目的是可以达到的。

NO 196.　失窃的公文包

电力工程师在说谎，日本国旗是白底加太阳的图案，无所谓正反的区别。更别说出现挂倒这种事情了。所以，电力工程师根本没有重新挂国旗。他有足够的时间作案。

NO 197.　暴风雨中的枪声

内森·柯恩的蝇头小楷在东摇西晃的汽艇中是根本无法写出来的，所以他在撒谎，嫌疑最大。

NO 198.　马克之死

马克未穿上衣就去开门，可见来者于他一定非常熟悉，因此，凶手就是马克的弟弟。

NO 199.　撒谎的亨利

卡车前轮压在水管上大约 2 分钟，水管的出口一定会停水，而亨利却说未出现任何异常，只能说明他当时根本没有开水管浇花。

NO 200.　谁被拘留了

被拘留的是甲。此人知道被害人当时是在锁房门，而不是开房门。他一定是一直窥视着这座房子，否则他不可能知道被害人是要出门还是要进家门。

NO 201.　谁是开车人

洛桑的身材高大，而他妻子身材娇小，如果真的是他的妻子开车，肯定会调整座位，那他不可能坐得舒舒服服的。

NO 202.　被谋杀的大提琴手

大提琴手是不会穿着短裙演出的，所以说安娜要参加演出的彼德一定在说谎。

NO 203.　丢失的"熊猫"

是艾克，理由很简单，艾克的回答里有自相矛盾的地方。因为他说案发当晚遗留了手帕在博物馆，即星期一遗留了手帕，可接着又说"今晨给我生日礼物"，即星期二才收到手帕。星期二才收到的手帕怎么可能星期一遗留在博物馆呢？所以他在撒谎，他是小偷。

NO 204.　偷喇叭的少年

是莱格干的，他暴露了喇叭是被藏在盒子里偷走的，而且还知道店里有三个钱箱被盗。此外，他在短文里描述的几乎所有的行动都跟实际发生的事实不符。

NO 205.　教练行凶

一场橄榄球赛需要80分钟，还不包括比赛时的中间休息，再加上60分钟的路程时间，那么B教练在17:20分之前是不可能到达P家的。足球比赛全场是90分钟，即使加上中间休息的15分钟，这两位教练也完全有可能在作案之前到达 P 家。再分析下去：A 教练的队参加的是锦标赛，当他们与绿队踢成 3∶3 平局时，还得延长 30 分钟决胜时间，再要加上 10 分钟的路程时间，就是不再加上中间休息时间，他也不可能在 17:10 前到达 P 家。所以，只有 C 教练才有可能杀死 P 先生，因为比赛时间 90 分钟，中间休息 15 分钟和路程 20 分钟，这样，他可疑在 17:05，即在枪响之前到达。

NO 206.　海盗之行

此人是亨利。原因有二：第一，亨利是药店老板，竟然不知道款冬这种常用的药草具有的疗效，这说明他的药店老板身份有疑；第二，在 5 点 02 分时，吉力尔船长见屋外有人影一闪，这肯定是一名游客，因为除了游客以外，4 位工作人员都在屋内。待吉力尔等人回到古堡时，9 名游客全在。在短短的 8 分钟内，这位游客要跑过杂草丛生的小路去上船把发动机的进油管割断，再回到古堡，一来一回这样迅速，只有 26 岁的亨利有这样年轻强健的身体。

NO 207.　三个嫌疑犯

罪犯是瘦子，因为不管哑巴是不是盗窃犯，他都不会说自己是盗窃犯。胖子说的是真话，他不可能是盗窃犯；而瘦子故意说假话. 所以他肯定是盗窃犯。

NO 208.　撒谎的比尔

格伦听到后门的声音，证明桑尼的确在命案发生前回到了家，并且被电线绊倒了，这样，扯出插座的电线就又证明了桑尼说的是实话。

可是，既然桑尼摔倒，扯出了电线，正在修车的比尔就应该突然陷于黑暗之中，可比尔却没有向亨利提到他的电灯忽然间熄灭，这是因为此时他正悄悄地上了楼，杀死了哈里，电灯熄灭他根本不知道。

NO 209.　化装舞会上的命案

装着假腿的州长参加舞会时，把真腿藏在他的裤子里，只露出一支假腿。命案发生后，他竟然能大步跑，说明他的假腿已经不在他的身上。首相注意到了这个违反逻辑的变化，就认定了是州长用假腿打死了公爵，然后把假腿扔进了旁边的缝隙里。

NO 210.　失窃的硬币

布赖尔的行为不符合一个人的正常逻辑思维，他之所以要用投币电话，只可能是因为想把偷来的硬币暂搁在投币电话的匣子里，逃避追究。

NO 211.　胡同里的抢劫犯

开襟汗衫的扣子在前面，从后面看是无法判断是套头衫还是开襟汗衫的，显然玛丽在撒谎。

NO 212.　被谋杀的叔叔

律师走后楼梯时脸上撞到了蜘蛛网，说明阿萨没有从后楼梯走过；刚擦过的厨房地板上没有脚印，说明波比没有进过厨房。所以，只有塞西尔有时间杀人，况且他还说了有人从后门闯了进来这样的掩饰性的话。

NO 213.　无赖格林

波特吐在格林家门口的口香糖上面有波特的齿型和唾液，这就是证据。

NO 214.　真假录音

凯特森不是凶手，他是清白的。当警察按下小录音机播放按钮，这卷带子不应该从头开始播放，因为如果是记录泰森被害现场的录音，会在泰森被害后继续往后走，直到走到头为止。从头开始的录音说明是有人把带子倒过来听过，如果凶手真是凯特森，那么他一定会毁灭这份对自己非常不利的证据。

NO 215.　缺一种声音

探长指的是鸽子钟报时的声音。如果评论家真的是在书房被枪杀的，那么磁带中就理应录上了几分钟前鸽子报时钟报10点的鸽子叫声。之所以录音中没有鸽子的叫声，是因为凶手是在别处一边录音，一边枪杀受害人的。

NO 216.　火炉烤肉

这个人既然说自己迷了路，没有来过这里，却能够知道炭块已经凉到可以把手伸进去而不会被烫伤的程度，这种明显的逻辑错误表示他就是凶手。

NO 217.　音乐会上的阴谋

埃利事先已做好演出准备的事实，说明他对巴蒂的死和自己将上场演出有准备，这就证明他涉嫌谋杀。

NO 218.　真假遗嘱

多么完美的谎言在时间的面前都会显得不堪一击。大卫的疏忽在于，他只知道后一份遗嘱更具法律效应，却忘记 11 月份没 31 号，只有 30 天。

NO 219.　相似的车牌号码

在案件的侦破过程中，镜子往往发挥着重要的作用。出租司机看到的车牌完全没错，可是由于是从后视镜往后看，所以其看到的景象是相反的，就是说，正确的车牌号应该是 10AU81。

NO 220.　美金不翼而飞

60 万元并未被拿走，因为司机就是绑匪一伙的。他趁着黑夜挖坑时，将坑挖得很深。他先将旅行袋内的赎金埋起来，然后在上面放上空旅行袋再埋起来。警察和富商绝对不会想到钱还在坑里，没想到最后被尼克探长识破了。

NO 221.　残留的蜡烛

马可虽然是个无赖，但在丽曼眼中，毕竟还是她自己的亲生骨肉，在花钱和吃用方面尽量满足他。梅丽则不然，她对马可毫无感情，眼看家当要败在他的手里，心中有说不出的怨恨，只有害死丽曼又嫁祸于马可，才能保住她微薄的财产。

所以她杀死了丽曼，又刺伤了自己，尽管她刺了自己 13 刀，但却不伤要害。然后她又把菜刀烧掉。做完这一切后，她原本想挣扎到窗前呼救报警，由于年老体衰，过分激动，竟昏了过去。

探长到邻居那里借来了一把手锯，锯开了那只密封的油桶。木桶内正藏着 3 万元现金和一些重要的借据，是从油桶的小孔里塞进去的，做这件事的显然是梅丽。

NO 222.　荒唐的表演

如果门真的如米兹尼太太所说，敞开那么久，那么烛液绝对不会逆风淌落在向门的一侧，可见米兹尼太太在说谎。

NO 223.　真假绅士

那个陌生人就是出现在侦探社的那个人，他假扮为绅士到霍桑侦探社求助，捏造绅士与年轻小姐两个人的奸情。当晚，中年人潜入，把绅士杀害；要是被害者的脸保持完整，他的计划就会失败，所以故意把被害人的脸毁容，还放下一份法文报纸，假装凶手是个法国人，以扰乱警方的视线。

NO 224.　敲门的窃贼

任何一个住单人房间的旅客，在进自己的房间之前绝不会敲门的。显然，这个年轻人所说的“走错了房间”是在说谎。年轻人走进加利房间之前敲了下门，而后又上了 4 楼，3 楼和 4 楼只有单人房间，而加利当时不揭穿他,是怕打草惊蛇。只有等他再次作案时,才能抓住他。

NO 225.　跳车的姿势

如果是福特自己跳下车,那么尸体和两个旅行包应该距离很近,可是实际情况并不是这样。而且当时火车上并没有警察,福特更没有必要要跳车。最重要的一点,如果是跳车,一般都会腿或身子先落地,而福特却是头朝下落地,跳车者一般不会采用这姿势的。这只能说明死者是被人抛下火车的,其他东西又陆续被抛下来。

NO 226.　证据的反面

天晴的时候,阳光直接照射到土地上,在让泥土变干的同时也会让留在泥土上的鞋印收缩,一双 40 码的鞋印,大约会收缩半码。因此,如果鞋印模型与吉恩的鞋子完全吻合的话,只能说明吉恩是清白的,凶手应该穿比吉恩大半码的鞋子。

NO 227.　悬崖边的足迹

脚印是故意布下的疑阵,当时的情况应当是:两个人走到坡下,矮胖子上了坡,手里拿着高个子的鞋,走到悬崖边,把笔记本扔到草丛里,然后,换上高个子的鞋,倒退着下来,企图造成两人都跳崖的假象。因为退着走,所以步距比原来的还小,而且是前脚掌着力,因此小鞋印不会落在大鞋印上,只能是大鞋印落在小鞋印上。高个子在坡下草丛中接应了矮个子,两个人赤脚从草丛中溜掉。

NO 228. 脚印之谜

凶手将皮管接在水龙头上，边冲洗脚印边退出现场。这样，皮管喷出的水流和下雨是同样的作用，可以将脚印冲洗干净。

NO 229. 咖啡杯上的唇印

那个修女是假扮的，小福卡看到了她留在咖啡杯子上的唇印就知道她是冒充的修女，因为真修女是不会擦口红的。

NO 230. 店员的智慧

丈夫说夫人患病，每隔半小时必须吃一次药，为了证明，两人还在店员面前“表演”了一次吃药的过程。可是，两人在店里已经待了整整一下午，如果需要半小时吃一次药的话，至少也吃了五六次药，可咖啡杯还是满满的，这说明杯子里一定有猫腻。

NO 231. “杀人”的龙卷风

如果死者是意外身亡，那么邻居的家一定和死者的家一样凌乱；如果是他杀，那么邻居家的损毁情况必然与其不同，死者家中凌乱的样子只是扰人视线假象。

NO 232. 枯萎的玫瑰

放在窗台上花瓶中的 13 朵玫瑰，在房间里搁了两个星期后早已枯萎凋谢，窗台、地板和地毯上应该找得到落下的花瓣，不可能“只有一点灰尘”而“没有别的东西”。所以，海尔丁认为落在地上的这些花瓣是凶手清除血迹时一起弄掉了。

NO 233.　名画失窃

戈迪探长说的是正确的。一个用右手的人，穿脱裤子时通常先穿左腿，而戈迪探长进到马格的卧室时，马格的右腿在裤腿里，而左腿还在外面，说明他当时是在脱裤子，不是像他自己说的是在穿裤子。马格在撒谎，所以极有可能是他自己把画运走了。

NO 234.　"捡来"的子弹壳

嫌疑人说他在那个帐篷已经住了一个多月，然而帐篷里的草还是绿的，如果真的是被帐篷盖了一个多月，草早就枯萎了。

NO 235.　教堂前的尸体

尸体离墙只有30厘米，如果由3米多高的地方跌下，尸体不可能如此靠近墙壁。

NO 236.　不慎摔死的假象

死者脚底的伤痕是从脚趾到脚跟的，若他真是从树上摔下来摔死的，那么脚底的伤痕应该是横的，因为赤脚爬树大多要用双脚夹住树干，即使脚被弄伤的话，伤痕也只能是横的。

NO 237.　车内的死者

死者嘴里和胃里都有鲜樱桃，这说明他死前一直吃着樱桃，然而汽车的内外毫无污痕，在地面上也没有找到樱桃核，可见停车场不是第一案发现场。

NO 238. 婴尸

如果像福尔的助手所说，婴儿是两天前被害而抛尸至此，那么婴儿身上的血迹一定已经被冲刷干净，而现在婴儿的尸体上仍有鲜血，说明他是刚刚才遇害。

NO 239. 林中惨案

秋季是树叶飘落的季节，如果车子在森林中停放两天，车上一定会堆满落叶，而案发现场的车子上只有少量落叶，说明车子停放在这里时间不长，罪犯是行凶后移尸至此的。

NO 240. 男人还是女人

使用抽水马桶会把盖子和坐垫都翻在上面的一定是男人，所以，寻找凶手要在Y女士的男性情人中找。

NO 241. 断水五天

如果斯科特真的断水五天了，那么他不可能有汗，而他有汗，说明他这五天内喝过水。既然有水，那么“因阻止米切尔喝海水而失手打死了他”的谎言就不攻自破了。

NO 242. 安眠药

莫森喜欢整齐并不等于痛苦死亡而不挣扎，八十粒安眠药的药性是很强的，会令人非常痛苦，除非是他慢慢地吃安眠药，但是入睡后的他又如何将药丸如数吃下呢？只有被人注射过量的安眠药剂才能在不知不觉中死去。莫森吞了几粒安眠药，然后在熟睡中遭人再注射药剂而被灭口。现场没有死者半点挣扎的痕迹就是破绽。

NO 243. 失踪的富家女

富家女被谋杀了，凶手是富家女堂姐和她的未婚夫。当富家女和外科医生进入别墅后，医生便杀了她，在浴室里肢解了尸体，用防水布包着，放进大篮子里。堂姐先进屋查看，她是帮凶，她反锁了门，制造假象疑惑警方，让案子不能水落石出。

NO 244. 完全相同的车

因为西格玛尔抢劫的是新钞票，所以它们都是连号的，在使用的时候只要留心就很容易发现那些被抢劫的钞票。西格玛尔交罚款的那张 10 马克的纸钞，是被抢劫的 75 000 马克中的一张，被警方发现了，所以即使西格玛尔有不在场证明，也与劫案脱不了干系。

NO 245. 死去的牧马人

罪犯是上午把牧马人绑在枯树上的，那时，被害人还没有完全窒息，罪犯是用湿的生牛皮捆住被害者的脖子后扬长而去的。湿牛皮在夏天太阳的暴晒下逐渐干缩，直到勒紧牧马人的脖子，使其窒息而死。

NO 246. 登山者的尸体

如果死者是自己翻落溪谷的，那么她的背包很大可能会和死者分离；如果是被落石击中额部致死，那么鼻梁就不会挺直。从这两个疑点看来，死者被谋杀的可能性很大。

NO 247.　丢失的钻石

小偷是夏尔太太的女友弗路丝。这是根据严格的计算得出的：设水流的速度为 U，船在静水中的速度是 V，那么船顺流时速度是 U+V，逆流时的速度是 V−U，再设投下骨灰盒的时间为 T。因为小木盒漂流的路程加上船逆流赶上小木盒所走的路程，等于船在 10 点 30 分到 11 点 45 分这段时间内顺流所走的路程。即(V−U)(10:30−T)+(11:45−T)=U+V(11:45−10:30)，解此方程，T=9:15 分。因此，投下骨灰盒的时间是 9 点 15 分，而此时安娜正在和夏尔太太争吵，她不可能作案，因此作案的是弗路丝。

NO 248.　河底的望远镜

凶手就是苏菲的兄弟。他在那架望远镜的镜筒里安装了毒针，送给了苏菲。那天晚上，苏菲在同室入睡后，悄悄登上钟楼的凉台，想用那架望远镜观察星象。在眼睛贴近镜筒之后，为了对准焦点，就要调节筒内的螺丝。这时，弹簧把毒针射出，直刺眼睛。苏菲猛地一惊，望远镜便从手中滑落而掉进河里。她忍住剧痛把毒针拔出来，却因毒性发作而死去。

NO 249.　芝加哥时间

芝加哥和纽约时差是一个小时。美国有 4 个标准时间，即东部、中部、山岳地带和西部标准时间。芝加哥与纽约有一个小时的时差。侦探看了窃贼的表，发现比纽约时间（东部标准时间）刚好慢一个小时，便知道了他去过芝加哥（中部标准时间）。窃贼从芝加哥驱车，进入东部标准时间带后，忽略了自己的手表慢了一个小时。

NO 250.　消失的赎金

女子唯一接触到的是计程车司机，是计程车司机拿走了钱。那名女子和计程车司机是同伙，她去公园拿钱之后，拦下了计程车，在计程车里把钱倒空，然后提着空皮箱下车，在车站寄存后甩掉了跟踪的刑警。

NO 251.　电话占线

凶手M先生在晚上9点之前杀害了自己的妻子，然后立即与情妇一起来到横滨的旅馆。11点，他通过旅馆交换台往家中打电话，在M先生打电话之前，他的情妇用走廊上的公用电话提前拨了同一号码，并且没有挂断。这样，不管接线员怎么拨打，电话中传出来的总是对方正在通话的占线忙音。因此，接线员就会产生一种对方正在通话的错觉，认为被害者依然活着。

NO 252.　饿死的乘客

乘客用匕首刺死了飞行员，但是在搏斗的过程中，刺破了空气管。空气管有了破洞，压缩空气就会跑掉，船也很快就会沉没，而且海里有吃人的鲨鱼，所以凶手用手指拼死扣住这个洞以防止漏气。这样，他就动不得半步，也就无法拿到有食品的罐头，只能活活饿死了。即使他冒险把罐头拿到，也没有时间把罐头打开，因为这工夫橡皮筏的空气会跑得一干二净。或者是船沉了，自己成了鲨鱼的食饵，或者是饿死，而这必取其一。

NO 253.　凶手的眼神

做出以上裁决的原因是坐在被告席对面的主审法官提醒了陪审团：刚才，在律师进行即兴心理测验的时候，全厅的目光都转向了那扇侧门，唯有被告琼斯除外，他依然端坐着不动，因此可以得出结论，在全厅的人中只有他心里明白，死者不会复活，被害者是不可能在法庭上出现的。

NO 254.　不怕暗杀的人

如何让望远镜杀死华蒙托夫呢？只要把一根毒针和调节焦距的旋钮连在一起，就能让华蒙托夫自己杀死自己！当他扭动旋钮的时候，毒针就会刺中眼球，导致心脏猝停。而华蒙托夫在被刺中的刹那，自然本能地将望远镜扔掉。他身处悬崖边，这一无心的举动毁灭了最后的罪证。

NO 255.　五英里外的大杨树

探长叫探员去大树下搜集线索是故意做给拉玛看的，然后趁他放松警惕的时候，再让他随口说出大树的远近，这就说明他到过那棵大杨树下。拉玛说他从没有到过那棵大杨树下，只是他不想归还贝利的珠宝而撒的谎。

NO 256.　悬赏启事

启事中没有莫比的地址，如果男子光看启事的话，他是不可能知道当事人的地址的，只有小偷本人才能找到莫比家的住址，然后前来领取报纸上所告示的悬赏。

NO 257.　圣诞礼物

格兰杰来到20楼的会议室分发礼物，却唯独没有哈奇的，如果他不是凶手，那么公司人人都有礼物，也必然应有哈奇的。由此可以判定，格兰杰杀了哈奇，只有凶手能预先知道哈奇死了，当然没有必要为死人准备礼物了。

NO 258.　森林里的谋杀案

蜒蚰生活在很潮湿的地方，而森林里很干燥，不可能会有蜒蚰。这说明姑娘被杀害后，在潮湿的地方放了一段时间，然后才被凶手转移到这里来，伪造成自杀的假象。

NO 259.　曝光的胶卷

除了铅外，X光射线能穿过任何金属物质。古德温做X光检查时，放在贴身口袋里的照片被X光照射，装在相机里的胶卷在X光照射下当然会曝光。

NO 260.　电脑专家之死

屏幕上显示的虽然是一份遗书，但电脑的电源线没插，也就是说电脑用的是内存电池，而这种电池最长的工作时间为10个小时，既然死者死的时间是两天前，那么电脑应该早就停止工作了，不可能把遗书显示出来。

NO 261.　温热的海水

如果水温升高，水中的气泡就会上升到水面而破裂消失，氧气大量减少，鱼自然就会大量地死亡。发电站的废弃物没有冷却就直接排放到海里，直接导致了鱼的死亡。

NO 262.　球星签名的足球

足球上签名的球星中有英国人，德国人，巴西人，意大利人，他们怎么可能都用英文签名呢？所以显然这些签名都是伪造的。

NO 263.　撒谎的安全员

依据有二：第一，既然两名劫匪进门时头戴面具，只露出眼睛，怎么可能嘴里叼着烟呢；第二，既然歹徒戴着手套，又怎么可能用戒指划破贝尼的脸呢？

NO 264.　钓鱼迷

留在现场的钓具鱼杆、鱼线、鱼钩、坠子、鱼耳等，实际上是用于钓海鱼的，和去河里钓鱼的装备完全不同。因为金子民不懂这些，就把尸体运到了河边，这就使伪造的现场露出了很大的破绽。

NO 265.　不肯救人的救护车

救护车在抢救伤员的时候，按规定应该把伤员的头朝里、脚朝外，救护车上的医生却弄反了，说明这医生是假冒的。

NO 266.　酒吧命案

如果男子是正面扑上来的，枪弹不可能从他的左耳后面射入，比尔在说谎。

NO 267.　博物馆里的小偷

外面正下着雨。其他人的雨伞都是湿的，而盗窃犯的雨伞却是干的，说明他不是从外面进来。

NO 268.　黄色碎布片

罪犯是乔纳费希队队长。他们的营地处在开麦基队营地的上游，在乔纳费希队营地河边钓鱼的杰克却说工装裤是从开麦基队营地方向漂过来的，扔在河里的东西哪有逆水漂流的道理？

NO 269.　旅馆大盗

斯坦纳在看《希伯来日报》，但他根本不懂希伯来文与阿拉伯文一样，是从右向左书写的，仍从左到右一行一行地往下看，从而露出了破绽。

NO 270.　157 页和 158 页之间

157 页和 158 页是一张纸的正反两面，罗伯特根本不可能在这两页之间找到遗嘱，也就证明了他在撒谎。

NO 271.　衣架上的大衣

朱莉·贝克尔是第一批来到的客人，她也声称从未出去过，但当她出去取大衣时，探长发现她的大衣却在衣架的顶端。如果是第一批来的客人，她的大衣一定应该是在衣架的最里端，除非她中途出去过——把偷到的花瓶藏起来，否则她的衣服不可能在顶端。

NO 272.　男扮女装的杀手

麦克马克发现玛丽修女说话咽唾沫时脖子上的硬领子一跳一跳的，跳动的领子表明这个人脖子上有喉结，而只有男人才有突出的喉结，所以玛丽是一个假扮成修女的男人。能这样处心积虑伪装自己的人，一定就是凶手。

NO 273.　不配合的邻居

弗鲁姆声称整个上午都在外面刷门廊，然而他的牛仔裤却很干净，这是不符合常识的。对这个异常现象的解释只能是，弗鲁姆在干活的时候杀死了皮特，当弗鲁姆快刷完门廊的时候，进屋换了一身衣服，又出来干完了活儿。为什么他要换衣服呢？因为他原来的衣服上溅满了皮特的血。

NO 274.　宝石展销会

有经验的珠宝商一眼就能分辨出哪些是值钱的宝石，哪些是不值钱的，除非是刚入行的新手，因为无法分辨，所以只能一股脑儿全偷走，所以窃贼是克劳斯。

NO 275.　谁在放哨

因为酒是不会结冰的，所以酒鬼一定是假装的。他拿的酒瓶里装的肯定是有颜色的水。一个清醒的人有什么必要在街上闲逛，还要假装喝醉了呢？他一定是放哨的人。

NO 276.　三个气球

保罗把气球吹上气后，两个挽成 S，一个挽成 O，三个气球放在一起就是 SOS 的求救信号。

NO 277.　神奇的眼睛

鹦鹉和鸽子是不会在夜间出来活动的，它们在夜间没有视力。只有猫头鹰有夜间视力，这三种动物中只有它是晚上出来活动的。所以，史密斯利用自己的猫头鹰偷走了麦琪的钻石戒指。

NO 278.　猫头鹰帮凶

猫头鹰习惯吐食食物，把消化不了的食物再吐出来，因此，如果格罗得在食饵中夹上 3 枚古钱喂猫头鹰，当时猫头鹰是会整个吞进去的，但第二天早晨，猫头鹰会吐出不消化的古钱，这时候只要格罗得将它们藏起来，然后再杀了猫头鹰并剖腹检查，就能证明自己的清白。

NO 279.　杀人的狼犬

卡特尔利用条件反射学训练了一只狗，而他给狗提供的指示是电话铃，只要听到电话铃响，狗就会按照训练的方法攻击人。因此，卡特尔即使身在数百里外，但只要打一个电话，就能让狗变成杀人的工具。

NO 280.　狗帮了大忙

林斯顿利用了狗抓住了这个穷凶极恶的坏蛋。因为狗鼻子十分灵敏，只要把马克的衣物给它嗅一下，不管马克打扮成什么样子，狗都能凭着气味找到他。

NO 281.　骑马的盗牛贼

除了蹄印，现场还留下了粪便。克莱找到了盗牛贼所骑的马的粪便，因为马粪与牛粪一眼就能分辨出来，所以克莱确信，盗牛贼骑的是马，只是给马装上了牛蹄。

NO 282.　被枪杀的梅花鹿

鹿是不会叫的，那人却说听到了梅花鹿的哀鸣，显然是在撒谎，掩盖事实真相。

NO 283.　单峰骆驼

亚洲只有双峰骆驼，而照片中的是只有一个驼峰的单峰骆驼，所以可以肯定这张照片并非是在亚洲拍摄的。

NO 284.　死神的微笑

杀害玛莉的人是一个凶残并且狡猾的家伙，他想除掉玛莉，可是又没有机会，于是借老虎来行凶。他想办法在玛莉的头发上涂上了一些有刺激性气味的药品，老虎闻到药品的味道，忍不住想打喷嚏，于是露出微笑的表情。由于喷嚏的力度过大，玛莉的脖子被咬断，凶手的目的也就也达成了。

NO 285.　小船上的疑点

小船底部粘着海螺。海螺是在海水中生存的一种软体动物，淡水湖中绝不会有这种海螺粘住船底，所以，警察推知装尸体的小船原来肯定是在海里的，是后来被运到湖里的。

NO 286.　蚂蚁提供的线索

蚂蚁是用气味来互通信息的。它们的活动是通过触角来联系的，同族蚂蚁身上有一种其家族特有的气味，当第一个报讯的蚂蚁在返回蚁巢的时候，它经过的沿途会留下一些气味。即使这只蚂蚁不带路，它的同伙们也能追寻这种气味准确地找到食物。本案中蚂蚁成群结队搬运芝麻，是因为地下仓库的芝麻袋子裂开了，才泄露了秘密。

NO 287.　郁金香与珍珠

犯人是昨天中午在现场徘徊的汉斯，把珍珠掉在郁金香花瓣里就是证据。因为开花不久的郁金香一到晚上天黑后花瓣就会合上，所以，被盗的珍珠能掉在花瓣里，这就说明作案时间是白天。

NO 288.　火神的秘密

经过科学家的检验，“看林人”属杜鹃科，它的花朵和茎叶内含有一种挥发性强、极易起火的芳香油脂。当森林中空气干燥灼热时，这种芳香油脂就会自燃，酿成森林火灾，火族岛上这种小花特别多，所以火族人居住在湖水附近，无论什么时候发现"看林人"自燃，他们都必须在第一时间扑灭，否则就会酿成波及全岛的大火灾。人的行动往往会加速芳香油脂挥发，这就是"火神"处罚入侵者，向火族人报警的奥秘所在。

NO 289.　花盆露馅

一般植物都具有向光性，茎和叶都会面朝太阳光线照射的方向生长。而中间的一盆花却朝房里面开，是很不正常的事儿。秃顶将宝石藏到了花盆的底部后，将花盆摆到了窗台上时，忽略了这一点，将花朝室内一侧，这是一个失误，从而露出了破绽。

NO 290.　向日葵的秘密

想用向日葵来杀死曼丽这是不可能的，在普通的房间里，植物释放二氧化碳是可以杀死人的，但那至少需要 6 000～10 000 棵。所以曼丽的死因一定是别的，而根据曼丽体内过量的安眠药这条线索，就可以排查凶手了，只有往房间里搬花的彼德拥有"嫁祸向日葵"的杀人嫌疑。

NO 291.　遇水收缩的龙舌兰

威勒听了气象台预报，知道中午有雨，就在 12 点以前用龙舌兰做的绳子捆绑了伍德，绳子沾到雨水后猛烈收缩，勒死了伍德。

NO 292.　花盆下的珠宝

因为郁金香这种花在晚上天黑后，气温一降低花瓣就合拢，这就是睡眠运动，是光和温度的外部刺激，使花和树叶张开或合拢。不过，郁金香在花期过后开始凋谢时，即便到了夜里花瓣儿也不会合拢了。

NO 293.　月下美人

月下美人是仙人掌的一种，开纯白色的花，直径有 15 厘米，但是花期只有一夜，是只在夏夜开的一种短命漂亮的花。一般是晚上八点开始开花，4 个小时后开始凋谢。刑警看到了凋谢的月下美人的花瓣内侧也溅有血迹，便推断出死亡时间的范围。

NO 294.　三种血型

其实，轮胎上的血型是牧场上的植物留下的，丘尼只撞了农夫一个人。植物虽然没有红色的血液，可植物浆液中也能化验出类似于人类血型的物质。这就是轮胎上出现了多种血型的奥秘。

NO 295.　变色苹果

因为那只苹果，哈利探长识破了所长诡计。苹果咬后过段时间便会变色。如果真像所长说的那样 30 分钟前被人麻醉昏倒的话，那么苹果被咬过到的部分的颜色就会变。

NO 296.　水的语言

杰米身在新西兰，在地处北半球的夏威夷，水流旋涡是由左向右的；而在地处南半球的新西兰，水流由右向向左的。水的旋涡受地球自转的影响，北半球水的旋涡是由左向右顺时针旋转，南半球而相反。

NO 297.　暗语

这两个人的代号是 5 和 10。4 组嫌疑犯的代号分别是:1 和 9;2 和 8;3 和 7;4 和 6。

NO 298.　情报电话

福特探长在打电话时做了点手脚。在通话时,探长一讲到无关紧要的话,就用手掌心捂紧话筒,不让对方听到,而讲到关键的话时,就松开手。这样,警方就收到了这么一段“间歇式”的情报电话:“我是福特……现在……金冠大酒店……和坏人……在一起……请您……快……赶来……”

NO 299.　特工的密函

破解方法是,每逢五字抽一字,标点不算,真正的内容是“援队一时到”。

NO 300.　国际反恐组织的难题

能够被 2、3、4、5、6、7 整除的数是 420。所以,在他们开始碰面后的 421 天,7 人将首次同时出现,而由于他们已经在 G 国住了一年,所以离这一天的到来已经不会太远了。